教育数字化时代高校英语课程创新发展研究

李 玲 王奴平 吴智娟 著

北方文艺出版社
·哈尔滨·

图书在版编目（CIP）数据

教育数字化时代高校英语课程创新发展研究 / 李玲，王奴平，吴智娟著. -- 哈尔滨：北方文艺出版社，2024.6. -- ISBN 978-7-5317-6292-8

Ⅰ.H319.3

中国国家版本馆CIP数据核字第2024H2E714号

教育数字化时代高校英语课程创新发展研究
JIAOYU SHUZIHUA SHIDAI GAOXIAO YINGYU KECHENG CHUANGXIN FAZHAN YANJIU

作　　者 / 李　玲　王奴平　吴智娟	
责任编辑 / 邢　也	封面设计 / 琥珀视觉
出版发行 / 北方文艺出版社	邮　　编 / 150008
发行电话 / （0451）86825533	经　　销 / 新华书店
地　　址 / 哈尔滨市南岗区宣庆小区1号楼	网　　址 / www.bfwy.com
印　　刷 / 河北昌联印刷有限公司	开　　本 / 710mm×1000mm　1/16
字　　数 / 240千	印　　张 / 15.5
版　　次 / 2024年6月第1版	印　　次 / 2024年6月第1次印刷
书　　号 / ISBN 978-7-5317-6292-8	定　　价 / 85.00元

前　言

随着信息技术的飞速发展，我们迎来了教育数字化的新时代。在这一时代背景下，高校英语课程的创新发展显得尤为重要。传统的英语教学方式在很大程度上已无法满足现代学生的学习需求，因此，如何借助数字化技术，实现高校英语课程的创新发展，成为当前教育领域亟待解决的问题。

教育数字化为高校英语教学带来了前所未有的机遇。大数据、云计算、人工智能等先进技术的应用，使得教学资源的获取、整理与共享变得更加便捷，极大地丰富了教学内容与形式。同时，数字化教学平台的建设也为师生提供了更多的互动交流机会，有助于提升教学效果与学生的学习体验。然而，教育数字化也带来了诸多挑战。如何有效地整合与利用数字化教学资源，避免信息过载与资源浪费；如何借助技术手段提升学生的学习兴趣与参与度，培养他们的自主学习能力与创新精神；如何在数字化教学中保持教育的本质，确保教学质量与效果，都是我们需要深入思考的问题。

相信通过本书的深入探索与实践，我们能够更好地把握教育数字化时代的发展脉搏，推动高校英语课程的创新发展，为培养更多具备国际视野与跨文化交际能力的高素质人才贡献力量。

目录

第一章 绪 论 ... 1
- 第一节 信息化技术与教育信息化 ... 1
- 第二节 我国高校英语教学信息化历程 ... 8
- 第三节 教育信息化2.0时代与高校英语教学 ... 15

第二章 大数据时代高校英语教学概述 ... 25
- 第一节 大数据时代下高校英语教学改革 ... 25
- 第二节 大数据时代高校英语翻转课堂教学模式概述 ... 29
- 第三节 大数据时代高校英语网络空间教学行为的优化 ... 33
- 第四节 大数据对高校英语教育教学的影响 ... 43
- 第五节 大数据时代高校英语数字化教学的转型 ... 46
- 第六节 大数据背景下英语教学的微传播 ... 50

第三章 大数据时代英语教学的变革研究 ... 55
- 第一节 "大数据"对英语专业教学变革的支撑作用 ... 55
- 第二节 大数据学习数据分析与英语专业教学 ... 58
- 第三节 大数据时代英语教师的职业发展 ... 65

第四章 大数据驱动下的大学英语教学与学生学习 ... 74
- 第一节 大学英语教学的信息化诉求 ... 74
- 第二节 大数据对大学英语教学的影响分析 ... 84
- 第三节 大数据驱动下大学英语教学的属性及优势 ... 91
- 第四节 大数据时代信息素养与大学生 ... 93
- 第五节 大数据时代大学生信息素养与信息化教学 ... 97

第五章　大数据时代高校英语信息化教学软硬件建设与开发 …… 112
第一节　智慧教室 …… 112
第二节　大数据时代高校英语教学资源建设 …… 116
第三节　高校英语信息化软硬件建设的生态融合 …… 133

第六章　大数据驱动下大学英语教学模式的创新 …… 137
第一节　多模态交互教学模式 …… 137
第二节　线上线下混合式教学模式 …… 141
第三节　翻转课堂教学模式 …… 151

第七章　大数据时代高校英语课程教学实践策略 …… 157
第一节　大数据时代高校英语听力教学实践策略 …… 157
第二节　大数据时代高校商务英语写作教学实践策略 …… 160
第三节　大数据时代下的英语翻译教学实践策略 …… 163
第四节　大数据时代高校英语报刊阅读教学实践策略 …… 168
第五节　大数据驱动下高校英语教学评价多元化 …… 174

第八章　大数据时代高校英语课程教学个性化实践 …… 187
第一节　智慧测试与大学英语个性化教学 …… 187
第二节　智慧教学设计的基础理论与教学设计 …… 194
第三节　泛在生态学习的大学英语智慧学习 …… 197
第四节　高校英语智慧教学系统 …… 200
第五节　大学专门用途英语智慧课堂及教学 …… 202
第六节　基于需求分析的大学英语智慧课堂及教学 …… 205

第九章　大数据时代高校英语教师教学能力优化路径 …… 209
第一节　教师信息化教学能力概述 …… 209
第二节　教师信息化教学能力构成 …… 213
第三节　大数据时代高校英语教师教学能力发展策略 …… 219
第四节　信息技术与英语教学整合中的教师能力提升 …… 228

参考文献 …… 240

第一章 绪 论

第一节 信息化技术与教育信息化

一、信息的定义

信息（information）作为社会资源自古以来就存在，也一直被人类所利用。在人类所拥有的三种资源——物质、能量、信息中，信息资源在形态上较为抽象，其重要性被人类广泛认识和接受，在时间上属于最晚。一般认为，在游牧时代、农业时代乃至工业时代，信息资源处于从属地位。到了信息时代，信息资源的重要性上升至首位，处于主导位置。因为只有在信息时代，强大的信息基础结构才能有力地支撑并促进社会经济、教育、医疗等良性发展。

鉴于信息内涵的丰富性、广泛性、复杂性，科学界、学术界一方面对信息的定义从未停止，另一方面对信息的定义未能达成广泛认同。

1948年，美国数学家、信息论的创始人香农在《通信的数学理论》中指出："信息是用来消除随机不定性的东西。"创建一切宇宙万物的最基本单位是信息。

控制论创始人维纳认为，"信息是人们在适应外部世界，并使这种适应反作用于外部世界的过程中，同外部世界进行互相交换的内容和名称。"

我国信息学专家钟义信教授认为，"信息是事物存在的方式或运动状态，以及这种方式或状态的直接或间接的表述。"

美国信息管理专家霍顿给信息下的定义是："信息是为了满足用户决策的需要而经过加工处理的数据。"简单地说，信息是经过加工的数据，或者说，信息是数据处理的结果。

还有其他的定义，如信息是维系事物内部结构和外部联系，感知、表达并反映其属性和差异的状态和方式。又如，信息是指应用文字、数据或信号等形式，通过一定的传递和处理，来表现各种相互联系的客观事物在运动变化中所具有的特征性内容的总称。

根据不同研究的成果，可以将信息定义为：信息是对客观世界中各种事物的运动状态和变化的反映，是客观事物之间相互联系和相互作用的表征，表现的是客观事物运动状态和变化的实质内容。

需要提出的是，信息不同于消息。首先，信息是消息的内核，消息是信息的外壳，得到了信息就是得到了消息。其次，信号是信息的一种载体形式，两者是形式和内容的关系。

信息与知识有区别。信息是物质的一种普遍属性，是物质存在的方式和运动的规律和特点；知识是人类通过信息对自然界、人类社会以及思维方式与运动规律的认识和掌握，是人的大脑通过思维重新组合的系统化的信息的集合。知识是信息的一部分，是一种特定的人类信息的一部分，是进入人类社会交流的运动着的知识。

信息具有以下基本特征：

1. 信息体现着主观性和客观性的统一

信息是一种以物质或意识为基础的普遍存在，具有普遍客观性。同时，信息在被传递过来时，不可避免地加入了人为因素，受到一定的人为主观影响，具有一定主观性。

2. 信息具有自我积累性

不同于具有消耗性的物质和能源，信息则是越用越多，能实现自我积累，自我增值。

3. 信息兼具压缩性和扩散性

信息可以转换成不同形式储存在不同的介质之中。随着科学技术的发展，储存介质呈现小型化，信息储存呈现海量化。这种压缩的特性加快了信息的自我积累，在一定程度上加速了信息的扩散。在信息化社会，信息能实现高速传播，能在社会上快速运行，同时可以渗透到各个学科、社会生产等各个领域和活动中去。它能使接受者受益，而给予者未受损。它在时间和空间上创造了人类共享精神财富的客观条件，使今日世界在概念上变小，科学疆域在空间上变大。

4. 信息具有转换性

一是信息有再生能力，这一特性决定了信息资源是用之不竭的资源；二是信息可以从一种形态转换成另一种或多种形态。

5. 信息具有失真性和可提炼性

信息失真首先缘于信息在发出与传递过程中，因环境、传输介质、处理方法等因素影响，可能导致失真；其次，信息的再生性和可转换性，加上人为因素，也有可能导致失真。信息可提炼性表现为，即使搜集到的信息真实性无可怀疑，完整性已经足够，人们仍可以进行完备周详的推理、分析，把表象所蕴含的潜在实质挖掘出来，去伪存真。

6. 信息具有相对性

其相对性体现在三个方面。第一，信息具有时效性。相对不同时期，信息的作用不同。这是因为信息所反映的事物特征存留时间有限，所以获得信息越及时越好，才能把握时机。第二，信息对于不同空间的作用是不同的。信息相对空间具有差异性。第三，信息作用对象是相对的。同一信息作用于不同的对象，所得到的反馈，或产生的价值、影响是不同的。

7. 信息具有共享性

不同于物质和能量，信息具有不守恒性，即它具有扩散性，具有自我扩容或增值功能。通常在信息的传递中，对于信息的持有者而言，不会产生损失。这体现了信息的一个重要特性——可共享性。这种可共享性正在成为信息在信息社会的鲜明特征，从而使其重要性广泛得到社会的认可，成为影响当今社会发展的一个重要因素。

二、信息化

正如前面提到的，信息化概念在20世纪60年代由日本学者提出，是基于对人类社会从低级向高级的形态发展，即从有形的物质产品创造价值的社会向无形的信息创造价值的社会转变的认识。随着信息化在实践中迅速推进，人们对信息化概念的认识也逐步深化和丰富起来。

乌家培提出，"无论是技术层次，还是知识层次，或者产业层次，最终都会在经济发展和社会进步上得到反映。同时，'化'是一个过程，从起点到终点，渐进地慢慢演变。所以，信息化是从工业经济向信息经济、从工业社会向信息社会演进的动态过程。"

陈禹认为，"信息化包括产业信息化、国民经济信息化、社会信息化三个基本层次。"郑建明等认为，"信息化就是指在国家宏观信息政策指导下，通过信息技术开发、信息产业的发展、信息人才的配置，最大限度地利用信息资源以满足全社会的信息需求，从而加速社会各个领域的信息化发展过程。"汪向东提出，"信息化是指人们凭借现代电子信息技术等手段，通过提高自身开发和利用信息资源的智能，推动经济发展、社会进步乃至自身生活方式变革的过程。"周宏仁认为，"信息化是利用现代信息技术对人类社会生产体系的组织结构和经济结构进行全面的改造，使人类社会的政治、经济、社会、军事、文化等各个方面适应信息社会的发展和需求，从而推动人类社会的进步。"

张哲将信息化过程划分为四个阶段，分别是数字化、一体化、虚拟化和智能化。他认为，数字化是信息化的起点，一体化是信息化的核心，虚拟化是信息化的延伸，智能化是信息化的终点，四个阶段层层深入、相互衔接，由数字化（点式）到一体化（面式）到虚拟化（体式），最后上升到智能化（多维）的高度。周宏仁还提出了信息化的理论模型，把信息化的过程看作是一个映射的过程，同时给出了信息化的理论定义："信息化就是将我们生活的物理世界通过同态映射将其变换为数字世界，同时利用逆变换将数字世界转换为物理世界，成为我们认识和改造物理世界的工具。在同态映射的过程中，我们利用的是信息时代的核心产业，即信息技术产业（包括微电子、计算机、通信和软件产业）和信息内容产业（ICI）。在由数字世界至物理世界的逆变换中，我们所依赖的主要是信息服务产业。"综上所述，虽然专家学者对于信息化的定义不尽相同，但是人们还是形成了比较统一的认识。

一是从信息技术的角度看，信息化就是信息技术和信息产业在经济与社会发展中的作用日益加强，并发挥主导作用的过程。信息化有三个相互联系的主要方面：一是信息技术本身的发展及其产业化；二是基于信息技术的信息产业的发展壮大，直至在国民经济中占据主导地位的过程；三是信息技术手段在经济和社会领域中的广泛应用，如在教育领域。

二是从信息资源的角度看，信息作为一种资源比其他资源（指物质资源和能量资源）的作用相对增大，表现为经济生活形态的变动、社会结构的变动、产业结构的变动、教育结构的变动等。因此，信息化就是利用现代电子信息技术，实现信息资源高度共享，挖掘社会智能潜力，提高国民经济等活动中信息采集、传输和利用能力，提高相应领域的运行或管理效率，从而提高竞争能力。

三是从社会演变的角度看，信息化就是工业社会向信息社会前进的过程。这一过程不仅是经济结构和经济增长方式的转变，而且是整个社会结构的全面变革。信息化的目标不仅是发展信息产业，而且要提高社会各领域信息技术的应用和信息资源开发利用水平，从而提高社会各领域的效率和质量，为社会提供更高质量的产品和服务。

三、教育信息化

（一）教育信息化的定义

"信息高速公路"计划中，美国特别把在教育中的应用作为实施面向世纪教育改革的重要途径，这一举措立即引起了世界各国的高度关注。

教育信息化是指在教育与教学领域的各个方面，在先进的教育思想指导下，积极应用信息技术，深入开发、广泛利用信息资源，培养适应信息社会要求的创新人才，加速实现教育现代化的系统工程。

教育信息化不简单地等同于计算机多媒体化或网络化，而是一个关系到整个教育体系全面发展和促进教育现代化的系统工程。强调教育信息化是个系统工程，是先进的教育思想和现代信息技术的有效融合，促使教育观念、教育目标、教育内容、教育模式、教育手段朝着现代化发展的系统工程。

（二）教育信息化特征

教育信息化可以从技术层面和教育层面两方面进行考察。

从技术层面看，信息化教育的基本特点是数字化、网络化、智能化和多媒体化。现代信息技术，主要是以计算机为基础的数字化技术，数字化使得教育技术系统的设备简单、性能可靠、标准单一。同时，以计算机为基础的多媒体技术使信息媒体设备一体化、信息表征多元化、真实现象虚拟化。网络化体现为当今的数字信息网已经做到了"天网"（如数字卫星通信系统、移动数字通信系统）和"地网"（目前以因特网为主）合一。网络化的优势是资源共享、时空不限、多向互动和合作便利。智能化表现为：人工智能将成为信息化教学系统的核心技术，智能化将使得系统能够做到教学行为人性化、人机通信自然化、繁杂任务代理化。

从教育层面看，信息化教育具有以下特征：

（1）教材多媒体化。教材多媒体化就是利用多媒体，特别是超媒体技术，建立教学内容的结构化、动态化、形象化。已经有越来越多的教材和工具书多媒体化，它们不但包含文字和图形，还能呈现声音、动画、录像以及模拟三维景象。

（2）资源全球化。利用网络，特别是因特网，可以将全世界的信息资源连成一个信息海洋，供广大教育用户共享。

（3）教学个性化。利用人工智能技术构建的智能导师系统能够根据学生的不同个性特点和需求进行教学。为了做到这一点，学术个性的测定，特别是认知方式的检测，已经成为当今教育研究的重要课题。

（4）学习自主化。要求学生通过合作学习方式完成学习任务，也是当前国际教育的发展方向。信息技术在支持合作学习方面起着重要作用，其形式包括计算机合作（网上合作学习）、在计算机面前合作（如小组作业）、与计算机合作（计算机扮演学生同伴角色）。

（5）环境虚拟化。教育环境虚拟化意味着教学活动可以在很大程度上脱离物理时空的限制，这是电子网络教育的重要特征。

（6）管理自动化。这包括计算机化测试与评分、学习问题诊断、学习任务分配等功能。其中，网络上建立电子学档是趋势之一，其信息包含学生电子作品、学习活动记录、学习评价信息等。利用电子学档可以支持教学评价的改革，实现面向学习过程的评价。

从表面上看，教育信息化是以信息技术在教育中的应用，促进教育全面改革并最终实现社会化的过程。但这只是一部分，从本质上讲，教育信息化有着更深刻的内涵。这表现在：

（1）促进了新的教育理念的生成。在信息技术应用的过程中，传统的教师观、学生观、知识观、教学观、方法观发生了深刻的变化。

（2）为新的教育模式的应用创造了条件。情景教学、在线讨论互动、虚拟课堂、智慧教室成为现实，极大地丰富了人们的教育文化生活，展示了一片新的教育天地，使人们尽可能地按需要获取教育资源和自定学习速度，体现了高度的学习个性化。

（3）促进了技术文化与教育文化的融合。当信息技术作为一种普遍的生活方式时，信息化教育使得它与人们习惯了的教育生活结合起来，构成了新的教育文化图景，从教育内容、课程、教学、活动等方面进行了全面的改造。

教育信息化的最本质特征是教育的现代化。包括现代化的教育理念、现代化的教育资源共享、现代化的教育方法手段、现代化的教育环境和条件，从而使教育过程表现出开放性、共享性、交互性、协作性和系统性等。教育的开放性体现为社会化（大众化）、终身化、个性化（生活化）等；共享性体现在教育资源的极大丰富、网络学习的极大便捷、获取信息的经济廉价；交互性扩大和便利了学习者与教师、媒体、他人的信息交流及自我训练与评价；协作性表现在网上合作学习、小组合作学习等；系统性则表现在要求学习者要有良好的道德和信息素养，要求组织者有系统的设计和科学的管理艺术，对系统环境有规范的要求。而所有这些是教育信息化最终走向教育现代化的重要基础。

（三）影响教育信息化的六个因素

1. 基础设施

工欲善其事，必先利其器。基础设施是教育信息化的基石，亦是其工具。基础设施建设作为教育信息化发展的前提和必要条件，其建设水平在一定程度上反映了教育信息化的发展水平。教育信息化基础设施建设是实现教育信息化的物质基础和先决条件，也是教育信息化进程中的重点建设内容之一。

2. 信息化资源

建设优质的教育资源是各国教育信息化的重点内容。教育信息化面对的最大挑战就是资源问题，如何获取资源、有效利用资源、共享资源等问题已经成为教育信息化推进过程中的一系列值得关注的问题。

信息化教学资源是信息社会教育质量提升的关键因素，信息化教学资源供给服务体系建设则是教育信息化建设的重要内容。

3. 师资队伍

师资队伍的职业胜任力是教育事业成败的一个标志，是直接决定教育质量的因素。师资队伍的建设需要基础设施、政策、资金等各方面的支持，且一直都是教育活动重视的环节。教育大数据的发展，对教育信息化时代的教师提出了更高的要求，以解决教师教育过程中个性化、全程化培养的问题。

4. 教育信息化应用

教育信息化的应用主要体现在教学中，借助教育信息化的推进，变革教育模式，使信息技术在课堂教学中起到革命性影响作用。在信息化还未普及的时候，信息化教学在现实中的应用会受到多方面的限制，如资源结构性缺乏、升学压力、效果不明显等，这些问题是客观存在的，因此随着科技的发展和文化背景等变化，在教育信息化演进过程中，每一时期都会提出不同的要求，当然也会取得不同程度的成果与进步。

5. 教育信息化规章制度

政策法规年表可以看作我国教育信息化发展进程的缩影。信息化作为一项重要战略决策，在引领教育事业发展中的作用越来越显著。教育信息化的发展离不开教育信息化政策和制度设计保障。此外，教育信息化是推动教育改革与发展、缩小地区教育差距、促进教育普及的有效途径，是提高全民信息素养和培养创新型人才的重要手段。

6. 教育信息化产业

教育信息化产业的发展是教育现代化的先决条件，而教育现代化又是教育信息化产业得以发展的保证。因此，教育信息化产业与教育信息化的推进相互依存，相辅相成。随着教育信息化事业与学科的发展，促生了一门新兴的教育信息化产业，产业的兴起反过来支持教育事业和学科的进一步发展，信息化产业成为教育信息化过程中不可或缺的重要组成部分。

第二节　我国高校英语教学信息化历程

一、第一轮高校英语教育信息化改革

（一）改革背景和实施

随着我国现代化建设的发展，我国英语教育状况已经无法满足整个国家和社会发展的要求。我国英语教育事业中的问题和矛盾突出，具体表现为以下三个方面：从1998年开始，我国高校以每年8%的增长速度扩大招生人数，随着招收的在校大学生数量的不断增加，我国的大学英语师资日益紧缺，高校英

语教学的质量问题也日益明显。鉴于此，英语教育政策的各个利益相关方都发出声音，要求改变大学英语教育的现状，以满足社会整体对大学英语教育所培养的人才的要求。由于大学英语教育是教育政策的一部分，因此大学英语教育的质量问题也涉及了英语教育政策。为了解决教育中出现的上述这些问题，教育部从20世纪末起，在全国范围内发起了大学英语教学改革。目的是利用信息技术来改革教育系统，提升教学质量，促进英语人才培养。

2003年教育部"高等学校教学质量和教学改革工程"启动，大学英语教学改革位居其中，标志着大学英语教学改革由筹备阶段进入实施阶段。2002年12月，教育部高教司下发《关于启动大学英语教学改革部分项目的通知》，启动大学英语教学改革项目。其中，项目之一是结合我国高等学校的实际情况，加强实用性英语教学，充分考虑现代教育技术在教学中的应用，据此来制定《大学英语课程教学要求（试行）》；项目之二是大学英语网络与多媒体教学体系建设，目的是建设以提高学生的自主学习能力为重点的教学模式。充分利用网络和多媒体技术，建立虚拟的网上英语教学和训练环境，形成一套可以面向全国进行推广的行之有效的大学英语教学体系。根据教育部的要求，大学英语课程教学要求项目组于2004年1月完成《大学英语课程教学要求（试行）》的制定工作。《大学英语课程教学要求（试行）》是指导这场教学改革的纲领性文件，其核心部分就是基于计算机和课堂的英语多媒体教学模式。

（二）改革内容

1.教育资源建设

教育资源建设主要体现在大学英语网络课程和精品课程的建设与共享、以多媒体网络为依托的立体化教材发展、大学英语教学软件的开发。

为了推动教学资源的共享，教育部于2000年5月启动了"新世纪网络课程建设工程"项目。在现代远程教育工程中，网络建设是基础，资源建设是核心，教学应用是目的。鉴于此，2002年1月教育部办公厅公布了"新世纪网络课程建设工程"第二、三批项目。获准正式立项的项目为华南理工大学、湖南大学、电子科技大学、全国高等学校教学研究中心联合申报的"大学英语网络课程"。大学英语网络课程建设强调教学应用是建设的目的，这意味着认识到信息技术在学习中的成功应用，并不是简单地建立和完成网络课程。大学英语网络课程的成功应用意味着推广和普及在学习中应用信息技术，通过网络课程的方式利用信息技术提升教学效果。大学英语网络课程建设是教学资源建设的一种形式，为参与大学英语教学改革的院校提供教学资源和学习资源支持。

随着教学资源、学习资源的逐渐建设和形成，教育政策的决策者日益意识到开放和共享资源的必要性。2003年，为了通过信息化进一步改革现有教学系统，提升教学质量，促进英语人才的培养，教育部下发了《关于启动高等学校教学质量与教学改革精品课程工程建设工作的通知》，决定精品课程全部上网并向全国高等学校免费开放。该通知得到了各高等院校的积极响应和执行。

以多媒体网络为依托的立体化教材发展表现在两个方面：一是由纸质教材、光盘、学习系统、网络等构成的立体化教材，为实施新教学模式提供了基本条件；二是立体化大学英语教材为大学英语教学改革提供了条件。在教师的职业素养发展方面，当时大量的大学英语教师参与了信息化背景下的教师职业发展培训，提升了信息技术素养。

相关的教育出版社积极参与"大学英语教学软件"的开发，开发出基于计算机和网络的大学英语学习系统。该系统中教学项目相当齐全，由听说读写的各个部分组成。例如，有语法结构，有动画游戏，有课文解释，有练习以及参考答案，学生可以开展自主学习。教学软件作为教学资源的一个重要组成部分，最终的目的在于通过使用教学软件来促进学习者的学习进步。

2. 信息技术辅助下的英语教学法

这个时期，信息技术迈出了改革传统英语教学法的重要一步。最主要的表现为推进网络自主化教学模式以及英语教育主要目标的转变，即在英语教学中，由之前注重阅读能力培养转变为现在以提升听说能力为主，提高英语的综合应用能力。

网络自主化教学模式是指将传统的以阅读理解为主、教师讲授学生听记的教学模式逐步转变为以听说能力培养为主。个性化、主动式的教学模式强调的是通过开展个性化教学与自主学习，充分发挥学习者个人的学习潜能。

英语教学开始摆脱传统的学习方式，以技能型学习方式为重点，提高学生的英语应用能力，尤其是口语听说能力，即提高学生在本专业领域使用英语进行口语和文字交流的能力。于是，在这个计算机为辅助地位的英语教育改革背景下，废除了原有的教学大纲，制定了新的《大学英语课程教学要求（试行）》，提出在英语能力上表现为以听说为主，注重综合运用能力的培养。首先是将原来的以阅读理解为主的大学英语教学目标定位转变为以听说为主，全面提高综合应用能力,为此后大学英语教育培养实用型人才奠定了政策基础。其次,《大学英语课程教学要求(试行)》提出了各个学校根据自己的实际情况,设计出校本化的大学英语课程体系,确保提高本校不同层次学生的英语应用能力。

3.基础设施建设

随着语音室、计算机、宽带联网的陆续建成,英语教育信息化的基础设施建设也陆续推进。许多高校在充分利用原有的电教设备的基础上,积极探索和开发计算机辅助教学,有条件的院校开始逐步建设计算机网络系统、光盘资料中心以及多媒体自修中心,为更新教学内容、提高教学效率、培养学生有效的学习方法创造条件。随后,校园网的升级和远程网络平台的开通成为现实,极大地提升了教学的直观性、立体性和师生之间的互动性,为学生开展自主学习提供了以学习者为中心的环境。为了保障这些教育信息化基础设施的运行,高校在专业的人力资源、技术支撑、管理和保障维护上也提供了相应的支持政策。

二、第二轮高校英语教育信息化改革

第二轮高校英语教育信息化改革从2006年至2013年陆续施行,其主要特征为计算机与英语课程进行整合。

(一)改革背景和实施

第一轮信息技术背景下的大学英语教学改革本质上属于计算机辅助教学阶段。英语教学中的计算机辅助是指教师借助于计算机的某些功能来改进教学手段,提高教学效果。换言之,就是计算机辅助的对象是教学人员,教学的功能必须通过教学任何单元的合作才能生效。就整体而言,高校英语教学信息资源的开发、建设和利用还处于起步阶段,远远跟不上形势发展的需求,教学模式的实施、课后自主学习与课堂教学的结合开展、计算机网络在教学以及教材开发中所起的作用等,都存在一定的问题。

随着计算机技术和学科教学发展的深入,从2006年起的第二轮大学英语教学改革,计算机网络多媒体在教学当中所起的作用不仅仅是辅助教学,而是计算机与英语学习进行整合,使计算机多媒体学习正常化。

这一轮大学英语教学改革、政策改革,由政策的决策者教育部和政策的利益相关者高校教师组成的项目组等都参与了整个政策的决策过程。教育部于

2006年11月成立了《大学英语课程教学要求（试行）》修订项目组，新版的《大学英语课程教学要求》于2007年7月正式颁布。2007年，教育部和财政部联合颁布了《关于实施高等学校本科教学质量与教学改革工程的意见》，再次强调"大学英语教学改革要切实提高大学生的专业英语水平和直接使用英语从事科研的能力"。2007年2月，教育部下发了《关于进一步深化本科教学改革全面提高教学质量的若干意见》，提出了进一步推进大学英语教学改革。

（二）改革内容

1. 基于计算机和课堂的新型英语教学模式

在第二轮高校外语教育改革中，《大学英语课程教学要求》强调"以现代信息技术为支撑，将计算机技术与外语课程有机结合"。计算机技术与外语课程有机结合即将计算机整合进外语课程。将计算机整合进外语课程，实质上是以一种技术支撑下的自主学习生态系统来彻底转变以往的以教师为中心的课堂。整个外语教学系统存在着很多生态因子，计算机融入外语教学，表示计算机作为生态系统的生态因子中的一个，是整个外语教学系统存在所不可缺少的条件。同时，计算机和其他生态因子，如计算机信息技术、教学内容、教师、学生、教学手段、测试和评价方式、教学理念等彼此制约、相互组合，构成了多种多样的学习环境。

2. 教师的信息素养

教师的信息素养受到高度重视。2007年，教育部开展了全国高校教师网络培训体系的建设工作，确定了国家精品课程师资培训项目并先后分两批设立了30个教育部全国高校教师网络培训升级分中心和城市分中心，各高校纷纷开展对外语教师的信息素养培训。

3. 基础设施建设

在第二轮大学英语教学改革中，基础设施建设强调的重点已经发展到基于语音室的网络教学平台、自主学习平台的建设等阶段。这个时期，基础设施建设的重心放在建设学生自主学习平台上，为建设网络环境下的大学英语新教学模式创造条件。这些自主学习平台除了课程教学平台和教学课件之外，还可连接到其他学习资源，如拓展课程教学资源、精品课程资源、视频点播等。总之，这些丰富的教学资源，作为外语教育信息化生态系统的生态因子之一，极大地为拓展学习者的学习自主性创造了条件。

4.教育资源建设

教育资源建设体现在立体式教材和基于网络教学平台的建设。立体式教材的主要特点是：以多媒体、多模态、多介质方式来存储和呈现教学资源；以一体化、系统化策略来设计教学内容；以多元化、互动式方法来实现教学过程。立体式教材体现的教学理念是动态理解外语学习的过程，以语言有声交流为教学起点，通过有意义的语言材料输入，以不同方式开展交流，互动式学习，各种教学手段循环利用，使课堂学习得到充分延伸和扩展。因此，立体式教材不是纸质教材的翻版，而是对教材进行重新设计、开发、利用。充分利用计算机虚拟技术创造出与内容相匹配的语言环境。网络学习平台是整套教材内容的延伸和发展，强调的是一种整体教与学的方法，包括情景化学习、个性化学习、自主化学习等。

三、第三轮高校英语教育信息化改革

第三轮高校英语教育信息化改革从2013年持续至今，其主要特征是大数据与英语教育整合。

（一）改革背景和实施

在此期间，信息技术与互联网整合的速度进一步加快，"互联网+"深刻影响着人们的生活习惯、思维方式、学习模式等，促使知识学习、获得、产生的方式发生变化，给高等教育带来冲击、挑战和机遇。2013年起的第三轮大学英语教学改革中，随着信息技术对教学系统改革的进一步深入，技术通过大数据的形式与英语课堂教学整合。这要求彻底转变传统的以教师为中心的教学观念和思维方式。

2013年8月，按照教育部的要求，高等学校大学外语教学指导委员会启动大学英语教学指南研制。2016年《大学英语教学指南》出台后，成为指导我国当前和今后一段时期大学英语教学的重要文件，对继续推进外语教学改革、提高外语教学质量、培养外语教学人才产生重要影响。

（二）改革内容

1.大数据的生成及运用

"互联网+"时代是指互联网的思维方式、互联网观念和各个行业的有机整合。随着"互联网+"时代下技术的发展和进一步深入,大数据的出现和发展成为互联网用户行为分析的热点数据来源。课堂中诞生了海量数据,其中相当一部分是与学习者及其行为相关的数据。这些可获得的数据对于大学外语课程的建设与发展来说极其重要。以慕课为例,基于大数据的慕课给外语教学带来了许多机遇,如学习模式的个性化、学习环境的创造性以及学习方式的终身化。同时,考验着教育者分析数据、运用数据、创造价值或效率的能力。

在"互联网+"时代,教师需要重点思考的是如何使用大数据进行学习者学习行为分析,提供个性化的有针对性的反馈意见并采取措施。总之,实现大数据背景下的现代信息技术与外语课程的融合,目的是实现以学习者为中心的自主学习。

2. 通用英语和专门用途英语相结合

2016年,教育部颁布了新的《大学英语教学指南》,明确指出,大学英语在注重发展通用语言能力的同时,应进一步增强其学术英语或职业英语交流能力和跨文化交际能力,以使学生在日常生活、专业学习和职业岗位等不同领域或语境中能够用英语有效地进行交流。由此可见,在我国开展了近30年的以培养通用英语为主要目标的大学英语教学内容将会转向通用英语和专门用途英语相结合的教学内容。

3. 教师信息素养

《大学英语教学指南》中对大学英语教师明确了三个主动适应的要求,即"主动适应高等教育发展的新形势,主动适应大学英语课程体系的新要求,主动适应信息化环境下大学英语发展的要求"。这就要求英语教师主动适应信息化环境下的大学英语发展,保持终身学习和自我调整,使其具备相关的、合适的技能。因此,英语教师需要具备两个核心素质:其一是以学生为中心的教学实践,其二是以优秀的教学法整合信息技术并将其融入教学实践中。

4. 教学模式改革

在教学方面,要改变传统的以教师为中心的教学思想,转换为"互联网+"时代真正以学生为中心的教学思想,积极地运用信息化手段将信息技术整合进语言教学,来开展教学活动,提升教学效果。这需要学生和教师两方面的自主学习:一方面,面对知识经济的发展,教育需要实现以学生为中心的教学理念,即学生主导整个学习过程,找出问题,通过各种信息技术手段进行探究及寻找答案，体现出自主学习能力；另一方面，在这个过程中，教师使用基于大数据的学习者行为分析的教学方法和教学手段，为学生筛选出合适的在线学习资源，引导学生有组织、系统地进行在线学习，协助学生处理问题、解决问题，培养学生的自主学习能力。混合式教学模式是本阶段教学模式改革的特色之一。

5. 平台和资源建设

在原有基础设施的基础上，开发、提供新的教学资源和学习资源，包括网络教学系统、自主学习系统、课程网站、网络课程资源库、数字化影视库、音视频在线点播系统等内容，来支撑学习者的学习。其中，网络课程资源库建设以资源共建、共享为目的，以创建精品课程资源和开展网络教学活动为重点。

第三节 教育信息化2.0时代与高校英语教学

一、教育信息化2.0

（一）教育信息化2.0的主要内容

2018年4月13日，教育部印发了《教育信息化2.0行动计划》（以下简称《行动计划》）。该《行动计划》提出，到2022年基本实现"三全两高一大"的发展目标，即教学应用覆盖全体教师、学习应用覆盖全体适龄学生、数字校园建设覆盖全体学校，信息化应用水平和师生信息素养普遍提高，建成"互联网＋教育"大平台，推动从教育专用资源向教育大资源转变、从提升师生信息技术应用能力向全面提升其信息素养转变、从融合应用向创新发展转变，努力构建"互联网＋"条件下的人才培养新模式、发展基于互联网的教育服务新模式、探索信息时代教育治理新模式。

其主要任务由三个方面组成。第一，继续深入推进"三通两平台"，实现三个方面普及应用。"宽带网络校校通"实现提速增智，所有学校全部接入互联网，带宽满足信息化教学需求，无线校园和智能设备应用逐步普及。"优质资源班班通"和"网络学习空间人人通"实现提质增效，在"课堂用、经常用、普遍用"的基础上，形成"校校用平台、班班用资源、人人用空间"。教育资源公共服务平台和教育管理公共服务平台实现融合发展，实现信息化教与学应用覆盖全体教师和全体适龄学生，数字校园建设覆盖各级各类学校。第二，持续推动信息技术与教育深度融合，促进两个方面水平提高。促进教育信息化从融合应用向创新发展的高阶演进，信息技术和智能技术深度融入教育全过程，推动改进教学、优化管理、提升绩效。全面提升师生信息素养，推动从技术应用向能力素质拓展，使之具备良好的信息思维，适应信息社会发展的要求，应用信息技术解决教学、学习、生活中问题的能力成为必备的基本素质。加强教育信息化从研究到应用的系统部署、纵深推进，形成研究一代、示范一代、应用一代、普及一代的创新引领、压茬推进的可持续发展态势。第三，构建一体化的"互联网+教育"大平台。引入"平台+教育"服务模式，整合各级各类教育资源公共服务平台和支持系统，逐步实现资源平台、管理平台的互通、衔接与开放，建成国家数字教育资源公共服务体系。充分发挥市场在资源配置中的作用，融合众筹众创，实现数字资源、优秀师资、教育数据、信息红利的有效共享，助力教育服务供给模式升级和教育治理水平提升。

（二）教育信息化2.0的核心要义

1. 以智能化引发教与学的深刻变革

智能化将引发教与学发生更加深刻的变革。在向智能社会转变的过程中，教育会发生很大的变化。首先，获取知识的途径会发生变化，学生不再是只从教师和学习内容那里获取知识，而是在环境中学习，这个环境里有教师、学习内容、学习情境、学习伙伴、学习网络等。其次，人们的学习方式会发生变化。人们的学习方式主要有三类：接受正规教育、接受非正规教育、进行非正式学习。直到现在，人们的学习都以接受正规教育为主，非正规教育和非正式学习仅仅作为补充。未来，随着终身学习理念的普及，学习将变得越来越普遍化，越来越经常化，非正式学习将成为人们最主要的学习方式。最后，教学分析方法会发生很大变化。未来，无论是课堂学习反馈分析，还是教学方法、教学策略分析，甚至是教育决策分析，都会从以因果关系分析为主转向以数据关系分析为主，通过大数据分析为教学和教育决策提供支持。

2. 以信息化促进教育公平

《行动计划》提出了"教学应用""学习应用""数字校园"三个全覆盖和"互联网+教育"大平台建设的基本目标，其实质是教育要素在本领域的全覆盖和广泛纳入社会资源，是从教育内部"小连接"走向教育与其他各领域的"大连接"。即实现人与人、人与资源、资源与资源、资源与机构等更加广泛和深层的联结,以充分发挥网络连通、资源流通与教学融通的信息化变革教育作用。同时,此举旨在优化信息化资源配置,消除数字鸿沟,促进教育公平。

《行动计划》提出的"网络扶智攻坚行动",致力于解决深度贫困地区的教育信息化建设问题。一方面,体现了对教育信息化全覆盖的攻坚和对后发地区的兼顾,让信息化教育的红利为全民共享,是一种对教育起点和过程公平的关注;另一方面,也体现出对国家脱贫攻坚大局的支撑。因为,推进精准扶智,离不开网络等信息化基础设施在全国的全面实现,"三全"是实现教育资源高效、精准配置的基础。

目前贫困区域的教育信息化发展缓慢,在较大程度上限制了教育精准扶贫工作的推进。信息化要发挥效用,"连接"是第一要义,是一切可能性的基础。"三全"是区域、学校、教师、学生等教育要素的全连接,也是社会万物互联的重要基础,它不仅能够促进扩大优质教育资源覆盖面,进而助力教育扶贫,也能够提升社会生产资料(资金、设备等)的高效配置,助力生活扶贫。因此,推进网络扶智,更有助于促进教育结果的公平。

3. 打造新技术时代的教育新生态

强调技术与教育的融合是近年来我国推进教育信息化的基本原则,但在实践中,更多的是技术对教育的"单向融合",而非技术与教育的"双向融合"。某种程度而言,这种融合的结果实际上是进一步强化了传统的教育逻辑。从其他领域的发展历程来看,要推动领域全方位的跨越式变革,仅仅依靠"单向融合"是远远不够的;相反,从技术本身入手,通过对其可能性的充分评估,转而以"技术逻辑"对领域原有的运行逻辑进行改造,才有可能实现领域的整体"革命"。教育领域概莫能外。"真正从相'加'阶段迈入相'融'阶段"的表述,充分表明《行动计划》已经考虑到了这一深层次问题。由此看来,"教育信息化2.0时代"的"融合"相较以往将更加深入、更加全面。

与此同时,线上线下结合的混合式教学成为主流。无论课上还是课下、教师还是学生,都将把网络和数字信息自觉或不自觉地应用于教与学之中。

4. 突出应用驱动

工具的选择是为了更好地解决问题,教育领域信息化工具的选择是为了更好地解决教育问题,这应当是教育信息化发展所应遵循的基本原则。新技术、新装备的不断涌现刺激着人们的迭代热情,如不改变上述状况,新的、更多的浪费和闲置将由此产生。要改变这一局面，就必须"更加坚持应用驱动"，以问题驱动应用，以应用驱动建设。而从《行动计划》来看，应用驱动就是"教育信息化2.0时代"中国教育信息化建设的基本方式。

5. 师生信息素养受到高度重视

《行动计划》表现出了对"人"的关注，对学生、教师等信息化应用主体的信息素养做出了详细要求。尤其对于学生信息素养的培育，《行动计划》首次提出"制定学生信息素养评价指标体系"的要求，以及评价体系所覆盖的学段、区域和数量，并将信息素养纳入综合素质评价。对于教师信息素养的提升，不仅纳入了"人工智能"等信息素养新内容，更是把信息素养提升的覆盖面拓展到了全体教育工作者。可见，2.0阶段将更加注重培养师生胜任数字化生存的能力，把师生培养成为合格的"数字公民"，促进教育信息化可持续和高水平的发展。

6. 自主学习能力成为学习者的重要特质

建立在数字化、网络化基础上的个性化、终身化学习将变得更加重要。需要指出的是，自主学习能力对于师生而言，同等重要，同等需要。如果说教育信息化1.0为教育打下了数字化、网络化的基础，那么，面对未来教育现代化发展和教育支持创新的要求，更加需要信息化来提供支撑的是多样化教学、个性化学习和持续不断的终身学习。

二、教育信息化2.0与职业教育

《行动计划》提出要实现我国教育信息化由1.0向2.0时代的跨越。作为教育信息化的一部分，我国职业教育信息化虽取得了较大的进展，但供求矛盾仍然较为突出，不能满足国家的战略需求。因此，在职业教育信息化由1.0向2.0目标转变的过程中，职业教育信息化需要充分运用现代信息技术，开发教育资源，创新教育模式，促进职业教育现代化。

（一）教育信息化2.0于职业教育的意义

1. 加速职业教育融合创新

就职业教育现代化而言，1.0时期的教育信息化主要是带动职业教育现代化，2.0时期的教育信息化则要全面推动职业教育现代化，相应地就有以教育信息化带动职业教育现代化战略和全面推动职业教育现代化战略。"全面推动"是教育信息化成为职业教育系统性变革的内生变量，支撑引领、全面推动职业教育现代化发展，信息技术与职业教育教学深度融合，推动重构教育要素，推动职业教育理念更新、模式变革，产生职业教育的新形态。

具体体现之一就是教育信息化2.0加速职业教育融合创新。联合国教科文组织将教育信息化发展分为起步、应用、融合、创新四个阶段。教育信息化由1.0转入教育信息化2.0，一个重要转变就是教育信息化由起步与应用阶段，转向融合和创新阶段。其工作方针将由应用驱动逐步提升为创新引领，更加注重创新服务、创新发展、创新引领，同时加速实现职业教育的三大融合：一是实现现代信息技术与职业教育教学的深度融合，推动职业教育的深层次改革创新；二是实现虚拟世界与现实世界两重世界的融合；三是借助信息化力量，真正实现现代化意义上的校企融合。

不同于以应用为主的教育信息化1.0，教育信息化2.0阶段的融合创新，既要有技术，发挥技术优势，更要有创新思维、创新方法、创新设计；既要变革传统模式，推进新技术与教育教学的深度融合，根据时代的新要求重构新的职业教育流程、形态、业态，更要达成全方位创新。

2. 使职业教育改革发生新的深刻变化

教育信息化2.0对职业教育的影响体现在三个方面。第一，更新教育教学观念，树立以信息技术推动高校教育发展的理念，发挥云计算、大数据、人工智能等现代信息技术在高素质技术型人才培养中的积极作用，促进教学模式的信息化改革。第二，注重信息化教学资源的开发与应用。以国家职业教育专业教学资源库建设计划为契机，引导广大高校院校加大教学资源库建设投入力度，基于学生学习规律、课堂教学规律开发优质数字化教学资源，鼓励与引导教师进行信息化教学创新实践，提高信息化资源利用率，使教师和学生真正体验到信息技术带来的教与学的质的革新。第三，以赛促变，以赛促升。教育信息化2.0时期的职业教育，必须将教师的现代化提升放在第一位，并从过去重点关注教师信息技术能力的提升，转向关注教师整体教育现代化意识、理念、思想和能力提升方面来。教育部职业教育管理部门对此已采取措施，已将持续8年打造的全国职业教育品牌——全国职业院校信息化教学大赛，更名为全国职业院校技能大赛教学能力比赛，将其中的信息化教学设计比赛、信息化实训教学比赛、信息化课堂教学比赛，分别更名为教学设计比赛、实训教学比赛、课堂教学比赛，以对职业院校教师的现代化教学能力进行全面考核。新的竞赛规则旨在全面考查教学基本功，在此基础上逐步建构起新的信息化支持的人才培养体系、教育内容体系、实践教学环境、新的教育形式、新的教育机制。

3. 对职业教育教师职业胜任力提出更高要求

职业教育的人才培养目标升级为培养知识、技能、创新创造三位一体的新的职业人，必然要求教师具有创新创造的本领，应该成为创新创造之人。当信息时代来临时，人们认为教师不能满足于做知识的传授者，教师还要成为学习的组织者、引导者。在以创新创造为特征的智慧时代，教师应该成为创新的指导者、协同者和创新活动的设计者、组织者。这对教师提出了更高的要求，但随着教师能力的提升，以及在线学习的普及与学分互认的推广，大多数教师将会从课堂教学中解放出来。对于职业教育而言，当务之急是要加强在线课程的建设，加快职业院校间的学分互认，开展职业教育的在线开放课程认证认可，使职业院校尽快实现教师资源的开放，从而从根本上解放教师的生产力，支持教师升华成为引领型、创新型、学习型、专家型的智慧时代"新四型"教师。

4. 构建职业教育大平台

《行动计划》提出，"积极推进'互联网＋教育'平台。"当前职业教育的网络平台很多，但是重复建设、多头建设、低水平建设较为普遍，多而分散，互相割裂，没能很好形成建设合力和整合优势。"互联网＋教育"大平台让广大学生利用网络学习名师课堂、充分利用优质的网络学习资源，在"互联网＋教育"大平台中为职业教育提供整合的、优质的、创新的资源，是职业教育改变的重要方向，是职业教育现代化的重要保障。要高度重视建立综合云平台，实现不同应用、不同平台间的融通。

"互联网＋教育"大平台，既是虚拟教学环境，又能够很好与实体环境对接与融通，既要优化已经建好的网络学习空间，又要充分发挥网络空间、自然空间、人造实体空间和精神空间的多空间作用，实现多空间融合。对于职业学校而言，与"互联网＋教育"大平台对接的是智慧校园、智慧教室、智慧课程等智慧化教学环境与形态，但是一定要使所建设的环境与形态具有真智慧，能实实在在建立信息化教学资源的共建共享机制。

因此，各地区、各高校院校要加强交流合作，建立完善我国职业教育优质教育资源的公共服务平台，融合网络学习空间创新教学模式、学习模式、教研模式和教育资源的共建共享模式，促进优质数字化教学资源普及共享。鼓励将信息化教学大赛的获奖作品、典型案例等成果进行共享共用，带动更多的高校教师利用信息技术提高教学质量。此外，在"互联网+"时代，要注重利用网络技术和网络载体推进优质教育资源跨区域、跨行业共建共享，构建数字教育资源开放共享体系，促进我国高校教育信息化教学水平的整体提升。

5. 推进高校教育信息化均衡发展

我国高等职业教育信息化发展水平仍然存在明显的区域差异性，均衡发展是《行动计划》关注的重点问题。《行动计划》将带来三个方面的影响。第一，中央财政会继续加大对中西部地区职业教育信息化的投入力度，引导地方加强对农村、经济相对落后地区职业教育信息化的经费支持力度，通过建立教育信息化专项经费，促进欠发达地区高校教育信息化发展。第二，坚持互利、公平、协调、共享的原则，打破"一亩三分地"的思维定式和狭隘的地域观念，通过交流学习、帮扶指导、辐射示范等多种方式，加强经济发达地区对相对落后地区的帮扶，提升全国高校教育信息化建设的总体水平。第三，利用互联网不受时空限制的特点与优势，借助信息技术和互联网平台向农村、经济落后地区职业院校传输和分享信息化教学设计经典案例、名师视频课堂、优秀比赛获奖作品等优质数字化教学资源，开发建设远程互动学习平台，实现优质教育资源共享共用，提升区域间职业教育均衡发展指数，实现区域高校教育信息化的优质、均衡发展。

6. 改造职业教育的学习方式

教育的归宿在于学生的发展，没有职教学生学习的改变，就无法建构新时代的职业教育，因此，研究和改造职教学生的学习变得非常重要。首先，要求学生思维方式的进化，既要具有互联网思维，还要具有创新思维、融通思维等智慧时代必须具有的新思维；其次，促进学生主辅式认知方式的形成与发展，即既要提升个体基于自身的认知水平，同时利用物联网、大数据、人工智能等现代信息技术帮助感知、记忆、判断、决策，使学习者的认知能力有质的提升；再次，要有多元的实践方式，一方面让学生在充分感知现代社会中进行实践，另一方面充分利用虚拟仿真、VR/AR、人工智能等现代化手段进行别样的高效的实践训练，充分利用学习空间进行学习，并开展形式多样的智慧化学习活动；最后，进行学习变革，在学习方式方面由通常意义上的学习，转向创新学习、联通式学习等综合的新型智慧学习，并借鉴共享经济理念开展学习。同时，对以上学习的变革，必须以评价方式的改变加以引导与保障。

7. 技术在教育变革中发挥重要支撑作用

"立体化教材""在线学习""微课"和"翻转课堂"在职业教育教学中正在得以普及，表明当前职业教育信息化更侧重于数字教学资源的建设、资源形态的多样化和信息化教学方式的不断探索，这与近年来国家大力支持职业院校专业建设与课程开发相关。"虚拟现实、增强现实和混合现实技术""云计算"等技术近期内有望在职业教育领域广泛应用，"人工智能""信息可视化"等智能技术会在中期内得以推广。

（二）教育信息化2.0给高校院校英语教学带来的机遇与挑战

1. 高校院校英语教学迎来的机遇

（1）政策和资金支持。《行动计划》提出"到2022年基本实现'三全两高一大'的发展目标"，为全面推进教育信息化树立了明确的目标，也营造了良好的舆论氛围。《行动计划》为高校院校全面深化信息化教学带来各种"红利"，包括来自中央、省、市各级政府的政策和资金支持。就高校院校英语教学而言，教师能得到更多的培训机会，会有更多的资金支持他们从事信息化教学改革和科研，从而为实现学校发展、教师发展、学生发展创造可能。

（2）技术支撑和效能提升。与教育信息化2.0紧密相伴的是人工智能2.0。人工智能2.0为高校院校英语教学探索提供强大的技术支撑可能，主要体现在两个方面。第一，基于大数据的智能的个性化教育成为可能，虽然教育领域一直在强调对学生实施个性化教育，但是限于技术手段、教育效率、教师精力等种种条件约束，教育总体上依然是秉承工业革命以来的批量化教育模式。伴随着大数据以及人工智能技术的发展，将精准的技术分析应用到教育领域，英语教师就可以通过收集学生的大数据（如日常习题、测试、历年成绩、听课表情、兴趣爱好、周围环境，等等），进行学生画像描写，进而制订个性化教育方案。方案实施后，进行新一轮数据收集，更新优化方案，进而实现个性化教育。第二，跨媒体学习将有效提高教育与学习效率。人类形成基本概念和判断依赖多种信息的综合，如文字、图表、听觉、视觉、嗅觉，等等。教学中，英语教师除了文字表达、知识讲授外，还要采用配图、参观、实习、实训等各种形式，其目的就是让学生形成跨媒体的知识。随着人工智能的发展，VR、AR技术不断完善，跨媒体学习将更为容易，教育与学习效率有可能得到大幅提高。

（3）理论和实践新探索。对于有效英语教学法的探索，一直是许多英语教师关注的重点。好的英语教学法有助于学生更快更好地掌握英语。在语言教学的发展过程中，诞生了许多不同的语言学流派，提出了许多不同的语言教学法。但是教学实践表明，任何一种教学法都不完善，各有优点和不足。单独运用一种教学方法，难以解决语言教学中遇到的种种问题，尤其在"互联网+"时代，英语教学面临着涌现出来的新问题。"互联网+"、教育信息化2.0将大量新的因子引入高校英语教学的生态圈中，如手机APP、智慧教室、智慧教学、微课、微信公众号等，同时将信息化研究的相关理论带入生态圈，使原有的研究内容、研究路径、研究方法发生一定变化，扩展了理论研究和实践探索的时空，如信息技术与高校英语课程的整合研究、高校英语信息化教学模式构建的理论研究、高校英语微课教育理论及运用研究、英语课程教学大数据研究，等等。理论和实践新探索为在信息化时代提升高校英语教学效能提供了可能。

2. 高校院校英语教学面对的挑战

（1）英语教师信息素养不足。其表现为：信息化教学理论与技能了解得不多，掌握不深，运用较少；信息化教学设计能力需要进一步提高；能熟练运用Powerpoint等基本教学资源开发软件，但对Photoshop等图像处理软件、Audition等音频处理软件、CS等视频处理软件等的掌握情况则相对较差，信息化教学实施能力有待提高；信息化教学监控能力有待提高。

（2）教学方法自适性不足。随着教育信息化的深入，高校英语教师在教学上引入信息化元素，进行了一些信息化教学的探索，如采用手机听说APP倡导学生进行自主学习，引导学生学习MOOC，尝试制作SPOC，等等。但是教育信息化进展快速，尤其在教育信息化2.0时代，信息技术的发展正在深刻地改变着我们的认知空间，整个世界正在从二元空间走向三元空间。所谓二元空间是指由自然界组成的物理空间以及由人类社会联系构成的社会空间，三元空间则是在二元空间基础上增加了信息空间。相比之下，教学方法、教学管理与之尚未形成同步共振。因此，教学方法的变革需要加强，向纵深处探索、提升。

（3）学生学习能力不足。大学生在进行信息化学习时，自主学习能力偏弱，容易受"去中心化"的影响。"互联网+"时代泛在学习的特点之一是利用碎片化时间进行碎片化学习。碎片化学习的前提之一是碎片化学习资源。碎片化学习资源具有短小精悍、结构松散、传播迅速、生命周期短、去中心化、多元化和娱乐化的特点。其后面三个特点导致学生的思维不能集中，容易产生思维跳跃。知识碎片的多元化导致学生很容易被环境中时刻变化的新信息所吸引，尤其是娱乐信息吸引，无法围绕一个主题进行深入思考。大学生在完成教师布置的 APP 作业时，有时会出现需要 10 分钟完成的练习，结果用了长达 1 个多小时来完成。这其中的原因有学生在做作业的时候，受即时聊天软件的影响，去浏览微信消息、视频，导致关注力被"去中心化"。同时，由于大量碎片化知识和信息唾手可得，其中大量的信息内容空虚、缺乏价值甚至是毫无价值，而学生对于这类信息全盘接收不加以思考，导致思维活动空洞，毫无深度可言。

第二章　大数据时代高校英语教学概述

第一节　大数据时代下高校英语教学改革

现阶段人类社会迎来了大数据时代，教育大数据的到来给高校英语教学造成了很大的冲击和影响，与此同时也给高校的英语教学带来了一定的机遇，因此高校英语教学应该顺应时代的发展，积极探索改革路径。教师可就大数据时代高校英语教学改革进行探析。本部分内容先介绍大数据时代的特点，阐述教育大数据对高校英语教学的影响，然后提出大数据时代高校英语教学改革的有效途径。

近年来我国的信息技术快速发展，互联网已经渗透到各行各业，人们的生活、学习和工作已经离不开互联网，而互联网、物联网以及社交网络的介入让数据的增长速度越来越快，大数据时代已经全面到来。在大数据时代下，人们的生活、文化和经济都受到了巨大的影响，充分挖掘和利用大数据是当前人们关注的一个热点问题。教育行业也是一样，在大数据时代背景下，教育行业也面临着改革。

随着信息产业和互联网的不断发展，各种数据的增长速度越来越快，人们的生活被各种数据充斥，海量的数据被充分挖掘和利用以促进各行各业的发展，其构成了大数据时代的要素。在大数据时代背景下，人们的思维方式和生活方式都发生了巨大的转变。大数据时代表现出其独有的特征，其具有更大的数据容量、更多的数据种类，并且数据的生成速度更加快速，往往在一瞬间就生成了大量的数据。大数据时代的数据价值密度更加分散，正是由于数据太过庞大，而其中具有重要价值的数据所占的比例比较小，数据价值密度更加分散，这使人们对有价值的大数据挖掘和利用的难度也增加了。除此之外，大数据时代下，大数据的呈现方式为可视化，人们可以通过直观的方式来观看和掌握大数据的变化。大数据时代的这些特征转变了人们的生活方式和思维方式。大数据时代的数据非常庞大、繁多，整体大于离散，海量数据总体的特性要比离散的特性更明显，并且各种数据混杂，人们要想掌握事物总体的发展趋势，就要接受混杂的数据信息，而非一味追求精确。大数据时代流通着海量的数据，人们更容易获取各种数据，而这就为高校的英语教学提供了新的平台，在大数据时代背景下，高校应该正确使用这一平台来促进英语教学的改革。

一、教育大数据对高校英语教学的影响

教育大数据对高校的英语教学造成了强烈的冲击，成为高校英语教学改革的重要力量。从以往的高校英语教学来看，人们常常通过专家评判来判断一堂英语课的质量，从教师的课堂环节设计是否合理、各个环节之间的关联是否有逻辑性、教学活动的设计和教学目标是否契合、课堂上提出的问题是否有效等方面来评判一堂英语课是否成功。这种评判方式虽然看起来非常合理和科学，但是却缺乏对学生上课体验和感受的重视，一般是专家结合自己的经验来对学生的体验进行假想，总的来说忽视了学生的情感体验，而学生才是课堂的主体。要真正了解学生的听课效果，还是需要采用可靠的数据和技术来进行分析和评判。教育大数据时代的到来就取代了专家的评课，其以实实在在的数据来对每一节课的质量进行分析，教师的每一堂课以及学生的听课都会生成相关的数据，而通过对这些数据的分析，就能够了解教师的授课水平，也能够把握学生的听课效果，了解学生对课程的喜欢程度。大数据让学生的听课感受得到显现和量化，能够更加清晰地分析学生的课堂需求和对课程的学习态度，然后从学生的实际需求出发来对教学方式进行改革和创新，以取得更有效的教学效果。

二、大数据时代高校英语教学的改革途径

（一）将课上数据和课下数据融合来革新教学理念

大数据时代要想对高校的英语教学进行改革，首要的任务就是将课上的数据和课下的数据有效融合来对英语教学的教学理念和教学思维进行革新。现阶段大数据充斥着整个教育领域，课堂上教师的行为、语言以及学生的动态行为等都可以转化为数据，而这些数据都可以利用起来，为教学改革提供参考。但

是仅仅依靠课堂上学生的行为和语言往往难以准确、全面分析学生的成绩以及对英语课程的态度，除此之外还要充分利用课下数据，加强对学生日常活动数据的分析。例如，可以通过搜集学生访问网络的数据分布来分析学生的在线学习行为，包括学生在课后是否会访问与英语相关的学习网站、一般访问哪种类型的学习网站、在学习网站上停留的时间等，进行秒级采集，并对相关的数据进行分析，同时实现课堂上以及课后数据的采集分析，对学生进行多角度和多层面的评估，以此来帮助教师更全面、准确地了解学生的喜好，把握学生的英语学习态度、英语学习兴趣以及英语学习风格等，为课堂教学活动的设计提供参考。

（二）实现教学资源的立体多元化转变

在传统的高校英语教学中，课堂教学内容主要以教材上的资源为主，教学资源比较单一，并且非常有限，英语教学倾向于各种机械训练，教师不注重学习资源输入的多样化。在这种教学模式下，学生的学习效果往往难以得到有效提升，学生的学习主动性受到打击，并且英语应用能力也难以得到显著提升。而在大数据时代背景下，教师可以充分利用网络上的各种数据和资源来丰富英语学习资源，使学生的英语学习资源多样化，拓宽学生的视野，让学生多学习课本以外的知识，还能够有效激发学生的英语学习积极性，培养学生良好的英语学习兴趣。大数据时代，教师可以将大数据库中的影音、数据、图像等学习资源灵活巧妙地融入英语教学中，通过多样化的学习资源呈现方式来吸引学生的注意，激发学生的兴趣。总之，大数据时代让高校英语的教学资源更加丰富，学生不仅能够从教材中学习到固定的知识，同时还能够利用互联网学习更多的英语国家本土文化，并且可以通过视频、音频、图片等多种方式获取资源，促进高校英语教学和社会的有效结合，以此来拓展学生的学习手段。

（三）实现多种教学模式的应用

在以往的高校英语教学中，教师一般采用传统教学模式来开展英语教学，教师在讲台上讲解相关的知识，学生在座位上听讲，这种教学模式存在着多种弊端。而大数据时代背景下出现了各种新的教学模式，包括翻转课堂、微课和慕课等，教师可以灵活地将多种教学模式应用到英语教学中，以此来改革英语教学模式，营造现代化的高校英语教学课堂。翻转课堂、微课和慕课是大数据变革教育的重要体现，这些教学平台可以通过海量的数据将学生集合在一个课堂上，促进师生之间以及学生之间的有效互动，同时也能够实现学生和机器人的互动。在大数据时代,高校英语教师应充分利用各种高效的技术手段和多种教学平台。从实际情况来看,使用大数据来支持多媒体教学的英语教学已经占据很大的比例,而充分利用大数据来开展英语教学能够吸引学生的注意,激发学生的兴趣,让学生对更具有活力和更新鲜的大数据支持下的教学模式保持高涨的热情,而这也是高校英语教学的重点内容。

高校英语教师应该学会利用各种教学工具和模式为自己的英语教学提供帮助。高校英语教学的目标只有一个,那就是要帮助学生熟练掌握英语这门语言。而要实现这个目标,教师必须要利用一切可以利用的资源和教学工具,法无定法,目的只有一个,就是教会学生真正的英语本领。世界上最高的学问不是学问本身,而是使用学问的学问。教师要让学生充分认识到英语是一门实用性比较强的语言,必须在现实中经常使用,才能真正掌握这门语言。

(四)整合数据实现个性化教育

大数据时代,高校英语教师还可以整合相关大数据来实现对学生的个性化教育。在大数据背景下的英语教学中,人们对每一个学生不再采用平均的标准来衡量,教师也不能简单地应用平均水准来教学,而是应该关注个体,实现教学个性化。现有的高校英语教学是以一个班级为单位来进行教学的,个体需要服从群体习惯。而大数据能够帮助教师了解学生更多、更准确的细节,将每一个学生的学习轨迹都记录下来,加强对每一个学生学习行为的分析,从而预测学生的学习难点,并针对个体提出对应的解决方案,这样就能够实现每一个学生的个性化学习,真正做到因材施教,确保每一个学生都能够得到提升和进步。

每个学生都具备自己独特的地方,高校英语教师应该充分发挥他们的特长。以前由于技术的限制,高校英语教师不能很好地实施自己的个性化教育和教学。大数据时代下,教师完全可以利用大数据的优势,发掘每一位学生的优势和不足,根据每一位学生的具体情况制订相应的个性化档案,确保每一位学生都能在自己原有的基础上取得属于自己的进步,而不是在课堂上浪费自己的时间,学习自己已经掌握的英语知识,那样的学习是没有效率可言的。

现阶段,人类社会已经迎来了大数据时代,教育大数据给高校英语教学带来了重大的影响,给高校英语教学改革提供了重要的途径。在大数据时代,应该充分挖掘并利用大数据,将课上数据和课下数据融合起来革新教学理念,并实现教学资源的立体多元化转变,不断丰富英语教学资源,将慕课、翻转课堂以及微课等基于大数据支持的教学模式灵活应用到英语教学中,丰富教学模式和教学手段，提高教学质量。除此之外，还可以整合各种数据来实现对学生的个性化教育，真正做到因材施教。

第二节　大数据时代高校英语翻转课堂教学模式概述

大数据时代下信息技术迅猛发展，颠覆了传统的教学模式。通过互联网与精确化数据，课程改革与新技术不断寻求整合，产生了较好的教学效果。作为一种新兴的教学模式，高校英语翻转课堂教学具有独特的优势，同时运用过程中也表现出一些问题。本节基于大数据视角，阐述了高校英语翻转课堂模式及特征，对比了翻转课堂模式融入高校英语教学的优缺点，以及线上网络学习资源现状和高校英语教师角色转变的问题，最后从学生、学校和教师三个角度探究了优化高校英语翻转课堂教学质量的对策。

随着互联网的普及，智能化、数字化技术与教育领域深度融合，翻转课堂教学模式应运而生，作为一种新型的授课模式，在大学课堂教学中的应用十分广泛。传统高校英语教学存在着不同程度的通病，导致学生学习积极性下降，费时低效，教学质量始终参差不齐，教学效果难以有重大进展和突破。在大数据时代背景下，翻转课堂符合时代特征和要求，教学资源更加丰富，分享机制日趋健全。在学校的大力支持下，成熟的网络技术条件能够充分赋予学生学习的自主权和探究权，凸显了双向性、民主性和交流性，带来了全新的教学体验，实现知识的全面内化。

一、大数据背景下高校英语教师转变角色的必要性

目前，大多数高校英语教师拥有课堂的绝对主导权，以教师直接讲授为主，学生处于被动的地位。教师是教材的跟从者和演示者，英语教学模式单一，网络技术应用不纯熟。教师按部就班地讲解课本，很少会为学生补充感兴趣的内容。教师是课堂的主讲人，久而久之成了知识的传输者和讲解者，学生在单调的语言环境下，难以身临其境地进入自己思考的空间。有些教师在课堂活动的组织过程中，甚至还在延续板书、录音机和幻灯片等有限的固化模式，不仅缺乏氛围，还会让学生产生抵触情绪，学习效果自然不佳。而在作业本和试卷的评价环节当中，规划性和效率都难以保证。

高校英语教师的教学定位存在诸多不足，导致教师的主体性过强，学生个性化创造力的开发受到制约，统一模式的推进无法做到因材施教。同时教师偏重知识传授，程序性知识相对较少，创新意识与时代发展日渐脱离。此外评价标准单一，依然延续应试教育的约束，导致学生实践能力严重不足。对新技术应用缺乏深度认知，新型教学模式不够普及，使得教育的定义被锁定，教学活动的开展没有考虑学生的需求以及就业。

二、高校英语翻转课堂模式

众多学者对翻转课堂的诠释并不统一，主要源于表达方式和界定角度的不同，但从实质上来讲，翻转课堂的内涵以及实施过程却趋于一致。学习知识到内化知识的流程依然是主旋律，无论如何创新，翻转的是结构而不是流程。在师生角色的转化过程中，教师向引导者身份转变，而学生的主体地位得到了很好的诠释，积极主动的学习成为常态，师生课堂交流、互动进一步深化。翻转课堂与微课等网络教育模式不同，学生吸收知识依然需要课堂交流互动得以保障。

翻转课堂颠覆了传统教学模式，重新规划了课堂内外的时间。首先遵循以学生为中心的原则，对学生基础情况进行摸查，制作、开发和选择相应的教学资源，学生通过课前自主学习的方式，开展交互式学习机制，形成了个性化学习氛围。其次，以网络信息平台为基础，依托课堂展示学习成果，有效利用现代信息技术的价值和优势辅助学生完成知识内化。最后，师生角色和职能的转变，对于培养学生自主学习能力极为有利，不仅符合语言教学的趋势和实际需求，而且学生的积极性将会大大增加。

翻转课堂教学模式的共性在于可以按照时间维度和空间维度进行划分，其中前者包括课前和课中或课下和课上，而后者则包含网络自学或面授方式。在颠覆传统的课堂教学氛围下，学生事先借助网络平台或移动终端的智能学习工具进行自主化学习，之后教师根据学生在课堂上集中出现的问题组织合理的教学方式开展协作化教学，同时兼顾答疑和成果展示，最后完成后续跟进的评价和反馈。其中学生自主学习的重要性不言而喻，需要学生具有很强的自律性，当然教学资源要能够引起学生的兴趣和共鸣，充分考虑学生的需求，将学生作为整个课堂的中心。

三、翻转课堂教学应用于高校英语教学的机遇与挑战

翻转课堂教学模式的知识呈现方式更加新颖，利用微视频、微课件结合新知识资源，不仅更加灵活和个性化，而且精选或精心制作的课件可以有效激发学生的学习兴趣，教师重复教学的负担也得到了缓解。由于教学以学生为中心，因此形成了协作式课堂学习活动的新机制，潜移默化地提升了学生的实践与创新能力，为更加充裕的个性化学习创造条件。基于翻转课堂教学模式的教学特点分析，知识的传授主要在课前实施，在相对自由的学习环境之下，既可以满足学生的个性化的学习体验，还可以助力学生自我调控能力的生成，而且可以同步咨询求助或搜索问题的难点。此外高校英语教师综合素质较高，信息技术应用能力也是出类拔萃，拥有良好的互联网信息技术、网络教学资源开发以及快速接受新兴事物的能力。

翻转课堂在我国高校应用和推广时间并不长，尤其是在英语教学当中大范围应用并未取得广泛的实践经验。这一方面源自教学视频选择与制作具有不同程度的难度，需要高成本的支撑。而且授课对象是大学生群体，翻转课堂内容及制作与教学的相关性较小，简单的教学视频学生不认可，高质量具有特色、实效的系统教学视频又要花费较长的时间和较多的精力，需要团队协作支持。另一方面，翻转课堂教学模式与高校英语教学的兼容性依然有待于进一步的研究和总结。英语学科属于文科类，考虑本学科知识的系统性与结构性，微视频的制作与其他理科类课程相比还存在一定的差距，如何设定翻转课堂的比重以及制作何种类型的微视频，都需要在借鉴过程中不断尝试和改进。

高等教育信息化是社会发展的必然趋势，而且一系列相关教育政策法规的出台，也表明了国家对教育领域应用互联网技术的重视和决心。解读《教育信息化十年发展规划》以及《国家中长期教育改革和发展规划纲要》可知，翻转课堂教学模式将会成为今后教学的主流应用形态。

然而受传统教育观念的制约，翻转课堂的开展并不会一帆风顺。其中不仅仅是教师难以在短期内改变自身的角色定位，而且学生也不会完全适应离开教师主导的自主性学习方式。颠覆式的教学模式对大学生自主学习与调控能力提出了考验，面对无人监督以及互联网的种种诱惑因素，学习效率难以保证。此外快速发展的大型开放式网络课程以及学习时间的重新分配都是潜在影响学习效果的因素。

四、基于大数据视角的高校英语翻转课堂教学模式的探究与建议

大数据时代赋予了翻转课堂线上教学新的生机，将其与传统课堂教学相结合，不仅能够集中进行针对性的交流和指导，还为学生创设了更多灵活自由的学习空间。随着高校英语教学改革的深入推进，翻转课堂教学将会得到更为优化的应用。根据高校英语翻转课堂教学的不同影响因素，从以下三个角度探究大数据与翻转课堂融合的最佳出路。

第一，学生层面。大学生应该明确自身主体角色，全力配合教师的教学行为。本着对自己负责任的态度，培养自我调控能力，积极主动参与课前的各种活动。在小组作业和讨论过程中，根据自己的实际情况，在自主学习知识内化阶段中，把握节奏完成知识内化阶段的转化。在高校英语翻转课堂教学中，学生要树立主体意识，提升课堂参与度，进行自我知识建构，形成自主性知识探究的动机与热情。如果遇到问题，要及时大胆地向教师提出，不断汲取和建构积极的学习体验。在线上教学中，学生还要及时督促和管控自我，应明确学习目标，培养良好的意志力，设计和执行科学合理的学习计划。加强小组沟通与协作，拓展和延伸混合式教学模式，营造团结、互助和友爱的协作式学习氛围。

第二，学校层面。高校要为高校英语翻转课堂教学提供坚强的后盾，提供大量精良的现代化教学设备，同时引入多元化的资源平台，加强校园网络的流畅性。一方面，要特别注重重塑教育观念，打破传统教育观念的束缚，从学校指导层面引导教师更新教育观念，采取多样的协作式课堂完善线上教学平台。由于目前高校英语翻转课堂教学还处于起步阶段，很多平台还需要进一步开发和完善，为此要提升功能的可操作性和易用性，采取多种途径加强平台建设投资，完善平台的功能。另一方面，确保快速且顺畅的网络功能，为学生增加互联网接入口的数量，继续提高校园网络宽带速度，为开展线上网络教学提供保障服务。

第三，教师层面。高校英语教师要在提升自身现代教育技术能力的基础上，加大对学生课前学习的掌控力度，在课前环节确保学生能够取得良好的学习效果。众所周知，课前学习效果对于英语翻转课堂具有不可替代的重要性，为了保证课堂教学的有效性，需要列出课前任务单，督促学生对照评分标准及时完成。教师应该针对学生的心理投入、努力倾向，实施个性化的线下教学。在视

频和课件制作环节，要根据学生现有的发展水平，设计科学合理的问题和任务，把握好题目的难易程度，使学生可以获得积极的自我效能感。与此同时，教师要继续提升现代教育技术能力，做好教学评价方式的完善工作，利用QQ、微信等社交工具对学生进行鼓励性评价，和谐的师生关系有助于取得更好的教学效果。

总之，随着大数据时代的到来，高等教育信息化已成为必然趋势。高校英语课程教学应该与时俱进，积极引入翻转课堂教学模式，明确自身主体角色，调整线上资源分值比重，完善网络学习硬件设备设置和课堂评价机制，增加与考试有关的练习期，激发学生课堂参与的积极性，有效监督指导学生进行自主学习。教师应找准定位，提高对翻转课堂教学的驾驭和掌控能力，重视以人为本的理念，尊重学生的个性和认知，综合考虑各方面的因素，形成具有感染力、凝聚力的教学机制，避免课堂模式流于形式，强化线下课堂师生互动效果，有效弥补传统教学模式的不足，提高课堂教学效率与质量。

第三节　大数据时代高校英语网络空间教学行为的优化

在以网络空间教学平台为媒介的数字化教学中，教育技术不应成为实施数字化教学的壁垒，而应该为教师数字化教学和学习者个性化学习提供良好适宜的环境。教师的教学行为，体现在教学资源的优化、教学过程的实施、教学处方的开设等方面。教学行为的优劣决定了差异化教学效果的好坏。教师的教学行为对英语学习者的学习行为、记忆行为、表达行为产生显著影响；学习者学习行为的不断优化，使其个性化学习成为可能；师生交互行为能更好地促进教师教学行为和学习者学习行为的优化，从而实现教师教学效果和学习者学习效果的提升。

随着网络教学的进一步运用，网络教学已经经历了"以技术为主的单向传递"1.0时代、"以教学论为主导的双向互动"2.0时代、"以网络教学论为主导的全方位"3.0时代。随着大数据技术在教育领域的发展，网络教学即将进入"以数据分析为主导的立体化"4.0时代。以数据分析、教学运用、"教学处方"开设等为载体的教学行为、学习行为、教学管理行为将发生各种变化。

一、教师教学行为：差异化教学的前提

英国学者维克托·迈尔舍恩伯格在《大数据时代》一书中指出："大数据是人们在大规模数据的基础上可以做到的事情，而这些事情在小规模数据的基础上是无法完成的。"教师利用大数据分析结果，可以根据学生的个性化需求定制教学内容和进度，帮助教师找寻最高效的教学方式。具体落实在英语教学上，教师的教学行为包括教师的观测行为、设计行为、分析行为和评价行为。

（一）观测行为：相关关系的发现

教师进行教学反思时，总是试图寻找学生英语学习没有取得进步的"原因"，这种反思往往关注的是事物的个体特征，而大数据分析往往看到的是事物之间的相关关系。教师对学习者行为的"观测"，并非在于关注"怎样学得最好"，而应关注具体的学生的行为，以及这种学习行为与学习效果之间的关系。教师根据学习者的各种学习行为特征将学生进行分类，并根据不同类别的学生，跟踪他们在网络学习空间的行为，观测他们学习不同资源和具体知识点的顺序和效果，利用访问资源的时间点、访问资源的频次、学习的集中时间段、学习者语音或词汇出错频次等数据来找寻学习行为与个性化学习效果之间的相关性，得出一些关联规则，并对学习者行为进行概率预测与分析。通过对实验班级学生高校英语课程学习行为的关注，我们发现：英语学习者学习英语的有效程度与学习者的母语程度存在相关性；女大学生在英语学习中表现得更出色。如果教师在教学实践中更多关注这些特点，根据不同学生学习特点来上传不同学习资源，分配不同学习任务，学生才能根据自身学习情况选择合适资源进行有效学习。教师在教学中需要及时"观测"学生在课堂内外的表现，抓住学生的有效学习，并积极鼓励学生参与教学活动，根据学生的反馈进行教学设计的调整与教学方式的改变。教师只有从日常教学实践中不断观测—反思—实践，才能实现自身专业成长，帮助学生不断提升自主学习能力。

（二）设计行为：实施教学的核心

教学设计行为是教学理念的综合体现，是教师教学方法调整、教学反馈执行与课堂教学管理改变的集中体现，是实施有效教学的核心要素。何时上传何种教学资源、课堂教学如何展现、作业布置形式等都需要教师进行精心设计。目前使用网络学习空间开展教学的部分教师还停留在海量数字资源上传的"初级阶段",教师个人空间存在"僵尸资源",空间运用存在资源堆积、课程缺乏设计等问题。而通过大数据分析,可以发现哪些资源没有被启用,哪些资源被学生访问的频次高,便于为教师后续资源推送提供参考。

教师教学实施中资源被运用的频率、教师"诊断"学生会话中存在的"学习盲点"并开展有针对性的教学活动状况、教师批改作业的频次与及时性等状态数据在教学空间中留下的"轨迹",是教学管理者对教师评价的重要参考依据。教师通过平台后台数据可以观测学习者的学习状态,从而为不同学生推送个性化学习资源,开设有针对性的学习处方。教师可以根据学生出错频次进行教学设计的改变,教师对空间的设计能力直接影响教学实施的效果。教师通过对学生网络学习空间资源的数据信息的整合和分析,可了解学生个性化成长轨迹,为后续资源建设以及教学设计提供有针对性的建议。

(三)分析行为:预测规律的基础

教师只有运用大数据思维来尽其所能测量、检测学生的学习行为,才能更好地发现学生做什么才最为有效。教师只有成为学生成长过程的合作伙伴,找到学生与学习行为之间的连接点,才能更好地为学生推送有价值的学习资源。教师根据学生在课堂教学中的表现,利用空间动态化数据分析教学实施和教学处方开设过程的可能性规律,为向不同学生推送个性化学习资源、开设有针对性的学习处方提供参考。在实验班教学中,我们发现:教师上传学习资源的时间影响资源被启用的程度。通过对这一现象的分析,我们发现:学生学习时间与教师空余时间的不一致导致教师上传的资源没有被及时启用。教师需要通过对这些显性数据的分析来发现学习者的学习动机,并对这些现象进行归因,以找寻更有效的学习方式。

(四)评价行为:实施反馈的前提

空间学习活动"观看视频"时长、在线测试情况、参与互动频次等学生留下的学习行为痕迹是教师对学生学习过程评价的重要依据。教师对学生学习行为表现进行合理、客观的评价是课堂教学活动有序开展和引导学生自主学习的重要条件。网络空间学习的评价不仅关注学生学习的参与程度、专注程度,更关注学生在交互活动中参与的频次与效果。教师教学评价的结果及效果与评价标准的合理性和评价执行过程的客观性相关,评价过程不合理势必影响评价的结果。尤其是小组协作完成作业时,如何界定小组成员合作的程度,如何根据小组成员的不同表现进行评价会直接影响小组协作的积极性与有效性。通过网络学习空间实施的评价更能做到"用数据说话",教师教学评价对学习效果呈正相关关系,起引导、激励、监督作用。研究表明,评价结果的使用也会直接对教师的课堂教学行为产生积极或者消极的影响。

二、学习者学习行为:个性化学习的体现

不同类型的学习者学习不同资源和知识点的顺序和效果不同,通过对学习者在空间留下的"痕迹"的分析,可以知道学习者利用资源的时间点、访问资源的频次、学习的集中时间段、语音或词汇出错频次等,通过这些数据可以了解学生个性化的成长轨迹,为教师后续资源建设以及教学设计提供建议。

(一)聆听行为

与传统教学模式相比,网络空间教学能够全面记录、跟踪不同类型学习者的不同学习需求与听力训练的情况,教师可以根据学生的已有学习基础和在网络空间的学习行为,了解学生动态化的学习轨迹。通过可视化的数据分析,教师可以得知学习者听力训练中的答题情况及答题过程,从而有助于教师在以后教学设计中进行有针对性的强化训练。在课堂听力教学中,学生与教师之间的互动关系为听力材料播放—听力材料理解—听力练习答案核对,不同层次学生的听力水平与听力需求差异较大,却无法得到个性化的指导。利用大数据与算法将搜索数据与个性化需求相匹配,能够发现隐藏的学习行为信息,教师通过这些行为的相关数据进行预测或干预,并用于教学评价与反馈,能有利于学习者听力水平的提高。

(二)阅读行为

空间阅读教学设计中"课前学习—解决问题—课堂互动—课后作业与检测"一系列的教学行为活动形成了"催生疑问—解决疑问—应用知识"的学习过程链。大数据分析通过学生完成阅读任务的先后顺序来判断学习者对文本材料的理解程度,也可以对学生阅读理解思维进行"跟踪记录",了解学生的阅读习惯。在课堂教学中,教师需要对学生的阅读状态进行关注,观察学生注意力是否集中,阅读理解的目标是否达成,课堂教学中的阅读任务与空间阅读作业的完成状态是否匹配。已有的数据分析表明,学生获取阅读材料的主动性不高,而更愿意阅读教师上传的阅读资料,且学生更愿意阅读与应试相关的材料。大多数非英语专业学生并没有每天阅读的习惯,通过"打卡式"阅读学习任务单的形

式更能帮助学生建立良好的阅读习惯。教师可以通过大数据分析结果，找到学生阅读中的"共性问题"，并进行及时反馈。

（三）记忆行为

对于英语学习者而言，词汇的记忆是影响听力、阅读、写作的主要因素，据研究发现，教师的基本语言知识与阅读教学能力相关，其中最突出的表现为：教师的词素意识最能反映其教学能力。英语学习与其他学科的学习一样，不仅需要投入学习的时间，还需要不断反复。教师在教学中运用信息技术手段能激发学生兴趣，激励学生积极参与小组活动讨论，通过组间竞赛、小组截图贴图、小组展示、教师点拨等环节的活动，构建多层次的反复互动，巩固学生已有知识，帮助学生记忆词汇。大数据时代，通过网络学习平台，学生可以轻松获取常用词汇在高校英语四、六级考试中的出现频次，一些学习软件还提供了词汇在句子中如何运用的小视频。在实际教学中发现：教师对词语使用频次做了统计，提供了词语使用频次数据，学生掌握得更牢固；教师提供了词汇学习小视频，学生的学习兴趣更浓厚。因此，在教学中，教师可以充分利用这些数据，分析出学生感兴趣的学习内容和最有效的学习方式，在教学设计时，尽可能利用大数据技术，丰富高校英语课堂教学技巧，为学生营造良好的学习氛围，以提高学生高校英语学习的兴趣。

（四）表达行为

教师最大的教学智慧不在于展示自我表达能力，而在于唤醒学生运用语言知识进行自我表达的欲望。英语口语表达能力的提高很大程度上依赖于学生课后自主学习的时长和效率。据研究发现，学生在认知与情感方面的自主性较高，而行为自主性最为欠缺，且学生之间的行为自主性情况的差别也最大。学生英语口语表达能力的提升需要在课堂教学中进一步强化，教师应更多关注学生在课堂教学中的参与状态：小组成员是否全员参与讨论，小组汇报是否成员间轮流进行，小组汇报效果怎样，各小组表达中存在的个性与共性问题。在实际教学中发现：小组活动中，经常进行展示汇报，积极进行质疑，主动发起讨论的学生的口语表达能力提高程度显著。口语表达能力强的学生更愿意积极主动对小组成员或对其他小组表现进行评价，且其评价相对更客观。积极参与留言讨论并及时完成空间学习任务的学生书面表达能力更强。因此，教师应通过平台及时收集学生常见的书写表达问题，将这些"学习证据"进行分析归类后，在写作教学中进行反馈与强化。

三、师生交互行为：教学效果的彰显

学习者与教师的互动行为体现在他们参与空间互动栏目的程度、参与互动交流的时间点和频次等方面。通过对教师教学轨迹、学生学习轨迹、学生空间测试数据、学生活跃度、阅读量数据、听力训练数据等之间关联规则，能发现教学过程中师生互动行为与学习者学习效果之间的相关性，从而帮助教师了解师生交流的最有效途径与时间段，为教学效果的提升提供参考。

（一）师生互动

正如世界著名教育家、哲学家弗莱雷所言："真正的教育不是通过甲为乙（'A'for'B'），也不是通过甲关于乙（'A'about'B'），而是通过甲与乙一起（'A'with'B'）。"师生互动是语言类教学的基本范式。空间教学使得师生互动更加便利，不受班级规模的影响，能根据学生个体实施互动交流。空间教学实现了课堂内外的"翻转"，其基本目的是满足学生个性化的学习需求，让学生得到个性化的教育，理想的翻转课堂实施的是真正的差异化教学。大数据通过对师生互动交流的时间段、交流频次的分析，发现不同类型学生自主学习的规律和进度，更有助于基于个体的师生交流。研究表明，在教学活动中构建愉悦的课堂氛围，能提升学生与课程、学生与教师之间的情感联系，实现良好的教学效果。师生之间通过教学空间突破时空的限制，最大限度调节学生的学习投入。新时代大学生在"面对面"课堂会由于羞于表达，再加上班级人数限制等问题，师生互动受限，而空间在线交流能突破时空的限制，增加学生表达与师生互动的机会。教师可以根据学生在空间平台互动"学习轨迹"和课堂教学中师生交往状态的大数据分析结果，找到学生自主学习和互动交流的规律，选择更合适的交流时间段，调控共同探讨交流的机会，这样能更好地提高师生互动交流的效率。在情景学习和协作学习活动中，师生互动效果更好。师生互动程度高的班级，学生进步程度更显著。与教师互动频次多、小组活动中展示频次多的学生进步幅度更大。当师生互动停留在简单的"提问"与"答问"阶段时，学生的思考少，进步空间较小。通过对高校英语课堂观察发现：师生间的"讨论式互动"比"提问式互动"更能激发学生兴趣；课前有空间互动的班级在课堂讨论中学生更能积极参与；教师"开放性"的提问比"封闭性"提问更能引导学生积极思考。师生互动应集中解决"线下课堂"中出现的关键问题，构建深入讨论的情境，开展师生间的多向互动，实现有效互动。

（二）生生互动

空间教学的开放性和互动性，使得学生之间的交流时间和空间更加灵活，课堂教学活动得以延伸，学生在课堂上没有理解的内容在课下可进行深入交流。在课堂教学中，学生与教师的互动积极性较差，他们更愿意选择"线上"交流方式。空间教学平台为学生间的互动提供便利，为那些遇到问题却不愿意主动求助于教师的学生提供更多交流机会。可以说，空间教学使"你问我答，有问必答"成为可能，在真正意义上使个性化教学、异步教学在空间教学平台得以彰显。大数据通过对"留言板"和"讨论区"中的文本进行分析，根据关键词的出现次数来确定学习者类别，并进行人工编码。教师可以根据大数据分析结果，提炼教学重点和难点，在课堂教学中进一步强化。通过实验班教学实践发现：由学生主导的讨论，学生参与的积极程度较高。在"作业布置"环节中，学生讨论程度高的问题多是学生感兴趣的话题或者教学中的重点与难点问题。同伴之间的交往程度高，学生的学习程度则更好。在网络空间教学这个大系统中，同伴—教师—学习资源各要素需要相互协作，才能发挥其最大效能。

（三）师师互动

大数据下的"合作性"学习可以是师生组合、学生组合，甚至可以是师师组合。教师通过网络学习空间可以共享"云资源库"中的教学资源，并通过"教研苑""我的教研室"进行教学问题研讨。教师间的互动除了教学经验分享、情感交流等显性交流外，还包括教学理念、教学方式的相互影响等隐性互动。教师间通过互动能强化教学反思，帮助教师构建自己的教学观，形成个人教学风格。教师互动受"群体互动"环境的影响，能促进个体专业发展和群体凝聚力。网络空间学习平台使教师间的互动突破了过去面对面教研室讨论的局限，使教师可以跨院校进行研讨交流。教师互动的优化是教师自律文化形成的关键，是构建教师"专业学习共同体"的必然趋势，是教师专业成长和教学风格形成的一种有效途径。目前网络空间平台中教师间的互动需要突破显性互动，而需要构建教师互动共同体，在教师间开展更深入的关于教学理念的变化、情感态度的体验等隐性互动。教师间的行为互动逐步转化为心灵的互动，从而达成教师间的理性交往。网络空间互动能使两人间的互动转化为多人互动，引发更多人的思考，呈现多角度的交互性。大数据时代的教学设计可以集教师集体智慧，实行"众筹教学"，让教师间的教学设计、教学过程、教学反思、教学反馈在不断交流与碰撞中得以最大限度的优化。

四、高校英语网络空间教学行为优化策略

教师通过对学生的多维信息坐标体系的观测,实现了"教学资源的精准匹配—个性化教学设计—差异化教学处方—有教学行为痕迹的教学过程—动态化教学评价—针对性教学实施—客观性教学记录—新一轮教学设计"这一教学模式的良性循环。

(一)采取大数据思维进行精准教学设计

教师在教学过程的各种行为,包括何时提问、何时讲授、何时开展小组活动以及何时创设情境等都直接影响学生的学习效果。而这些行为都需要教师进行精准化教学设计。信息化时代空间教学过程的动态性及复杂性,使得课堂教学的不确定因素增加,教师的教学设计不能遵循某一既定模式。有针对性的教学设计能使教学过程更生动有趣,学生的创造性思维能得到更好发挥。

教师可以通过教师和学生在空间的"活动数据"记载情况,实时掌握教师教学实施情况和学生学习情况,根据学生的反馈行为灵活调整教学计划,并在教学过程中根据班级不同特点设计个性化内容。空间教学设计容易使课堂中出现教学设计之外的问题,教师若能捕捉或创造更多这样的机会,学生的参与程度与学习效能也能得到提高。大数据思维能帮助教师看到"云空间"中庞大的数据,而且可以对数据进行聚类分析,呈现数据之间的相关性,从而发现事物与事物之间的关联。教师在小组活动设计环节时发现:在学习合作小组展示中,性格外向型组合愿意以"情景剧"表演的方式呈现,性格内向型组合愿意以"一问一答"的方式呈现,英语基础薄弱的小组更愿意讲解单词与词组。因此,在下一轮教学设计中,教师应尽可能照顾到不同组员的特点,鼓励小组成员间和小组间的相互交流与合作,以更全面地锻炼学生各方面的能力。教师只有做到以"数"为"据",才能及时掌握学生的学习任务完成情况和后续教学重点和难点,才能进行精准的教学设计。

(二)利用大数据预测结果完善差异化教学过程

教学过程是师生心理活动的过程,空间教学加快了师生交互作用的进程,教师教学任务的设计可以通过学生空间"访问痕迹"和"留言痕迹"得以实时反馈。教师对教学知识点的安排以及教学进度的安排可以学生的"个人学习数据"为依据,及时收集学生的知识学习"盲点"。教师可以通过回看、反复浏

览学生数据来分析学生普遍存在的疑难问题,也能发现部分学生的个性问题,并对不同学生的行为进行分析,预测学习者的学习规律。比如,教师通过学生上交作业的时间分析预测学生最有效学习的时间段,并根据他们的特点调整作业任务。教师可以根据小组作业贡献度排名来判断小组协作中各成员情况,并根据一段时间表现来分析并预测小组合作效果,从而适时调整小组合作的形式和作业呈现方式。教师利用大数据预测结果,能促使教学设计、教学过程、教学反馈、新一轮教学设计这一循环过程产生积极效应。教师根据学生对教学资源建设、互动讨论的参与程度,来判断学生的学习进程和学习效果,从而在课堂教学中开展有针对性的教学。在实际教学过程中发现:英语学习基础差的学生更不愿意完成书面表达作业,在此类型作业花费的时间较少,也不愿意在课堂上主动发起提问,英语学习提高幅度较小。教师对这类任务完成情况不高的学生实施教学干预,有针对性地布置挑错任务等,让学生从自己常见的表达错误入手,来逐步改变英语表达习惯。

在教学的不同过程与阶段,学生的学习行为都会留下一系列的"个人数据",数据与数据之间相互联系与影响,形成该课程教学的"系列数据"。课前采集的数据,是课堂有效教学的基础,课中、课后采集的数据,既是调整教学节奏、开展个性化辅导的依据,又是因材施教、推进分层教学的证据。以数据分析为基础的空间教学促使教师教育教学从"经验主义"走向"数据主义",使课堂教学从关注"宏观群体"向关注"微观个体"转变,让课堂教学发生在每个个体身上,使差异化教学成为可能。

(三)根据大数据反馈行为开设针对性学习处方

空间教学使得师生之间的"庄严感"弱化,在"寻找"与"探索"中得到更多探究知识的乐趣。学生在师生关系中逐步告别"聆听",开始走向"质疑";学生对于知识的态度,从"理解"转向"反思";学生对于教学方式从"适应"教师转为对自我认知的"超越",在学习方式上,学生的"体验"要比教师的"经验"更加重要。在这种教师与学习者行为转变的背景下,教师对于个性化学习的指导,需要强化学生的发展性思维、反思性理解力、体验性认知等方面。教师根据学生空间的"浏览痕迹"可以得知学生对不同类型资源的浏览频次,了解学生对学习内容的喜好程度,从而及时推送、更新学习资源。教师通过课前学习资源被访问的时间,学生完成学习主题导入问题的时间和答题情况,可以得知学生对知识点的掌握程度。课中教师可以根据学生小组活动反馈出的问题进行强化训练,并进行及时测试,收集学生的掌握情况。课后学习作业提交时间、答题情况等为下一模块的学习和讨论提供了训练依据。

在实践教学中,教师发现某些班级学生课前自主学习完成情况较差,课前导入问题主观题完成人数不理想,课中小组活动汇报总是集中在少数人身上,课后作业完成中的错误"雷同率"较高。教师通过一段时间观察与课后交流发现,该班学生英语学习基础薄弱,对于教师以"自主学习"为指导的翻转课堂方式很不适应。这些学习行为特征为教师下一步教学方式的改变提供了及时反馈。在教师积极引导下,学生英语学习习惯逐步改变。教师从一学期"课前""课中""课后"系列学习行为和学习习惯中可以找寻不同学习任务和不同教学环节学生的学习规律和特点,从而采取不同的教学方法,设置不同的教学任务,让学生形成良好的学习习惯。

(四)实施大数据关照下的动态化教学测量

大数据之大,不仅仅意味着数据之多,还意味着每个数据都能在互联网上获得生命,产生智能,散发活力和光彩。大量实时的数据使课程评价与教师教学评价中的"让数据说话"成为可能。对课堂教学中的所有数据进行统计分析,并实施及时反馈,能实现教学测量的过程化、动态化与精准化。大数据分析能直观呈现学习者的学习轨迹,这种及时有效的反馈能帮助教师强化学生的学习行为,激发学生自主学习动机,为进一步教学实施提供参考。大数据时代的教学评价以数据为基础,呈现多元化、动态化等特征,然而教师不能过度依赖数据,将数据当作行动指南会导致学生的很多潜能常因为没有"药引"而未被激发出来,大数据只是教师找寻学习行为与学习效果相关规律的一种技术手段。

每个教师根据学习者行为特征采取的教学设计的调整以及教学资源的更新,在空间所留下的"痕迹"构成系列小数据,学习者参与程度、互动情况在空间所留下的状态数据也是大数据的一部分。因此,教师在进行教学成果检验时,需要关注数据的动态性:各协作小组发言积极程度的变化,小组成员参与程度的变化,学生学习能力与初始测试的变化幅度,学生作业的平均表现等。而不是将一次量化成绩作为量化学生学习效果的依据。

面向未来的教育,不同于工业化时代"大规模批量生产"的人才,而是要更加关注学习者的个性化学习能力的提升。基于大数据的学习行为分析,及时记录学习者学习过程,根据学习者的不同特征进行个性化学习资源推送,是未来英语教学改革的可能趋势，既符合数字化时代的特征，又是未来可持续发展空间学习生态的重要标志。

第四节　大数据对高校英语教育教学的影响

随着世界经济一体化的到来、信息技术的高速发展，尤其是互联网及各类移动终端的普及，把人类带入了一个几乎涵盖所有行业的大数据的时代。大数据时代的到来使高校英语教育模式发生新的变革，无论是教学形式、学习行为，还是教学评价、教学理论、教学资源以及教学评估等方面都随着大数据的变化而做出相应的更新、改进。笔者结合实践教学活动，对大数据对现代英语教育的影响进行了探索与研究，并提出了相关优化措施。

在大数据时代，高校英语教师面临新的挑战。传统英语教学模式受大数据的影响与冲击，已经逐渐转变和改进。数据的集中以物联网、数据库技术、云计算等综合技术的成熟为基础，数据是过程性和综合性的考虑，它更能考量真实世界背后的逻辑关系。高校英语教师在大数据相关知识的整合、教师职能与角色的转变、学生主体个性化发展与变化、新型教学设计和教学评价等方面面临着巨大挑战。如对一个学生英语考试成绩的研究，可以依靠大数据进行分析，综合考虑这个学生的努力程度、学习态度、智力水平等数据，这些数据正是学生所得分数的正面反映，教师可以根据数据对学生进行相应的教育和帮助。但是需要教师具有相关的知识储备和大数据整合能力。教师要适应大数据时代高校英语教学改革的趋势，加强大数据整合能力的培养以适应个性化教学的需求，改进课堂教学模式和方法以切实提高学生的英语应用能力，提前做好自我准备以适应高校英语教学的一系列变化转型，参加相关培训和研修以提高自身的教学和科研水平。

一、大数据时代教学方式的特征

传统教育模式是随着工业时代经济发展过程中集中批量生产的模式产生的，其主要特征是标准化模式：集中教学、教材统一、教师的主体地位不可动摇、课堂有时间限制等，这些教学方式兴盛于工业化时代，并且为当时社会培养了需要的人才。相比较这些特征，大数据教育更倾向于弹性学制、随时随地在线和多媒体教育、个性化辅导、多师同堂、家庭学习等模式。大数据具有非结构化、分布式、数据量巨大、数据分析由专家层变化为用户层、大量采用可视化展现方法等特点，而现代网络环境下的大学教育会更加个性化、开放化、数据化、人性化、平台化，两者正好可以相互融合和适应。教育除了是社会学科外，也将变成有数据论证的实证科学。互联网技术在教育中的应用越来越广泛，作用也在不断增加，与以往相比，一定程度上减少了教师的工作量，但是教师的数量并没有相应减少。这主要是由于大数据虽然很大程度上促进了教育的发展，但新事物的产生总要经过反复的实践，必有其不足的一面，如大量垃圾信息的出现，学生如果分辨不清，随意应用反而会造成负面影响，因此需要更多的教师进行指导。不过教师和学校的定义和内涵需要重新定位。目前，仅就知识传播而言，教育资源正在经历的是平台开放、内容开放、校园开放的时代，这是前所未有的。

二、大数据时代的英语教学中要进行的相关优化

（一）英语教师要引导学生形成互动、互助的学习状态

高校大学生来自我国的各个不同地区，生活习惯和学习观念会有很大差别，而且大部分学生在整个中学阶段，受各种学业压力的影响，形成了独立学习、对他人漠不关心的学习状态。这种学习状态适应于我国中学应试教育，节约了学习时间，但也造成我们很多大学里，新学生很难融入集体活动之中，学生在学习上很少进行互动和互助，造成大数据在英语教学中所发挥的作用大打折扣。所以，教师要想更好地受益于大数据应用所带来的种种教育资源，就要掌握现有资源调动学生积极性，营造学生互动的氛围。教师要让学生理解大数据时代进行合作互助的必要性乃至其深远的历史意义，进行相关教育活动，使学生树立起合作互动的理念，并以比较切实可行的学习活动，让学生在具体的学习中感受到学习的意义。

（二）英语教材的应用也要根据大数据进行相关调整

我国高校英语教材是根据教学大纲和实际需要，为师生教学应用而编选的材料。教材是教学的主要依据，是教学大纲的具体化，教学保障包括网络信息基础设施保障、教学物资条件保障、图书资料保障等，在很大程度上影响着教学质量。大数据环境下影响教学质量的主要因素包括学习氛围、选用的教材、

教学设施、教学服务保障。因此大数据条件下除要为学生营造互助的学习氛围外，还要依据实际需要，进行教材方面的调整，适应学生学习要求，以提高教学质量。

三、大数据对高校英语教学的深远影响

随着知识经济时代的到来，大数据在高校英语教学中的应用越来越广泛。两者的深度融合，从根本上改变了我国传统的以课堂为主灌输式的教育模式，转变为更加开放、互动性的教学模式。与此同时，世界经济一体化以及科学技术的飞速发展，促进全球信息的高速传播，并且逐步实现信息资源的无缝整合与共享，其中教育资源信息也位列其中。近年来所开放的优秀教育资源正逐步由全球各角落的学习者同步共享。

（一）大数据对高校英语教学方式的影响

大数据时代下的英语教育着眼于长远的发展，它使英语学习者能够学以致用，英语教育的实用性大大增加，并且根据各种数据能够更加科学地进行英语教学活动与管理决策，为英语教育开启新思路创造了条件。一是英语学习者可以不受时间、地点限制，利用大数据共享可以获取所需的英语资源，以及进行网络服务的多终端访问，实现数据同步与英语知识的无缝迁移；二是能实现信息的全面交互，英语学习需要学生通过良好的人际交互以更好地理解与掌握语言能力，而利用大数据技术能实现师生之间、学生之间随时随地的互相交流；三是可以通过大数据统计出学生的学习情况，了解学生课内外的学习轨迹，并形成具有研究价值的数据报告，供教师进行教学改进；四是能提高教学管理效率。

（二）大数据对英语教学评价的影响

大数据技术可以对教师教学授课过程、学生学习行为以及各种教学管理数据进行全面采集，集中存储、深入挖掘与分析，在兼顾学生英语学习能力评估的同时，也为教师的教学质量评估提供了全面、准确的分析结果。

四、大数据在英语教学中的运用

（一）大数据在英语远程教育中的应用

在全球经济一体化时代，各国经济贸易往来会更加频繁，英语作为最通用的国际语言，它的重要性不言而喻。尤其对于我国高素质人才来说，英语是他们日常生活、工作不可或缺的交流语言。信息化、网络化的教学方式，可以更加便捷、高效地为学生提供英语学习机会，例如大量网络在线课堂、网络英语学习资源应运而生，出现了人与人、人与机之间英语远程教育模式。

（二）大数据在英语课堂教育中的应用

学生是英语学习的主力军，主要学习场所还是在大学课堂上。大数据在课堂教学中的有效应用，可以迅速地获取学生学习的相关状态以及教师的教学状态，并且通过大数据分析技术、采集技术的应用，分析其数据的成因，进而提出相应的教学对策，进行教学方法、学习行为以及教学模式的改进，以提高学生学习效果和实现教学目的。

（三）大数据在英语考试中的作用

大数据技术可以综合考查学生的英语水平，有助于教师安排更加科学、合理的考试内容。各个高校普遍建立了相应的大数据平台，英语教育也从中受益，例如可以获取试卷的答题结果、班级成绩情况等数据，并且通过数据平台的采集技术、分析技术，详细了解学生的英语知识储备量与英语学习的疑难点，为今后试卷题目设置提供了有力的参考，试题更加贴近学生实际学习能力。

总之，大数据时代的到来，为高校英语教学带来了新的教育机遇，虽然存在着一些问题和缺陷，但数据技术和英语教育若能深度融合，如能合理应用并优化创新，发挥大数据平台的价值，必定会带动英语教学水平更上一层楼。

第五节 大数据时代高校英语数字化教学的转型

1970 年，托夫勒在《未来的冲击》中明确地提出了面向未来的教育：倾向小班化，多师同堂，在家上学，在线、多媒体教育，回到社区；着重培养学生适应临时组织的能力，培养能做出重大判断的人、在新环境迂回前行的人、敏捷地在变化的现实中发现新关系的人。凯利也预测，随着大数据时代来临，学校会更加多元化，未来的人工智能将诞生于由10亿台中央处理器组成的"全球脑系统"，这个系统包含互联网及附属设备——从扫描仪到卫星以及数十亿台个人电脑。

的确，网络媒体的发展已经引起高等教育的革命性的变化，一是"大规模开放在线课程"，简称慕课，正在冲击着全球教育；二是大数据理念在教育中的作用逐步得到了重视，初步形成学校教育、网络在线教育和实践应用延伸的三位一体的教学模式，教师也由原来的"教学主持者"变成了"教学参与者"。

一、大数据背景下高校英语教学面临转型

大数据时代改变了人们的生活习惯，正在引领人们由读书时代迈向读屏时代。"大数据的'威力'强烈地冲击着教育系统，正在成为推动教育系统创新与变革的颠覆性力量。"大规模开放在线课程的出现是当代教育发展的一大趋势。因为当我们迎来经济和社会的第三次浪潮时，我们不再强调同一性，而是强调个性。正是在这样的背景下，2014年我国高校明确区分了研究型大学和应用型大学两大类别。而从建构主义理论来看，个人由于经验、信念不同，对外部世界的理解也有差异，语言学习者更加关注如何以原有的经验、心理结构和信念为基础来构建知识。建构主义的教学模式应包含四个关键因素：教师、学生、任务和环境，其中任何一个因素都不可能孤立于其他因素而存在，它们之间的交互是一个动态的、发展的过程。学生作为个人理解这些任务的意义，任务则成为教师和学生的连接界面。教师与学生之间要有互动，教师的行为反映他们的价值观念，学生对教师的反应方式与他们的个人特征有关。这样教师、学生、任务三者处于一种动态的平衡之中。整个教学过程中教师更多的是充当了"脚手架"的功能，学生则凭借由教师、同学以及他人提供的辅助物完成原本自己无法独立完成的任务。随着学生学习能力的逐步提升，学习的责任将逐渐转移到学生身上。最后，学生完全积极主动地展开学习，并通过学习获得自己所理解、领悟、探索到的知识。脚手架能帮助学生穿越最近发展区，能促进学生认知能力和社会性的发展。

基于此，高校英语课堂教学面临转型，即把学习的主动权交还给语言学习者。学习者可以高度自由地控制学习的方向、内容和进度，在各种生活场景和

语言环境中漫游，却又没有真实世界的压力，在参与中获得愉悦，在愉悦中引起共鸣，在共鸣中获取语言能力，实现语言实际运用的目标。在现代教育技术发达的今天，大数据为我们提供了便利，高校英语可以充分利用"慕课""多模态"和"翻转课堂"等形式进行教学，设计网络化在线学习模块，强调个性化自主学习，这对于高校英语教学来说，好处在于：教学资源丰富，信息量倍增；有利于学生个性化自学潜能的发挥；师生互动量增加，教与学不受时空限制；对学生学习成绩评价多元化；容易激发学生学习积极性。

二、大数据时代高校英语的数字化教学模式

高校英语课堂教学是培养应用型人才的重要环节。作为高校开设的一门公共必修课，高校英语课堂在形势不断发展的情况下探索新的教学模式，充分利用大数据时代带来的便利，实现课堂教学和课外在线学习相结合意义重大：其一，它能满足现代大学生的心理诉求，实现全方位、开放式课堂教学机制；其二，它能使高校英语教学跳出传统的一块黑板、一位老师、一间教室的教学模式，充分发挥视、听、说优势和融入真实语言环境，并为学生今后的发展做准备；其三，它可以作为高校提升外语教学综合水平的一个参照。就大环境来说，中国要真正走向世界，外语人才的培养至关重要，具有高水平专业知识又精通外语的人才是实现"走出去"和"引进来"战略目标的关键。从小环境看，高校承担着培养人才、服务地方、振兴国内经济的重担，未来人才的素质将直接关系到国家的创新体制建设。因此，从高等教育国际化的战略高度来看，基于"MOOC"平台的大学联盟为我国的高等教育提供了同国际一流大学真正对话的机会。但是，这些在线课程的教学语言几乎都是英语，因此没有英语基础的支撑，即使有了全球优质的教学资源，我国的大学生也可能会面临语言上的障碍。而未来我国的高等教育将侧重于培养学生对所学知识的实际应用能力，学生需要了解大量与专业相关的知识，这就决定了他们对外文信息要有准确的把握。高校英语数字化教学模式开辟了非英语专业学生的第二条获取专业知识的通道——在线自主学习，同时也体现出英语学科的人文性和工具性特点。

传统高校英语课只是为学语言而教语言，不仅费时低效，而且忽略了英语的人文性和工具性特点。大数据时代中的教学资源可以得到充分整合，通过数字化教学让英语课堂变成语言能力课和专业素养课，使学生感受和体验英语，

而不再是被动学习英语。目前高校可以结合自身优势，采取多层次、多模块的网络教学平台为学生创设真实的语言环境，还可以通过加入大学联盟获取更多在线课程，满足不同层次学生英语学习的诉求。在模块设置上可体现行业特征，并融入人文素质和思辨能力的教育，如基础英语视、听、说模块，通用学术英语读写模块，职场和行业英语模块，文学欣赏模块，文化和科学伦理模块，等等。

就目前的高校英语教材来看，以书本加光盘形式出现的居多，这难以满足数字化教学平台的要求。因此，创建立体化教材，以文字、录音、多媒体课件、电子教案、电子档案袋、网络课件、学生自主学习系统、资源库和测试库、专业网站等形式来支撑高校英语课堂教学已是必然趋势。它有利于"创建真实的语境或场景，为学生提供'有意义交际'和实践的机会"，从不同的视角为学生营造一个比较和分析的空间，充分发挥教师与学生、学生与学生、学生与课件等人际和非人际的互动作用。

高校英语数字化教学因其理念的革新，教学资源实现网络化、数字化、信息化，教学方式更具人性化、个性化的特点，无论是构建语言教学的生态环境，还是营造语言教学人文环境，都对教学管理、教学评价的科学性提出更高的要求。考试不再以传统方式进行，而是采用网络无纸化考试，评价采取多元评价的方式，形成性评价和终结性评价相结合。采用综合和集成的方法，统筹考虑教师、学生和教学管理者三个不同层面的相关因素，将三方的观念更新、课程体系优化、教学方法和学习方法创新、服务和管理效能提高等相关要素纳入教改的总体规划。

三、高校英语数字化教学的预期目标

交互性。长期以来，我国高校英语教学在教学观念、教学模式、课程体系、教学方法和教学测评等方面存在不尽如人意之处，导致非英语专业学生英语综合应用能力不强，教学模式相对单一，教学方法和教学手段相对陈旧，学生学习动力缺乏，自主学习意识和能力不强，在文化传承和人文精神培养方面比较乏力，教师积极性不高，学生对英语学习缺乏兴趣等。而通过数字教学平台，师生间的互动加强，学生可以不断向教师提问，教师为了解答学生提问不得不更新知识和提高水平，促进师生间的共同成长。

体验性。我国社会经济迅猛发展要求高校英语教学要培养具有国际竞争力的人才。高校英语数字化教学的定位是加强实用性英语教学，以培养学生的英语综合应用能力为目标，特别突出和加强了听说与交流能力的训练与培养。通过教师下达任务，学生担当角色，立足校本经验，开辟网上专家空中课堂，在纯英文环境中让学生体验语言的魅力和完成任务后的成就感，达到轻松学英语的效果。

建构性。数字化教学模式强调学生积极参与并自主管理自己的学习过程，是一种新型教学模式。这将不仅是一个教育目标，也是一种教学理念，还是一种学习策略。因为学习者自主是现代教育心理学尤其是人本主义、认知主义、社会建构主义学习理论的要求。而语言学习过程必须重视人的情感因素，学生在教师的指导帮助下参与甚至决定整个教学过程：知识的获得主要是通过学生自己发现，教师只是组织者、指导者、帮助者和促进者，学习环境（自主学习中心）与社会互动（合作学习）是两个重要环节。可以说，通过在线学习平台，学生将既获得知识，又参与实践，两者相辅相成。

大数据时代颠覆了传统的教学方式，为高校英语教学提供了自主学习平台。十八大以来我国明确提出要加快发展现代职业教育，推动高等教育内涵式发展，相当一部分新升本高校面临着转型，转型过程中必然涉及课程设置、教学手段等的改革，注重应用型、实用性的专业课程的开设，以及学生实践能力的提高。而在转型过程中高校英语课堂教学应考虑"专业+通识教育"模式，充分利用大数据时代带来的便利整合课内外教学资源，借助网络在线教育，结合课堂教学，让学生学习英语的同时也学习专业知识，这将大大提高学生的学习积极性和主动性。

第六节 大数据背景下英语教学的微传播

在大数据背景下，数据流和信息形态都发生了重大变化，信息共享、交换以及数据处理变得更加便捷，这为学生提供了良好的自主学习条件，对教师的教学方式方法也产生了重要影响。为了适应新形势，高校应加强英语自主学习平台建设；教师要更新教学理念，从知识的传授者转变为学生学习的指导者和帮助者，同时不断提高信息处理能力，充分利用互联网交互平台开展教学。

自2012年以来，越来越多的政府和行业开始意识到数据和信息的重要性，

"大数据"成了十分流行的关键词,人们用它来描述和定义信息爆炸时代产生的海量数据。2014年,在全国高校外语教师发展论坛上,杨永林教授做了"慕课时代大数据在外语教育与研究中的应用——以 TRP 平台为例"的报告,分析了大数据理念在英语教学中的作用。目前,传统的英语教学方式已很难激发学生的兴趣,也很难保证课程教学效果。大数据背景下,课堂和教师不再是学生获取知识的唯一途径,这对教师的教学方式也产生了重要影响。大数据的发展不但促进了学生学习方法的改变,也促使教师主动改变课堂教学方式,使教学方式更加多样化。

一、大数据背景下英语教学的变化

目前,信息化成为社会各个领域发展的特征之一,英语学习也不例外,大量英语学习工具、平台和管理系统应运而生。这些英语学习工具、平台和系统能够根据大数据分析的结果预判学生的需求,找到学生学习过程中存在的问题,从而有针对性地帮助学生实现英语学习的预期目标。例如,品种多样的语料库系统、在线搜索引擎等能为英语写作提供词汇用法等方面的帮助,有利于学生解决写作过程中的语法问题,不断提升写作能力和语言运用能力。

随着网络技术和现代教育技术的不断发展,学生学习数据的收集也越来越简单,不但数据量越来越大,数据的内容也呈现多样化特征,如通过数据挖掘能够了解学生的学习动机和学习行为,通过学习评价系统可获得学生在线学习效果方面的数据,等等。在当前英语教学中,英语学习的具体化语境例证需求逐渐变大,而教师可以通过网络共享资源下载多媒体教学所需要的课件、例证等,从而有效地提高教学效率。合理利用网络数据资源开展多媒体教学和在线教学,能够激发学生自主化、个性化学习的积极性,有效提高学习效率。

在大数据背景下,教师可把学生在学习过程中产生的数据(包括聊天、社交、游戏中的交互信息)收集起来,了解学生接受与掌握英语的程度、学习行为及学习习惯等,及时发现学生学习的误区,进而帮助学生找到适合自己的学习方式,同时有针对性地改进课堂教学。如在阅读教学中,教师可通过分析所收集的相关数据,了解学生英语阅读学习的习惯与方式,从而及时改进英语阅读教学计划,开展个性化英语教学,提高教学效果。

二、大数据背景下英语教学的微传播化

在大数据背景下,现代智能软件能够对学习者的学习行为提供实时帮助,网络技术能够为学生创建一个主动学习的情境,增强学生学习的持续性,帮助学生形成科学的学习习惯和学习方法,也方便学生对学习效果进行科学合理的评估和评价。同时,在大数据时代,英语教学具有了微传播特征,具体反映在以下几个方面:

实时互动性。通过登录微博、微信等平台,教师可以随时布置课程练习和课后作业,学生可以随时接受教师布置的任务。在英语课程教学中,传统教学方式难以满足点对点教学的要求,例如,提高学生语言交流能力和应用能力的难度较大,教师难以判断学生群体的英语能力水平,课后作业难以批改,等等。大数据背景下,教师可以借助"作文批改网"等网络平台解决这些难题。另外,利用大数据云存储技术,还可以根据需要建立学生写作学习轨迹档案,以便捕捉学生写作过程的每一个细节,形成发展性写作评价。

迷你化。微传播的主要载体具有小巧便捷、易于携带、自主性强的优势。当前,各高校的无线网一般都能覆盖校园图书馆、食堂、宿舍等场所,学生通过手机等网络终端,可以在任意的时间和地点登录微博、微信等平台,获取英语学习信息,在很大程度上突破了英语学习的时间和空间限制。智能手机等迷你型移动终端的普及,为学生随时随地搜索资料、查单词、提交作业提供了便捷的途径,使学生的英语学习更加细节化和自主化。

精简化。在无线网络高度覆盖、信息快速传播的时代,信息量的增大和信息传播速度的提高,使得人们在阅读过程中更加乐意用快捷的方式获取信息,在一定程度上改变了阅读方式和阅读习惯。同时,为了加快信息传播速度,要求网络信息更加精简化,由此催生了微博、微信平台上的"微言微语",反映在英语方面,精练的短句和小段落更加具有吸引力。在微传播背景下,学生更乐意接受内容新颖、简短而有重点的信息,以便充分利用零散的时间。因此,微博和微信平台上的英语学习信息通常是几句话、几张图片或一小段视频(如微电影)。简洁明了,具有即时性、视觉性和互动性等特征的微信息,更容易引起人们的注意和兴趣。

三、大数据背景下英语教学的创新策略

大数据背景下，微课、慕课、翻转课堂等教学方式在全球风靡。新形势下，教师在英语教学中要不断创新教学手段和教学方法，充分利用互联网交互平台开展教学，促使学生快速提高学习成绩。具体来讲，应从以下几方面创新和改进教学：

（一）建设自主学习平台，促进学生自主学习

大数据背景下，英语教学不再局限于课堂上教师的讲解，提高学生综合运用英语的能力和自主学习能力成为英语课程教学的主要目标。为了适应新形势，高校应加强英语自主学习平台建设。英语自主学习平台应包括课程学习系统、听力测试系统、口语训练系统、师生交互系统等，这些系统不但要有相应的学习资源供学生根据自己的兴趣和需求自由地选择，还应具有测试功能和测试成绩记录功能。这样，借助自主学习平台，学生可以将学习计划上传至网上征求教师的意见，以充分提高学习效率；可以进行知识学习和资料查询，及时检测自己的学习效果，并通过检测结果明确自己的努力方向；可以自由支配听说和读写练习时间，充分利用系统提供的丰富的课外资源开展个性化学习。借助自主学习平台，教师可以向学生推荐学习网站和常用学习软件，了解和掌握学生的学习情况，分析学生的学习行为，及时指出学生学习方法、学习态度等方面的不足。

（二）更新教学理念，注重激发学生的学习兴趣

在传统的英语教学中，由于班级人数多，更正语音、批改作文等往往耗费教师大量的精力，但难以取得良好的效果。在当前的大数据时代，这些问题迎刃而解。例如，以往学生记单词是依靠单纯地背单词书，而大数据背景下借助手机APP可以有效提高单词记忆的效率，且很多在线工具将背单词与闯关类小游戏联系在一起，真正做到了寓教于乐，吸引了众多学生的眼球。再如，很多网站都建立了英语语音和英语在线翻译系统，甚至在线英语作文批改也成为现实，这为教师的教学和学生的学习提供了极大的便利。公共英语学习网站和学校的英语自主学习平台，大多能为学生的英语作文提供修改意见，使得学生可以通过不断的修改获得满意的成绩。这种作文批改和反馈形式的改变，可以让学生和教师从书本中解脱出来，也使教师和学生充分领略了大数据的魅力。可

见，在当前的英语教学中，教师必须及时改变教学方式，积极应用新的软件和工具平台开展教学，否则，难以激发学生的学习兴趣，更难以充分提高教学效果。借助软件和工具平台开展英语教学，要求教师从知识的传授者转变为学生学习的指导者和帮助者，积极与学生开展网络交流，及时解决学生遇到的疑难问题。

（三）更新知识，提高信息处理能力

信息技术的快速更新换代，为英语教学提供了大量的平台和工具，而网络上的平台和工具各具特色，功能也不尽相同，有的甚至已经因技术的发展而淘汰。可见，教师应在不断更新知识的基础上，全面了解各网络平台和工具的优势与不足之处，从而为学生提供科学合理的参考意见，否则可能会误导学生。英语教师在了解信息技术特点的基础上，懂得教学规律，才能提高教学效率。例如，在我国传统的教学评价体系中，过程评价和多元化评价是最薄弱的一个环节，而网络英语自主学习平台的测试功能和测试成绩记录功能，不但能够激发学生在线学习的积极性，还能够为英语课程的过程评价提供数据支持，当然，这要求教师十分熟悉英语自主学习平台的功能和操作方法。

第三章 大数据时代英语教学的变革研究

每一个以经济与技术为发展背景的时代，在与以往相比较更加快速发展的同时，都可能产生与既往时代迥然不同的价值体系与思维方式。21世纪以来，人类进入了数字计算和网络传输技术高速发展的"大数据"时代，数据成为伴随人类生存实践每一环节的重要社会资源，关乎人们生活和工作的各个方面。由此，整体社会日益彰显敏捷、开放、前瞻和个性化的时代认知特性，形成了立足于"大数据"技术平台的全新学习观念。这种新的教学模式成就了当代英语专业教学化和教学过程动态生成性的追逐目标。在此前我国英语专业教学以"大数据"视野重新审度学习者的学习需求，探索应用高新数字技术实现个性化教育的变革实践。对于英语专业教学来说，以"大数据"的前瞻性思考重塑学科教育文化，促进教学方式改变和教师角色转向，已迫在眉睫且别无选择。

第一节 "大数据"对英语专业教学变革的支撑作用

由于英语专业教学需要一种跨文化和跨地域的语言习得语境，需要在这样的语言应用中习得语言能力，因此，基于全球网络高速实时传输和"大数据"超量计算分析的技术特性，得以成为英语专业教学变革的坚实技术基础。总括起来，以下多项"大数据"功能可成为英语教学与学习进行变革的有力支撑。

一、大数据信息的高速聚合和高度智能进化功能

"大数据"具有强大的高速聚合和持续智能增长与适应的组织功能，在大数据技术的背景下，数据生成并不是收集和分类部门独有的，也不仅仅存在于具有特定结构的数据系统中。数据产生于社会生活的各个领域，也用于生活的各个领域。特别是近年来，上下文内容、上下文变化以及上下文历史感知和应

用情景感知的系统智能技术，又得到了进一步进化，自 Web2.0 之后，既能为广大学习者提供方便的网络信息传输，又能将接收信息的广大用户变成信息的提供者。这就是说，每个人都可以通过网络获得所需的信息，还可以释放自己的宝贵知识与信息来与他人共享，从而使英语教学所需的学习资源可以智能地增长。由于巨大的相似信息资源，快速的信息数据处理，信息内容的高速聚合与高度智能的进化适应，英语学习可以获得丰富且最新的学习资源。这一技术特性，无疑也方便英语教师随时建构最新的英语学习资源，通过网络教学平台开辟"英语视频聊天室""基于 5G 手机的英语翻译在线支持系统"等教学渠道，构成英语学习文体聚合模型及内容、练习、评价、活动、生成性信息、多元格式等应用程序，为学生提供多样个性化的实时交互指导。

二、学习信息与资源的高度专业化链接

大数据技术继续将微内容划分为最小的单元，规范化和净化单词的含义，并在微信息和微内容之间建立语义联系。智能搜索引擎提供语义检索和自适应功能，以实现学习资源和学生信息之间的专业连接。除了高速添加相关专业信息外，它还促进了专业人士之间的联系。因此，开放式合作学习已成为世界上第一个学习行为守则。互联网不仅连接了世界各地的人们，而且还连接了分散的信息，从而形成了合作与合作之间的良性循环，以产生更多的数据和信息。因此，来自不同地区的学生可以轻松地整合到同一平台上，以共同学习与思考，激发创造力，激发新的火花。产生了越来越多的数据值以满足人们的专业学习过程。这种学习方法也改变了人们的竞争意识，合作与竞争并存是当代人类发展的观念。人们不再玩为争夺现有蛋糕而战的狭隘游戏，而是希望在数据挖掘中发现更多潜在需求，开拓新市场，制作更大的蛋糕，为合作与竞争而战，并争取双赢的结果。对于英语学习来说，合作学习最终会在这种时间观念下建立起双边和多边的网络联系，从而达到学习和进步的效果，学习水平将大大提高。在这项技术的实际应用中，许多大学与出版商合作，在数据挖掘中发现更多潜在的学习需求，将英语教材转化为多种形式的教学资源，并上传到互联网上，形成在线课程；为英语学习提供有针对性的学习资源，在多边合作中实现互利共赢。

三、无所不包的数据信息聚合能力

语言是存在于语境当中的，英语教学的实现需要各式各样的教学环境。在传统的英语教学中，流通的主要是单向度的意识信息，尽管词语书面化，却抽象，难以理解。在大数据时代，数据的输入和数据生产者的思想几乎没有交流。一切都可以是一个数据，所有数据都可以在社会和个人之间共享。人们的消费行为成为商业分析的数据；挂在街头巷尾的摄影记录成为数字序列，用于国家安全和区域公共安全；车辆的道路交通记录成为数据，可以成为管理的证据流量；浏览互联网时的日志浏览是由于互联网的功能管理要求。通过搜索引擎，根据网民搜索的内容推断用户的动机和兴趣，并在网民邮箱中投放一些定制的商业广告。由于数据拥有者与生产者的意志不受侵犯，"大数据"涵盖了全面的信息。这种功能性资源迎合了英语教学资源的社会性、信息性、文化性和认知性需求，有效地解决了英语教学中语境缺失的问题。

四、大数据的数据深入挖掘和信息分析评测

在传统的纸质媒体和模拟传播时代，传统的信息形式与读者分离。在这个时代，出版物是由专家制作或认证的，只有通过有限的大型媒体才能发行或获得。读者信息的反馈往往被忽视。在"大数据"时代，信息传播的主体和渠道发生了根本性的变化，任何人都可以随时公开披露任何信息，获取第一手信息越来越容易。用户对信息的分类比以往任何时候都更加重要，读者的选择和反馈将成为数据。

大数据有助于提出建议。相信"大数据"不仅可以发现事物的规律性，而且可以根据这些规律预测发展趋势，为实现目标提供行动建议。这种大数据特性允许对当前教育信息进行管理和分割，以模拟英语学习者的行为，分析学习者的学习行为，并对学习者的学习趋势做出科学预测。目前，大数据在教育中的应用主要体现在对学习型教育数据的挖掘与分析上。教育数据挖掘与学习分析研究的目的是模拟学生的学习行为，探索学生未来的学习趋势，并根据学生的不同技能水平和实际需要指导学习模式的选择。

五、对教育观念与形式的解构与重组

很明显,"大数据"是一个新事物,它给这一代的人们带来全新的认知方式与认知行为的同时,也推动着现行教育观念与教育形式的解构与重组。发达的网络技术对人们的时空观产生了巨大的冲击,而"大数据"给人们带来的变化更是如此。在教育领域中,慕课的出现使得分布在世界各地的万千学习者,可以在线学习同一门课程。慕课拥有完整的教学体系,依靠学生的自主学习能力,学生可以在任何地点提交作业;向教师留言提问,就能获得相关问题的解答,想要扩充知识点便可以连接网络获取其他相关知识。慕课以免费和开放性的特征在网络中开放教学资源,解构了传统课堂的模式,同时也在重组基于大数据的新教学流程,催生出大量可喜可贺的变革,如"翻转课堂"和"微课"等。

在上面列举的五个方面中,我们可以欣喜地得知,"大数据"给我们带来的变化不仅是新奇、便利的技术工具与适用手段,而是一种全新的知识观。由"大数据"引起的变革无疑对英语专业教学变革提供了强有力的支撑作用。

第二节　大数据学习数据分析与英语专业教学

学习分析技术将成为近年来教育领域的主导技术,并将在教育领域得到广泛应用,在我国,大数据分析在教育领域的应用已成为必然的发展趋势。利用数据处理技术对教育和学习进行分析,使传统教育和教育教学方式发生了颠覆性的变化。

一、大数据学习分析的作用

学习分析技术是教育技术领域中一种比较新的技术。对学习的分析,即在教学实践中关注微观个体而不关注群体,为实现现代教育的个性化做出了重要贡献。

第一届学习分析与知识国际会议将其定义为:学习分析技术是对学生及其学习环境的数据进行测量、收集、分析和报告,以了解和优化学习及其发生情景。《2012NMC 地平线报告(高教版)》也给出了近似的定义,即学习分析技术是对学生产生的大量数据进行解释和分析，以评价学生的学业进步，预测其未来的表现，发现潜在的问题。从这些定义可以看出这一点。学习分析的对象是学生及其学习环境，学习分析的目标是评价学生的学习情况，发现潜在的问题，理解和优化学习。学习分析的基础是大量的数据。也就是说，学习分析的实质是对学生的学习状况和教学效果进行统计、评价和判断，对数据进行提取、分类、分析和总结。

对于英语教学，学习分析技术的直接作用是基于学生与教学资源之间的相互作用来分析相关数据，评估当前教育计划的可行性和有效性，并为学生提供学习资源，更具体、高质量和个性化的指导，以改善教学目标和教学方法。国内外的研究实践证明，学习分析技术对学生、教育者、管理人员、研究人员和技术开发人员至关重要。首先，学习分析可以帮助学生了解他们的学习行为和学习机制，以优化他们的学习。基于数据的学习行为分析还可以为学生推荐新的学习方法，并开发更具适应性的自主学习方式。

也就是说，学习分析是对学习支持系统获得的数据进行分析，为学生提供学习状况的客观反馈，帮助他们纠正学习方法，提高教育效率；教师可以通过学习分析技术、改进教学和评估方法以及为学生提供更有针对性的教学干预措施来分析和评估课程和机构。教学管理部门分析学生的具体学习数据，分析教学过程和教学效果，并接收对学生教育的客观反馈；对研究人员来说，学习技术与分析也是研究学生个性化学习的工具，他们深入研究了数字技术应用于研究的过程和操作系统效果，技术开发人员使用学习分析技术来检测学习管理系统各个模块的使用频率与路径，以对学习管理系统的界面设计进行优化。同时，根据学习分析的需要，对学习管理系统的注册表功能进行了优化。

综上所述，在英语教学中，学习与分析技术的主要功能是改进现有的教学评价方法，通过对数据的深入分析，对课程教学、教学过程和教育机构进行评价，为学生提供更具针对性的教学导向。也就是说，学习分析技术不仅可以帮助教师从学习行为的角度分析学习动机和学习过程，而且可以根据行为数据的分析优化教学方法，推荐更具体的知识渠道，让学生自主学习。在教学过程中，学习分析可做以下几个方面的具体应用。

（一）优化教学设计

在英语教学中，教师可以获得学生学习过程、学习环境和学习绩效、学习分析技术和相关分析工具等信息，为教师反思教学提供依据。教师可以在网络系统上查看学生的行为数据,如网页访问、登录练习、课程学习时间、作业完成情况、保留课程网站上的互动轨迹等。教师可以评估学生的学习风格和学习领域,定制结构化评估工具,动态评估学生的学习过程,获取学生潜在的学习需求,然后调整和制订适合学生的新的教育计划。

(二)提供分析指引

目前的网络学习系统具有基于学习行为的大量信息的聚合和存储能力。通过对学习数据的统计分析和直观呈现,学生可以获得揭示学习行为模式、预测学习趋势和其他可能的教学和学习状态的学习报告。

学习分析不仅可以帮助教师发现学生潜在的学习需求,而且可以帮助学生诊断学习状况,缩小学习差距。学习分析技术的功能是将学生的学习成绩作为一种可视化的数据分析。学生可以根据结果进行自我评估,并通过比较数据来感知自己的优缺点,从而利用这些数据制订自己的学习计划,成为自我发展的主动学习的人。相关的学习分析报告向学生提供所学课程的学习情况,包括课程分数和一般学习水平,并能够在课堂上横向比较他们的学习情况。该系统还可以智能提示低参与率课程。总之,学习分析技术在很大程度上提高了学生的学习效果。

过去困扰个性化自主学习的一个重要问题是缺乏对差异学习有效性的评估和指导,因为很难获得具有不同学术技能、不同职位和不同知识库的科学学习方法。应用分析技术使用分析软件为每个学生创建一个详细的文件,记录他们在学校期间的完整信息时间表、学习经历和其他个人信息。分析软件分析这些信息,提出时间管理、课程选择的相关建议,并分析帮助学生取得学业成功的其他因素。因此,可以为每个不同定位的学生提供个性化的评估和指导。在以往传统的教学中,学习者必须等到教师将作业批改完之后,才会得到相应提示。利用学习分析技术,在学习投入不充分的时候,系统会自动给出提示,督促学生的自主学习。同时学习分析技术能够给教师很多信息,通过这些信息,教师能够追踪、分析自己的授课效果,根据这一判断可以做出一定的调整,为每个学生定制个性化的学习课程和评价,提高教学的质量。

学习分析是对与学生学习信息相关的数据进行处理,并用不同的分析方法和数据模型加以解释。根据数据分析的结果,教育管理者可以了解学习过程和学生情况,发现学生的学习结果和学习规律,或根据数据解释学生的学习表现,并提供反馈以促进最有效的学习。可以说，学习分析技术可以让教师和学校根据每个学生的需要和能力提供具体的指导，从而实现理想的个性化自主学习。

二、大数据学习分析类别

学习分析有多种分析方法，就应用层面而言，学习分析技术在传统数据分析技术的基础上，充分吸收了社会网络分析法、话语分析法和内容分析法等"大数据"背景下其他领域的先进技术，使得学习分析数据更加科学化和智能化。

（一）社会网络分析法

网络分析法最开始是社会学专门用来研究社会网络关系结构的，现在已经广泛地运用于教育领域当中。把学习者这一对象作为研究对象，通过技术手段可以轻易地观察到，该学生曾向哪些伙伴求助过问题，曾在哪个方面产生过学习疑惑，曾在哪个具体的情境因素中受到过影响等。当把整个网络当作研究对象，通过技术分析法可以整体地追踪在线学习中的信息分布以及个体学生的学习进程。一般来讲，运用社会性媒体交互分析工具 Mzinga，就可以判断学生在网络学习中的学习情况；运用开源网络分析工具 GePhi，能够对数据做出交互式可视化处理；运用 SNAPP，能够将在网上探讨过的问题和解答转化为图表。

（二）话语分析法

话语分析规则最初是一种语言学研究方法，是一种基于课堂对话的口语分析方法，可以直接在课堂教学中产生良好的效果。在"大数据"的教学环境中，英语讨论的主题不仅是教学过程中的面对面对话，而且是由网络课程资源产生的文本内容与其他形式的网络互动。通过语音分析技术，我们可以更深入地理解在线学习过程中语篇的意义，并对整个学习过程中的知识建构体系有一个全面而清晰的认识。

话语分析法通常用在学习交流的过程中。主要用来分析在交流过程中的对话内容、网络课程或是会议文本内容和网络异常交流等这些所有相关的内容。适时地运用话语分析技术手段，不仅有助于掌握网络学习交流中话语的文本性内涵，还有助于教学研究者获悉探索知识的建构过程，对知识的发生有着清醒的认识。目前，可用来分析话语文本的工具有 the Digital Research Tools Wiki 等；文本可视化分析工具有 Wordle and Tag Crowd；NVivo 可用于文本内容定性分析；

Wmatrix 则可对文本内容实现定量研究；Cohereis 用以对网络交流内容结构化处理；而 Open Mentor 工具则具有对学习反馈信息进行分析比较和可视化的功能。

（三）内容分析法

内容分析规则是一种研究方法，为所传递的内容提供客观和系统的定量描述。它的本质是一个非典型推理的过程。它是对所传递的信息的内容与变化的具体分析，即推断代表意义的词的确切含义的过程。内容分析法在英语教学中的运用，不仅对学生学习过程中的数据进行定量分析，而且对学生的行为模式进行定性分析，但它也可以利用积累的丰富经验预测当前的学习行为，并为学生提供足够的个性化学习资源。

内容分析法应用广泛，既能根据学生的行为模式对过程数据进行定量分析，又能对数据进行定性分析。内容分析法用于预测学生的行为，提供个性化的学习资源。内容分析及相关工具和软件不仅可以保证对文本内容的分析，而且可以方便地处理多媒体内容的数据分析。内容分析法的搜索功能可以对图片、电影、多媒体视频等所有文件格式的教育资源进行多次搜索，并对学习过程中使用的文本和多媒体信息进行注释和分析。内容分析有助于教师了解学习与互动的规律，掌握支持学习的资源配置。国外常用内容分析法来分析学生与学习对象、学习活动和学习成果之间的互动关系，也常用学习分析法来了解语义网络与网络教学内容和质量的关系。这种方法的目的是通过分析数据来确定教学质量。为了控制教育质量，需要研究技术从多个角度研究学习过程，而内容分析是不可或缺的研究技术。

（四）学习分析基本模型

为了实现上述目标，需要在实践过程中建立以下学习分析的基本模型。首先，学习分析本身需要大量的数据作为媒介，仅仅依靠结构化数据是不够的。不同系统的非结构化数据应同时采集。确保分析结果的完整性和科学性。教育信息系统中积累了很多学生信息、课程信息和教师信息，这些归档信息是学习分析的重要数据源。课程管理系统（CMS）和学习管理系统（LMS）还包含许多挖掘信息，比如教师和学生之间的交互信息、学习表现和行为信息。学生作业的完成、教师的经验、教师的观察、基于教师直觉的课程指南等都是决策分析中必须收集的信息。

其次是数据处理。在考虑结构化数据来确定学生的课堂知识的正确吸收依然是很困难的事实的基础上,有必要将学习分析的基本模型转换成可量化的数据来分析学习。通过在线访问、登录频率、错误概率、单个实验对象的停留时间等行为响应进行处理,从而更加详细地理解学生的学习行为。

再次是软件分析。学习和分析软件可以根据专业水平分为"特殊工具"和"一般工具","特殊工具"是专门为项目的特定要求开发和设计的核心分析工具。分析过程中用这一工具来收集、分析学员的数据并指导学员。典型的特殊工具包括 Socrato、SNAPP 和 LOCO-Analyst 等。"一般工具"是一种应用于可用性设计(如互联网)的工具,以混合面板分析、User-fly、GePhi 等为主要工具,分析学员如何使用教育系统。

最后,行动干预。学习分析的结果用于评价学生的学习成绩和学习效果。必须及时把学习结果和指导意见反馈给学员。同时,可以根据学生的学习效果调整学习内容与方法,为了提高学生的学习能力,有必要进行针对性的指导。

三、发展中的学习分析技术

学习分析是在"大数据"时代利用数字分析技术促进学习的新兴教育技术工具,在继承现有技术后,注重对在线教育数据的深度挖掘与理解。随着网络学习系统和数据挖掘技术的进步,学习分析技术得以不断发展。

学习分析技术垂直延续了计算机管理教学与基于数据的决策。横向综合网络分析与学术分析技术而发展。换句话说,在最初从商业领域发展到教育领域的网络分析技术之后,学术分析技术诞生了。最终,又转向教育应用,并专注于教育领域的学习行为分析。目前,学习分析技术的发展融合了许多其他重要技术来应对日益复杂的学习过程。学习分析技术目前已有成熟的技术可用于学习分析,主要是网络分析、语言分析和内容分析。学习分析是使用数据挖掘工具来测量、收集和分析学生在正式和非正式学习过程中产生的信息数据,然后对这些信息和数据进行深入分析,直观地解读数据结果,并指导后续的教育活动。学习分析具有以下技术特征:

(一)数据收集的复杂性

学习分析的目标不仅是数据库中的数据,如学习管理系统(LMS)、网络课程等课程管理系统(CMS)和学生档案系统等,也包括学生在传统学习环境中的其他数据，它还收集作品等学习资料的数据和学生个人网站、博客等非正式知识管理系统的数据。综合信息的数据非常多，仅学习管理系统就积累了大量信息数据，如许多学生的互联网学习活动、学习伙伴之间的互动、与教育者的互动以及对教育信息系统的访问。这些来源不一的大量数据可以提供自动化学习支持和有针对性的学习服务，但是归纳来自这些不同来源的多样性数据的复杂性也在增加。这样的分析工作有必要采用第三方的分析软件，将这些多源数据导入到同一个分析框架中进行分析和计算，最终提供学生学习情况的可视化分析结果。

（二）对数据采集进行多角度的技术分析

在大数据时代，学习网络、与学生的关系、学习内容都处于动态变化之中。相对而言，学习网络的研究过程变得更加复杂。因此，要想进行有效的分析，就必须运用多种研究方法和技术工具。学习分析技术延续了基于数据的决策思想，关注学习过程中数据分析的结果，为优化学习提供客观服务，能够有效地从多角度、多搜索支持这种数据分析。也就是说，学习分析技术不仅具有重视数据挖掘技术、聚合与分析在教育中的应用能力，而且具有定性和定量研究的能力。通过教育分析数据合理解释英语专业教学过程，并为学生完成各种英语学习任务提供适当的服务支持是可能的。

（三）学习分析技术可以提供可视化分析结果

由于英语学习分析技术主要由学生和教师主导，所使用的工具和技术降低了技术界限，呈现了直观和可视化的分析结果。可以分析学生个人、学习小组、教师和计算机之间信息交互关系的 SNA（Social Network Analysis），以直观的方式帮助师生理解学习水平和努力方向。这种学习和分析的交流技术特性极大地方便了没有统计和分析知识库的学生和教师，使他们能够通过直观的分析结果来判断自己的学习或教学状态。

（四）学习分析技术可以达到微观服务水平

领域驱动数据挖掘是一种探索用户兴趣和移动知识的数据挖掘新方法。伴随着传统的 CRISP 数据挖掘过程。DDDM 是一个基于约束、人机结合、往复循环、不断接近目标和深化的过程，为教育决策者发现更广泛、更合适的知识库。学习分析主要针对微观层面，为师生提供学习过程、学习行为和学习网络的跟踪分析，为学生自主学习提供建议，并作为教师教学干预的基础。

（五）学习分析技术基于多元化的理论基础

分析技术学习的理论基础包括分析理论和实践知识两部分。首先，分析了贝叶斯网络、关联规则挖掘、分组、基于知识的建议和协同过滤算法的理论。然后结合学习理论指导下的教学实践，构建知识共同体和学习动机等非智力因素。

第三节 大数据时代英语教师的职业发展

海量数据的到来导致高等教育面临着根本性的变革：教学目标、教学对象、教学资源、教学内容、教学形式、教学方法和教学评估等传统的英语教学模式受到了极大的影响，英语教学将呈现出多样化的局面。2010年8月，比尔·盖茨在世界经济合作与发展论坛上表示："五年后，你将可以在网上免费获得世界最好的课程，它们比任何其他单独的大学课程都好。"在大数据时代，学生获取知识的方式不再局限于任何特定的课堂，在线多样化对人们获取知识越来越重要。人类教育正从更多的教室转向更多的在线课程，更多合作互动指南。

这些大数据在整个社会产生了革命性的影响，渗透到高等教育的核心，挑战传统的教学思维，影响传统的教育模式和评价方法，挑战教师的教学职能。教师应该能够胜任时代的教学任务，首先，他们需要掌握时代的思维方式。目前，尽管各种微课程充斥在各种网络平台当中，但真正体系健全、框架完整、教学价值高的微课程仍是极少数。因此，我们迫切需要在制作规范、教学内容、形式效果、主题设计、教学理念、课程理念和教育评价等多个方面形成系统理论。就微资源的生成和应用而言，不同的学科、不同类型的课程对这方面的要求是各不相同的，因此在进行微课程的设计时，需要注重知识的有效性，并与课程本质与课程特色相结合，力求发挥"教、学、研"三位一体的学科优势，进而实现微课堂价值的最大化。

一、"大数据"语境下的教师角色定位

在大数据的背景下，学校将逐渐从传统的专有教育资源的固定知识转移状态转变为一个开放的教学共同体，这个共同体将实施国家教育评估标准，为学

生提供指导，诊断和纠正学习错误，并与学生共享学习资源，大数据带来的英语学习的个性化和普遍性颠覆了传统的课堂教学模式，学生的学习资源、学习方式和学习场所发生了翻天覆地的变化。在这种社会背景下，学生的学习资源如何得到不断开发、学生自主使用信息技术进行学习的能力如何提高、如何使高校英语教师发挥新的作用、控制学习过程和考虑需求评估，这些都成为高校英语教师不可避免的现实，并决定了教师角色转变的必要性。

在英语学习的背景下，教师面临着基于各自学校平台特点的复杂多样的教学对象和教学环境，英语教师传授绝对知识和传统知识权威的功能将不复存在，英语教师将从教师转变为组织语言学习顾问，英语学习资源的建设者、诊断者和英语学习效果的评估者。由于先进的数据技术和来自各种来源的丰富的教学资源带来了多种灵活的教学形式，教师教学将面临学生的选择自由。毫无疑问，新一轮的教育竞争力应该通过建设创新性、针对性和技术性的教学资源来实现。未来，英语教师的角色将从传统的教师转向以下方向。

（一）英语教学活动的组织引导者

在大数据时代，教师不再是知识的唯一拥有者，换言之，学生能够从多种途径获取知识。尽管如此，高校仍然是教育重要阵地，高校的社会地位也是不可取代的。因此，高校教育必须保持较好的秩序，而教师则要成为高校学习活动的组织者。随着各种先进的教育思想在高校当中的盛行，学生也开始适应自主学习方法。尽管如此，高校学生在日常学习过程中，依然会遇到各种困难，且常常受到多种因素的制约，例如学生学习观念的转变、学习习惯的养成等问题，这些问题都给学生造成了不小的困惑。所以，在大数据时代背景下，教师要尽力帮助学生解决这些在学习过程中遇到的问题，并鼓励学生使用数字技术来拓展自己的学习范围，提升自己学习应用的能力。当然，教师也要注意，在组织学生开展学习活动的同时，也要注意避免形成绝对管理的管理模式。由此可见，高校英语教师要想在新时期推行符合时代发展的教学，首先要实现自己对大数据时代的适应，并不断在教学实践中进行自我完善。在传统教学模式下，教师一旦选择一种教材后，便会围绕该教材进行固定的教学，并在整个教学过程中起到主导作用。但这种教学方式在大数据时代下，是不符合社会发展需求的。教师只有服务于学生自主学习多样性的个性化环节，才能有效激发学生的学习兴趣，并帮助学生建立起符合自身条件与特点的学习方法，并针对自己的学习情况，树立实际可行的学习目标。此外，教师应当帮助学生提升收集资料的能力，并引导学生对自身的学习潜力进行开发，并帮助学生顺利地完成系统而专业的学习过程，进而构建起属于自己的、具有个性化的知识体系。

在大数据教学模式的引导下，学生与教师之间应当展开更多的互动与交流，而交流互动的形式也随着信息技术的不断发展而日益丰富。除了进行面对面的交流外，教师还可以与学生在网络上进行实时或非实时的交流，并共同利用网络信息技术进行教学项目的调查、分析、研究、成果分享。总之，大数据时代背景下，高校的英语教学必须全面采用网络学习系统，将日常的学习反馈、作业反馈、考评反馈等教学过程集中在网络系统当中。当然，在这种教学模式的初期开展阶段，必然会遇到各种不协调的问题，这就需要相关教职人员对教学过程进行全面而系统的设计，为学生提供一个畅通无阻的学习通道，并实时监督学生的学习进度和阶段性学习质量。就这些方面而言，高校英语教师的职责无疑发生了巨大的变化。

（二）英语教学资源的研发者

在传统的教学模式下，教师只是既定课程计划的实施者和学习资源的应用者。尽管在以往的教学工作当中，高校英语教学也运用了计算机网络技术，并将部分教学内容数字化为"多媒体"资源，也为学生提供了一个网络学习的信息平台。然而，由于以前的网络教学资源平台建设尚有许多漏洞，教学资源大多为静态，那些所谓的信息化教学资源，实质上不过是将纸质的教学资料以数字化的形式展现在网络上而已，并没有真正发挥数字化多媒体技术在教学中的作用。加之教学管理机制的种种限制，学校中的"多媒体"资源并不能对学生的学习起到实质性帮助，因此教师利用信息技术进行教学创新也十分困难。

事实上，大数据技术为高校学生提供了十分优越的学习环境，所以，教师首要的任务是为学生搭建起无形的信息化学习空间，并推动学习资源平台建设的个性化动态发展。由于不同的学生的个人条件、学习状态、发展定位等各有不同，因此在信息技术的支持下，教师应当针对不同发展目标、不同学习程度的学生推出具有差异化的教学课程或个别指导，进而满足每位高校学生的学习需求和个人成长需求。在大数据技术的支持下，高校教师要以科学、创新的态度研究时代的教育理论、教学规律、教学模式和教学方法，在现有高校教学资源的基础上逐渐搭建起符合大数据时代需求的教学体系。在当前 Web3.0 互联网应用技术条件下，教师应当引导学生参与到编辑现有学习资源的过程当中，并不断开拓新的资源渠道，共同完成高校信息资源的建设工作。

事实上，这方面的创新与构建尚有许多问题需要解决，例如，基于"云计算的泛在学习"，这方面的教学需要在教师的管理和监督下进行，学生根据自己的知识掌握情况，在网络平台上自行拟定主题进行训练。在训练的初期阶段，教师可以先引导学生利用"云"技术对相关的学习资料进行收集，例如学科基础概念、学科背景等；然后，在教师的帮助下，学生与学生、学生与教师之间要搭建起多向的交互平台，并在教师的指导下，有序开展主题训练。当前我国国家开放大学已与英国开放大学、法国国家远程教育中心、加拿大汤姆逊大学、加拿大枫华国际教育投资集团、美国马里兰学院大学、密歇根州立大学、美国SCOLA卫星电视网等实现了国际教学的合作，这些系统的、高质量的教学与训练资源为我国高校学生的英语学习提供了良好的条件，也为我国高校教师的教学创新工作奠定了资源基础。

总之，教师不仅自己需要创建和整合教学资源，还需要组织和引导学生依据自主学习的需要，自行拟定主题进行学习资源的建构训练。大数据背景下的英语教学，需要教师成为依据教育发展需要而不断创新教学资源的研发者。

（三）自主学习的诊断与评价者

在基于固定课堂、慕课、微课等多样形式的自主学习进程中，教师对学习过程和学习成效的监督、指导、评价和考核仍然必不可少。及时评价学生的学习状况和学习成绩，才能有效引导学生进一步完成学习任务，达到既定的学识层次。与传统教学模式不同的是，大数据模式学习的监督、评价和考核不仅采取形成性形式，还必须依据各种定位的个性化学习目标，不再使用统一的评价标准。当前已有多种针对具体课程成绩考核的各类学习评价系统问世，但机器分析必然会有极大的局限性，计算机无法判断每一位学习者的思想情感变化。学习过程中，除了可以直接生成的学习作业之外，尚有许多诸如动机、兴趣、意志等学习中的非智力因素，潜移默化地影响着英语学习的进度与效果。为此，学生仍然需要教师以适当的情感激励，使非智力因素对英语学习发生积极效应，在开展慕课、微课等多种形式的自主学习进程中，教师仍然是学习过程不可或缺的诊断者与评价者，教师仍然对学习成功与否有着举足轻重的影响与作用。教师要引导学生结合相关社会现实问题利用网络资源深入学习，鼓励学生开展合作式和探究式的讨论，要培养学生分析理解和能动解决学习问题的能力，最终学会自主建构知识与能力。为实现这样的教学目的，需要针对学生个体在前期知识积累、学习能力、学习内容、学习方法上的差异性，对其阶段性学习成绩进行评价鼓励，同时制订与之对应的教学评价策略，利用大数据分析归纳找出学生学习活动的规律性特点，实现行之有效的过程性评价。

除去上文中所提到的几点外，教师还需要注重弥补当前各类教学评价软件及评价方式的不足之处。举例而言，当前有不少英语作文批改网站，尽管能够通过大数据分析，对学生的作文进行批改，指出学生句法上的错误，并给予整体的反馈意见，但这些批改仅仅体现出计算机的数据分析作用，而缺乏对文章结构、逻辑思维、思想表达等方面的评价能力，因此给予学生的反馈存在太过机械的问题。有些反馈意见甚至含混不清，难以就作文的具体内容提出评价和修改意见，最终使学生不知该如何纠正自己的错误和不足。因此，在大数据的英语教学模式下，教师的诊断与评价作用仍然很重要。只有与教师面对面地交流，才能更加全面具体地分析清楚学习中的失误之处，并给出更具针对性的详细反馈，以补足批改网等技术教学软件的种种教学缺憾。大数据时代的英语教师仍然需要成为学习的诊断者和评价者。

二、大数据背景下英语教师的职业发展

现代教育是在科学技术飞速发展的基础上逐渐建立起来的，因此现代教育的教学方式、教学环境、教学场所等都与现代高新科技的发展有着必然的联系。就高校英语专业的教学而言，在信息技术的推动下，英语教学的方法和可用的教学资源得到了极大的丰富。因此对于当代高校英语教师而言，要想真正实现教学质量的提高，就不得不掌握与教学相关的信息技术技能。此外，为了适应大数据时期的高校教学模式，教师必须学会适应当代高校教育的基本方法，并顺利地从传统教学角色转变为当代教学角色，这一点是所有当代高校教师都不可忽视的问题。

教师发展概念，源于美国著名哲学家、教育家、心理学家约翰·杜威的持续发展及反思性思维的理论，其核心内容是反思和发展。兰格将教师发展定义为"教师的智力、经验及观点可持续发展过程"。格雷夫斯认为教师发展的内涵和外延应同时进行。教师职能发展指的是教师职业职能的自我发展。由此可以看出教师职业发展需要教师个体主观努力与所处外部情境和谐交互，意味着教师职业发展正面临着内涵和外延两个层面同时进行的紧迫性。内涵发展即通过个人实践和反思，外延发展即遵循一定的理论并借鉴他人的经验。国内有研

究认为教师职业发展主要指的是教师职业的自我发展，强调由教师主动地去发展自己。所以教师要根据具体的发展阶段与情景，制订合适的发展目标和路径。

作为一名专家型高校教师，首先自己必须有复合型知识结构，尤其是在进行语言教学的过程中，拥有复合型知识结构的教师具有明显的教学优势。此外，还必须强调教师的学科专业性的不断提升。英语是一种语言，也彰显着一种文化。而文化是随着时代的变迁而不断发展的，因此高校教师只有时刻保持对时代文化发展的敏锐性，才能够做到真正掌握前卫的英语文化，进而为学生营造生动的英语文化氛围，提升学生的英语水平。再有，高校英语教师的真正本职是教学，因此教出优秀的学生才是高校英语教师的首要职责。为此，熟悉教育科学知识、具有娴熟使用英语实现教育的能力、具有较高层次的自我修养意识和道德人格也是高校英语教师必不可少的素质。对照上述几条标准，我们不难发现，就目前许多高校而言，英语专业的教师队伍建设尚有很大的提升空间，且大多数地方院校在英语教学方面都存在着"结构性短缺"和"低水平过剩"的问题。此外，对于许多英语教师而言，他们在经过几年的工作后，会出现不知道如何突破职业发展的困惑，有时也会感到前途的迷茫，不知道自己的职业发展应当如何定位。这些困惑都会在一定程度上影响教师的教学水平和教学质量，并严重阻碍了教师的个人发展。在大数据时代的教学环境中，随着多元化的教学模式和教学方法不断涌现，学生越来越希望接触更多新的教学形式，这也在一定程度上为当前高校英语教师的教学改革工作提出了更高的要求。在这一社会发展趋势下，高校英语专业教师不仅要应付繁重的教学任务，还需要积极提升个人综合素质，并为迎接大数据时代的到来做好准备。

随着大数据时代的到来，我国英语教学改革将纵深发展，每一位英语教师都需要进一步更新教学理念，不断获取新知识与新信息，紧跟时代步伐实现自身的可持续发展。尤其需要熟练计算机操作和计算机常用软件的使用方法，需要具备使用网络通信、常规教学媒体、网络教学平台等应用技术，以适应大数据化的英语教学工作。

随着学生个性化学习需求的不断增加，教师还需要不断提升自身的英语学习资源的整合能力。2010年颁布的《国家中长期教育改革和发展规划纲要（2010—2020年）》明确提出："关注学生不同特点和个性差异，发展每一个学生的优势潜能。"从该文件中能够看出，实行因材施教的个性化教学，根据学生的英语基础和学习特点实行有针对性的学习指导，不仅是学生发展的需求，更是国家中长期教育改革发展的需要。而要达到这样的要求，高校英语教师必须时刻保持高度的学习意识，并充分利用大数据科学分析信息的手段和方法，为学生打开学习资源的大门。此外，高校教师还需要学会针对不同的学生进行有针对性的、个性化的指导，在帮助学生提升学习成绩的同时，与学生进行感情上的沟通，进而提升学生的心智水平和情绪管理能力，为培养全面发展的学生奠定基础。

就大数据时代及与之对应的教师角色定位而言，在新的时期，高校教师必须要认识到自己在新教学模式中的角色定位与教育使命。在此基础上，教师们才能发现自身与社会需求之间的差距，并对自己的职业能力进行重新评估，重新寻找自己在高校教学工作中的职业定位。随着大数据时代的到来，英语教学逐渐呈现出多元化的发展趋势，在这一趋势下，学生对高校英语课堂也提出了新的需求。为此，高校教师必须掌握数据分析的技能与方法，并探索课程教学的模式与方法改革。在此基础上，还必须充分发挥网络技术的作用，引导学生参与微课程和翻转课堂的学习，努力培养学生的能动关联意识和学习兴趣，引导他们从被动接受转变为主动探索知识，使学生听、说、读、写、译综合应用能力和大数据背景下英语教师的职业素养得到同步提高。大数据技术重塑了当代学习者社会交际与知识学习的行为习惯，也将彻底改变高校英语教学的传统模式和英语教师本身。"教师必须提高自身的'信息教学'素养。用好'活书'、选好资源、设计好虚拟教学环境、学会信息化教学方式。"

综上所述，在高校当中，传统的教学方式大多是围绕特定的教材进行单词、句型和课文的讲解。这一教学模式贯穿学生高校学习的全过程。而在大数据时代下，高校的英语教学不再仅以教师的讲解为主要内容。因为网络信息技术的发展导致高校教师的知识资源权威性受到了挑战。在各种资源平台上，学生能够找到各种各样的学习资料，也能够找到各种知识和问题解答。那些基础的、通识性知识不再需要教师进行一一讲解，学生可以自行学习。但学生依然缺乏对各种学习资料进行整理、分析、处理的能力，且一些低年级学生往往无法辨别学习资料的优劣，甚至是正误。这就需要高校教师对学生进行积极的引导，为学生整理出优质的学习资源，并引导学生选择有价值的、符合自身学习目标和学习程度的资料，并为学生的学习情况进行把关，帮助学生设定学习计划，培养学生良好的学习习惯，并对学生进行监督。在大数据时代背景下，高校英语教师不是知识的灌输者，而是学习的组织者、引导者和协调者，也是学习成果的评价者，这一点是值得每位高校英语教师细细品味的。

三、大数据时代英语教师专业发展的基本路径

相关统计显示,在我国,目前各类高校英语专业的教师队伍建设依然存在许多亟待解决的问题。例如,一些地方高校中,教师普遍学历偏低、科研能力较弱、缺乏实践应用经验、在高校中承担的基础课程教学任务过重、对专业课程教学心有余而力不足等。这些问题都对高校英语专业的教学质量产生了一定的影响。此外,许多高校英语教师在经过一段时间的工作后,会发现自己的职业发展进入瓶颈期,且不知道如何选择未来发展的道路。这些问题对高校英语教师的工作热情、工作效率和个人身心健康都产生了负面的影响。只有妥善解决这些问题,才能够真正帮助高校英语教师适应新时期工作内容与性质的转型,并真正干好这份工作,进而提升我国高校英语教学的整体水平。

(一)开展个性化教学,做好分化转型

《国家中长期教育改革和发展规划纲要(2010—2020年)》中明确指出,"关注学生不同特点和个性差异,发展每一个学生的优势潜能"。在该纲要的指导下,我国的教育更加注重个性化教学。为了贯彻落实该纲要的要求,高校英语教师必须对每位学生的英语水平进行摸底,在掌握学生能力与基础的前提下,有针对性地对学生进行指点,为不同程度的学生匹配合适的学习资源,这事实上是对高校英语教师提出了更高的要求。教师不仅要掌握英语专业知识和教学技能,还必须熟练掌握大数据处理技术。在此基础之上,高校英语教师才能够为学生整理出多样化的学习资源,并通过教学活动,提升学生的英语学习兴趣,进而帮助学生获得更好的学习成效。

对于高校英语专业的学生而言,不同的学生在基础、学习习惯、性格特征、能力等方面都有不同,因此在大数据时代背景下,高校教师应当为每位学生量身定制教学方法,并为每位学生推出有针对性的学习资源,而要实现这种个性化教学,在目前我国高校当中是具有一定困难的。首先,高校教师要从意识层面摒弃过去传统的教学思维,将授课教学模式转为辅导教学模式,并建立起分化教学新体系,即"基础英语(必修课)+英语技能强化课程(选修课)+专门用途英语(选修课)"。

这里提到的基础英语的授课内容,与目前高校英语教学的内容完全一致,但在教学方法和教学思维方面有着一定的区别。在大数据时代,高校教师已经不是唯一的知识储存者,因此在一些基础性知识的教学方面,教师完全可以放

手，并引导学生进行自学。在这种模式下，基础知识的教学只需要花费极少的课时便可完成。

而英语技能强化课程，是指专门针对听、说、读、写、译五项技能的提高而开设的课程。此类课程中，教师要着重对学生的每个单项课程进行指导，但由于不同学生的优劣势不同，因此此类课程应当给学生留下一定的选择空间。

专门用途英语是专业领域的英语课程，在此类课程当中，教师要向学生传授专业性更强的知识，并帮助学生将学习到的知识应用到特定的场合当中，运用专业知识解决一定的专业问题。学生可根据自己的专业发展方向和未来的职业定位来选择某一方向，或多个方向进行系统学习。

这三种类型的课程共同构成了大数据时代下高校英语教学的新课程体系，当然，这也为当代高校英语教师的教学工作提出了新要求，教师们不仅要不断提升自己的专业素养，还需要提升英语应用与实践能力，进而为学生带来全面的指导，满足学生多元化的学习需求。

（二）改进课堂教学

随着大数据时代的到来，无论是社会还是学生，都对英语学习抱有很大的信心。为了帮助学生获得理想的成绩，并为社会输送更多的优质人才，高校英语教师必须达到以下几个方面的要求：

（1）掌握每位学生的基础情况，对自己以往课堂教学模式进行重新审视，并加以改进。

（2）发挥学生的主导作用，培养学生的英语学习兴趣。

（3）在原有教学方法的基础上，增加交际教学和任务教学的比重，提升学生在听、说、读、写、译方面的能力，帮助学生学以致用。

（4）增强学生的英语文化意识，培养学生正宗的英语思维，提升其跨文化交际的能力。

（三）参加专业培训，提高综合素质

大数据时代带给英语教学更多便利的同时，也为英语教师带来了不少挑战。而作为高校英语教师，要想真正适应新时代，就必须不断提升自己的专业素质，积极参加各种业界学术研讨活动，并提升自己运用大数据进行分析和解决问题的能力。同时不断开发新型课堂教学模式，为推动我国高校英语专业教学的改革与发展贡献力量。

第四章 大数据驱动下的大学英语教学与学生学习

大数据驱动下的大学英语教学是时代发展的要求与必然趋势,能够促进大学英语教学的改革,对于新兴的英语人才的培养有着十分重要的作用。但是,在大数据驱动下的大学英语教学中,还需要注意一些基本层面的问题。本章就从大学英语教学的信息化诉求、大数据为大学英语教学带来的巨大变革以及大数据驱动下大学英语教学的优势与属性几个层面展开分析。

第一节 大学英语教学的信息化诉求

一、大学英语教学信息化诉求

当前,世界社会形态日益显现出来,加之当今社会人们的地位是受信息资本决定的,这就要求人们不断努力获取生存的信息资本。英语作为一门国际性通用语言,是人们获取生存信息资本的一个重要手段与工具,同时对英语的掌握是人们的必要素质之一。因此,越来越多的人开始采用各种手段与方式学习英语,为了与学生的英语学习需求相符,很多共享开放的网络资源平台出现,慕课、微课、翻转课堂教学模式也应运而生。在校学生以及其他学习英语的人员不仅仅局限于固定课堂与教材上,还可以借助多元的手段来学习。也就是说,21世纪的英语教育形式正在向个性化、随时随地的层面转型,英语教学的信息化革命正在悄然来临。

在大数据背景下,优质的教学资源与开放的在线课堂已经悄然向我们走来。这就导致大学英语教学的信息化诉求越来越强烈,因此传统的大学英语教学的性质在不断发生改变。

二、大学英语信息化教育的开展

（一）信息技术

当今社会已进入信息化高速发展的社会，信息和知识已成为推动社会发展的两大动力，现代信息技术已经渗透到人们生活的方方面面。

就信息技术的概念而言，目前人们多从广义和狭义两个方面来理解和解释。

从广义上说，信息技术指的是对信息加以处理与管理的各种技术的综合，其包含通信技术、感测技术、控制技术、计算机技术、智能技术等。

从狭义上说，信息技术指的是能够展现信息技术特点的一些技术，具体来说，主要可以从如下四个层面理解。

（1）信息技术可以被定义为信息与通信技术，其主要是运用计算机对信息系统与应用软件进行开发与设计，包含计算机技术、传感技术等。

（2）信息技术可以被定义为3C技术，即计算机技术、控制技术、通信技术三者的集合。

（3）信息技术又可以称为C&C技术，指的是运用计算机技术获取、传递、分配、处理信息的技术。

（4）信息技术指的是应用管理技术，并在科学、技术等层面对信息加以控制与处理，实现人机互动。

通过对上述信息进行分析不难发现，信息技术的核心在于计算机技术，并且在其他技术的共同作用之下，实现信息的获取与传递、转换与交流、检索与存储等。

（二）信息技术教育

很多学者认为，信息技术教育应该分为古代信息技术教育、近代信息技术教育、现代信息技术教育；或分为传统信息技术教育和现代信息技术教育，这实际上是不规范的，也就是说不能以明确的时代划分作为对信息技术教育的界定标准。有学者指出，信息技术教育作为一个新兴学科，其发展起来也是近几十年的事，现代教育理论和现代科技成果是信息技术教育得以发展的重要基础，所以不需要以传统和现代为标准来划分教育技术。

但随着信息时代的到来以及信息技术的高速发展，人们已经普遍接受了"信息技术教育"一词，我国信息技术教育学术界指出，现代的信息技术教育指的是以现代信息技术为核心技术、在现代教育思想和方法及学习心理学成果的指导下进行的教育技术研究与实践活动，在信息技术教育还没有大量出现之前，信息技术教育的发展主要是依赖教育理论与媒体技术，当时产生的信息技术教育与现代信息技术教育是有区别的。可见，信息技术教育的内涵与信息化、信息技术、信息时代密切相关。

1. 以信息技术为主要依托

从本质上说，教育的过程是由信息的产生、选择、存储、传输、转换以及分配等一系列环节组成的系统工程。在这个工程中所采用的多媒体技术、电子技术、信息处理技术、网络通信技术等各种先进技术都属于信息技术。在教育中引进这些信息技术，可使信息传播速度更快，教学效率更高。当今社会，知识迅速增长，在这个环境下，教学效率备受重视，教学质量的提高首先需要提高教学效率。

2. 强调以学习者为中心

以学习者为中心是信息技术教育学科强调的一个重要观点。具体表现为如下几个方面。

（1）在确定教育目标时，使社会的要求、学习者的需求都得到满足，鼓励学习者发展的多样化。

（2）在选择教育内容时，要以学习者需要学和适合学的内容为主。

（3）在选择教育方法时，鼓励学习者自主学习和小组合作学习，培养学习者的合作能力、团结意识、人际交往能力等非认知技能，使其更好地适应生活。

（4）在安排教育形式时，以灵活的形式为主，与学习者的学习、生活相协调，巩固终身教育的地位。

3. 使教育资源的配置更加合理

多媒体技术与计算机网络的普及使得社会成为一个密不可分的整体，学习者可从自身的学习目的、学习需求出发对学校、课程及教师进行自由选择，学校之间、学校与社会之间逐渐失去了明确的界线，社会教育资源将因学习者的需求而合理分配，人为因素的影响会越来越弱，社会人力、物力、财力等资源将会得到更加充分的运用。

(三)信息技术教育的研究范畴

信息技术教育的研究内容是控制与分析研究对象,具体包括以下几个方面。

1. 学习过程和学习资源的设计

在相关理论(教学理论、媒体传播、学习心理等)的指导下,完整而详细地设计教学系统,以达到预期的学习目标。这个过程包括多个环节,如分析学习者、学习目标、学习内容,选择教学媒体、教学策略,评价学习效果等。在教学设计中,这是一个非常重要的组成部分,也是比较独立的研究方向。

2. 学习过程和学习资源的开发

信息技术教育研究在教学过程中如何有效应用各种教学模式、媒体技术,这其实是用实践数据支持理论发展的过程。并不是仅仅采用某种媒体技术对教学产品进行制作就能完成对学习过程与资源的开发,更重要的是要从实践上改进整个教学系统。开发的范围有大有小,某个教学项目、某节课或某个系统工程规划都可以。

3. 学习过程和学习资源的利用

信息技术教育研究如何对源源不断的新技术、最新学科成果及相关信息资源进行利用与传播。

4. 学习过程和学习资源的管理

信息技术教育研究如何规划、组织及调控学习过程和优化整合学习资源。管理对象包括信息与资源、教学系统、教学研究等。优化教学效果离不开科学管理。

5. 学习过程和学习资源的评价

信息技术教育研究如何评价整个教学系统的运行状态及运行效率。既要评价单一环节或因素,又要评价整个系统,将形成性评价与总结性评价结合起来,从多角度,采用多种方式进行科学评价,完善评价体系,从而更有效地改进教学系统研究。

以上分别解释了信息技术教育各部分的内涵,各部分之间相互联系,相辅相成,而非绝对孤立与封闭。在教育实践中,各部分经常是结合在一起出现的,如设计与开发的结合、开发与利用的结合、设计与评价的结合、利用与管理的结合等。可以说,信息技术教育是为了实现最优化的教学效果而在综合运用相关理论与技术的过程中对各教学系统的研究和实践。

从学科属性来看,信息技术教育属于教育学科的范畴,但具有交叉性、综合性等鲜明特征的教育技术又不仅仅属于教育学科,正因为如此,才对学习者的综合素质提出了更高的要求。

(四)信息技术教育的巨大作用

1. 更新教育观念

信息技术教育的创新与应用可使教育者对教学过程与教学资源利用有新的思考,进而促进教育观念的更新。

在传统教育中,以教师为中心,教师作为传授知识的主体,在教育教学过程中发挥着十分重要的作用,而且这种作用被放大化,整个教学都围绕教师来进行,学生只是被动地参与学习。教师是教学技术(黑板、教学教具模型)的绝对使用者,学生只是被动观看。

在教育教学观念方面,信息技术的科学应用为教育的发展提供了新思路、新思想、新办法,促进了现代教育观、现代学校观、现代人才观的形成。

在信息技术教育中,信息技术在教育教学过程中得到了广泛利用,多媒体计算机技术增加了师生之间的交流与沟通,网络技术实现了师生之间交互的双向教学,教师从单纯地讲授书本知识转变为利用多媒体技术进行教学设计。信息技术在教学过程中的应用,使学习者从被动地接受知识转变为利用信息技术进行自主学习,学生能更加主动地获取知识,教师也在教育教学过程中逐渐建立起以学习为中心的观念,"应试教育"更加彻底地向"素质教育"转变。

2. 提高教育质量

信息技术的应用极大地提高了教学质量。具体来说,教育教学质量的提高表现在教育教学过程中真正实现了教育教学目标,促进了学生德、智、体、美等多方面的发展。信息技术在教育教学过程中的应用对于学生的多方面素质的发展均有较高要求,学习过程中学生的各项知识与技能不断得到提高,手、眼、耳、鼻、口各个感官共同应用到学习过程中,还促进了学生大脑思维的发展,可实现学生的全面发展。

信息技术对教学质量提高的促进具体分析如下所述:

(1)信息技术为教学提供技术支持,能为现代师生的教学提供一个良好的交互环境,给学生提供更加自主学习的机会,使学生更加主动地投入到学习中去，更加积极地去收集、处理、加工、反馈各种学习信息，有助于增强学习效果，促进学生主动性发展、个性化发展，提高个体化教育品质。

（2）现代信息时代，信息技术教育无时间、空间限制的特性，有利于创建大教育的格局，能更加高效地调动各种教学资源，使得优质教育资源得到有效整合，扩大优质教育资源的受益面，进而促进教育质量的整体提高。

（3）现代化的教育教学强调高素质全面发展的人才的培养，强调学生的发展应与社会发展相适应，现代教育为提高教育质量、促进社会现代化发展服务，新的教育观念将会催生新的教育质量评估体系和评价方式，并有助于建立信息全面的大数据跟踪与检测，促进每一名学生的真正发展。

3. 提高教学效率

生产技术的改革必然会促进生产效率的提高，在教育领域，信息技术也具有相同的提高教学效率的作用。

所谓教学效率，具体是指一定时间内完成更多的教学任务，或者完成相同教学任务量使用更少的教学时间。信息技术的发展和教学应用可缩短教学时间，能更加高效地实现教师和学生在教学过程中的知识输出与输入。

在信息技术教育的应用过程中，丰富而先进的信息技术可使学生综合利用多种感官进行学习，使学生充分获取知识，有实验证实，在学习过程中，学生利用的感官越多，越有利于学生对知识的记忆、理解，越能帮助学生获得较佳的学习效果，进而提高教学效率。

4. 促进教育改革

信息技术教育的发展是教育改革与发展的制高点和突破口，引起了教育领域的多方面变革。具体分析如下：

（1）教学模式的变革。在教育教学模式上，传统的教育模式限于校园内的教室、教师、黑板和教科书。现代教学媒体改变了原有教育过程的结构，形成了多种人—机—人的教育新模式。

信息技术在教学中的应用，突破了有围墙的学校模式，卫星电视网络、计算机技术、多媒体技术、网络技术的发展与教学应用，使教师的"教"与学生的"学"均摆脱了学校、课堂、时间、地域的限制，远距离教学的模式——"网络大学""开放大学""全球学校"得以实现。

（2）教学组织形式的变革。在传统的教育中，教学组织形式是以学校、班级和课堂为主要场所，在教学过程中，也重视学生的个体化发展，提倡个别答疑、分组学习。但是，受多种条件限制，学生的统一化教学仍是主要教学形式，学生的个性化教学难以实现。

随着现代化信息技术在教学中的应用，学生的小组学习、个别化学习成为可能，例如，计算机教学中，应用电子教室，可实现全体、分组和个别化的自主学习，网络化的传输功能还能在各种学科实现实时交互学习。

（3）教学手段与方法的变革。信息技术在教学实践中的应用，为教师的多样化灵活教学提供了更多的技术支持，也能丰富学生的感官体验，有助于提高教师和学生的教与学的积极性与主动性。

教育手段多媒体化，教学方法多样化，在教育教学实践过程中，教师对多样化的教学工具与方法的选择，能为学生的不同教学内容的学习提供最佳的教学环境与教学体验。

5. 丰富教育资源

随着现代教学手段的发展，特别是多媒体技术、通信技术、网络技术等信息技术在教学中的应用，教师不再是唯一的教学信息来源，学生通过多渠道获得信息和知识，扩展了学生的知识信息来源。

以多媒体教学技术为例，多媒体教学可以实现文字、数据、图形、语言、视频等教学信息的统一处理，可令教学内容更加生动、形象，可调动学习者的多种感官参与学习，能在更短的时间内向学习者传递更多、更立体化的教学信息，提高教学信息的传递效率，实现教学信息资源的高效利用。

6. 扩大教育规模

信息技术能扩大教育规模，加速教育事业的发展。从当前我国的教育现状来看，国家正在实施科教兴国战略，充分利用现代教育技术，如广播电视网络（包括卫星电视、有线电视）、计算机网络、邮电通信网络等，开展各种远程教育，更多的偏远地区的学生受益，客观方面大大地节省了师资、校舍和设备，并有效促进了教学规模的扩大。

（五）大学英语信息化教育的目标

1. 激发学生的问题意识

人从出生就具有了求知欲和好奇心，这是人能够自由、理性的基础，表现在学习态度与兴趣上，就是人能够积极地去探索与解决问题，不断创新、不断超越。学生学会学习的最佳路径就是逐渐学会启发式地学习,即教师引导学生发现问题,并让学生找到合适的方式解决问题,师生之间围绕问题展开自主学习与探究学习,使学习活动向思维活动转变,这样才能让学生具备多元思维。

在信息技术教育背景下的高校英语教学中,要强调问题引领的作用,即教师要以问题作为起点,以问题解决作为主要的活动过程,从而将学生对问题的敏感性激发出来;同时,要求教师主要探讨那些与现实联系紧密的问题,对这一领域的学术前沿问题进行跟踪和了解,将学生潜在的能力挖掘出来,培养学生的研究精神与素质,形成面对困难的积极潜质与解决问题的能力,并塑造自己的人格与工作特质。此外,还要求教师为学生创设自由的学习氛围,师生之间围绕提出的问题,通过交流与对话形式解决问题,并进行分析与评价,帮助学生形成问题意识与问题解决能力,推动他们判断真假、独立思考的能力等。

2.转变学生学习的方式

学习方式是学生在展开学习任务时自主、探究的基本认知取向与行为特征,其主要包含发现学习、接受学习、合作学习等。在新时代背景下,高校选择的教学方法一般是多种多样的,具有针对性与灵活性,将极大地推动学生学习方式的转变,要求教学应该从学生的学习能力出发,符合学生的学习要求,这样才能培养出符合社会发展需要的应用型人才。具体来说,主要可以从如下四点考虑。

(1)倡导自主探究式学习,让学生自定节奏。具体来说,就是在学习中要发挥学生自身的主观能动性,教师引导学生大胆地接受挑战,挑战传统的识记性学习方式,让学生真正地学会学习,成为学习活动的主人,推动他们灵活地转换学习方式,在创造与研究中学习。

(2)推动学生走向团队合作式学习。即单打独斗的学习显然效果差,学生只有学会与其他同学合作、与教师合作,才能真正地弄懂知识,掌握技能。

(3)实施应用情境式教学。即关注学生在特定情境中的认知体验,通过新兴技术,为学生创设真实的场景,让学生主动参与其中,增强他们的认知能力。

(4)关注学生的在线学习与移动学习。由于网络技术的发展,学生的学习资源越来越丰富,这就给学生提供了学习的便利,学生可以打破时空的限制,获得教师或者其他同学甚至一些专家学者的帮助,从而在课外不断提升自身的语言能力。

3. 促进学生的深度学习

所谓深度学习，即学生在理解的基础上，能够批判性地学习新知识，并将这些知识融入他们原有的知识结构中，建构这些新旧知识的联系，并且能够将已有的知识迁移到新的情境中，从而独立地解决问题。采用深度学习策略的学生要更善于整合知识、迁移知识，这样才能取得好的成绩。

当前，高校应该努力为学生创设深度学习情境下的课堂环境，让课堂不仅成为学生知识深度加工的重要场所，还要把原来教师单向传授的教学过程转变为师生互动的过程，创设真实的、批判性的课堂环境，还需要围绕问题的解决探究深度学习的情境机制，让学生逐渐实现知识的吸收与内化，从而有效培养他们的理性思维与创新思维。

4. 强调学生学习的责任

当前，要想培养出具备应用型能力的人才，要求学生在具体的实践中发挥自身的主体作用。也就是说，学生能够主动为自己的学习行为承担责任，让学生逐渐成为自己学习的主人，成为教学活动中主动的、自觉的参与者，成为知识主动的发现者与探索者，推动教学从"教"逐渐转向"学"，让课堂上不再仅仅强调以教师的教授为主，还强调以学生的学习为主，实现师生之间协同的教与学。

这就是说，在信息技术教育背景下的高校英语教学中，不仅要将学生的积极性与主动性激发出来，还需要引导学生将精力、时间等投入到学习之中，帮助学生减少学习的盲目性与随意性，逐渐建构自主式、探究式的学习。同时，要给予学生应有的权利，赋予他们自主学习的权利，自主选择学习内容与策略，让他们不断发挥自己的主观能动性，发挥自己的学习优势。

5. 培养学生的核心素养

人应该必备的能力与品质就在于核心素养。核心素养的提出主要包含如下四个层面。

（1）未来个人发展与社会生活需要的能力与品格是无法预料的，个人在受教育阶段唯一能够选择的是对自己的必备品格与关键能力进行发展。

（2）知识是以几何级数增长的，能力以几何级数进行分化，学校教育无法对知识和能力进行穷尽。

（3）社会生活纷繁复杂，价值取向也是多元化的，学校教育无法面对社会上所有的问题。

（4）学校教育应该专注于对学生必备品格与关键能力的培养。

"核心素养"一词源自西方，英文是Key Competencies。Key在英语中的意思是"关键的、必不可少的"的含义。Competencies的意思是"能力"，但是从其范畴与内容来说，可以翻译为"素养"。因此，"核心素养"也就是所谓的"关键素养"。

进入21世纪，欧盟国家为了应对经济全球化，在教育领域提出了"核心素养"这一概念，目的是培养学生的创新能力，这一概念的提出是为了对传统的以阅读、计算等为核心的概念进行改变，从而提升学生的综合应用能力。

在语言教学中，核心素养主要包含如下几点内容。

（1）语言能力。语言能力是指基于社会情境，通过语言来进行理解与表达的能力。从英语技能教学来说，语言能力是学生应该具备的基本能力，也是学生核心素养的体现。从语言学科来说，听、说、读、写、译这五项能力是最基本的语言能力，对这些能力的掌握才能更好地学好语言。同时，新时代条件下学生需要面临各种数据、图表等，因此他们还需要掌握好"看"的技能，这样才能对第一手资料有清楚的把握。

（2）文化品格。文化品格不仅指的是了解一种情感态度、文化现象，还指了解语篇反映的社会文化现象，通过进行归纳来构建自己的文化立场与文化态度。

语言教学的核心素养更加注重从多元文化层面来思考，通过比较，了解中西方文化的差异，这样学生才能更加自信与自强，从而对西方文化予以理解，并将中华文化更好地传播出去。

（3）思维品质。思维品质与一般的语言能力、思维能力并不同，指的是与英语技能学习相关的一些思维品质。在核心素养中，这一品质与学生更为贴近，学生思维品质的提升与优化也是"立德树人"的彰显与表现，与高校英语教学改革的目标相符合。

总之，学生的生存与发展需要多种素养，但是在21世纪的挑战下，这些素养并不是所有都并重的，也就是需要对这些素养的重要性进行排列。其中创新能力、合作能力、信息素养等是优先的素养，这些应该排在最前列，因为这些素养是学生应对挑战、为国做贡献的关键。这就是所谓的核心素养。其他的一些素养如身体素质对于个人来说是非常重要的,但是由于太基础,所以可以将其视作基础素养。另外,传统的读、写、算也可以算作基础素养。

在全球化背景下,各国关于学生核心素养的范畴存在着某些共性。就全球范围来说,国际组织、一些国家等在核心素养指标的选取上,都反映了该组织、该国家、该地区的经济发展情况,并强调信息素养、创新能力、社会贡献、国际视野等素养是非常关键的层面。但是受国情的影响,由于各国所面临的关键问题存在差异,因此核心素养的内容与程度也会存在着某些的不同。

6.增强学生的学习体验

个体的发展具有特殊性,因此教学需要在尊重学生个体差异性的基础上,对学生的学习体验予以关注,努力为学生创造更多锻炼的机会,激发他们学习的内部驱动力,发挥他们对知识的探索精神。当前,很多高校的评价强调甄别与选拔,对评价的激励与促进功能予以忽视,往往对结果过分看重,对学习过程予以忽视,这样的评价就导致了个别优秀的学生得到了愉快的体验,但是那些成绩差的学生失去了学习的兴趣,很难得到好的情感体验。

在具体的教学过程中,高校教师应该努力让学生们用感官去实践、去体验、去解决问题,与社会实践相联系,研究教学方法是否符合学生的需要,采用多种技巧和方法展开教学,增强学生的学习体验,让课堂脱离传统课堂的弊端,不被教材与大纲等约束,让学生广泛地参与到课堂之中,实现师生之间、生生之间的互动,这样才能让他们学会思考、学会辨析、学会研究,进而发现课堂的魅力。另外,教师还需要注重选择科学的评价方式,让学生能够更好地体会到成长的快乐,享受学习的快乐,帮助学生正确地认识自己,激发他们学习的动力和积极性。

第二节 大数据对大学英语教学的影响分析

一、大数据为大学英语教学带来的影响

(一)与传统课堂的碰撞与对接

1.与传统课堂的碰撞

大数据驱动下的大学英语课堂与传统课堂的碰撞主要体现在教育理念上,

因为当前的教育仍旧难以摆脱"应试教育"的枷锁,并且大数据驱动下的大学英语教学要求革除传统教育理念、教学方法上的弊端。下面就对这两点做具体论述。

(1)难以摆脱"应试教育"的枷锁。众所周知,在大数据背景下,传统的教学模式已经与当今的课堂不相适应,但是面对毕业、就业压力,当前的大学英语教学仍旧未脱离"应试教育"的枷锁。当前的大学英语教学要求学生要学会自主探究、自主预习、自主总结,同时培养自身学习的习惯与思维,要在教师的指导下体验概念与规律的探究过程,并在学习中培养求知精神。但是现实是,在大学英语课堂教学中,很多教师主要侧重于讲授,对学生进行"满堂灌"式的教学,未能顾及每一位学生的接受与感受情况,使学生的主体地位丧失。也就是说,当前的大学英语课堂教学中,教师的教学思想还未发生根本改变。

很多家长对于学生的考试成绩过分看重,却忽视学生整体素质的提升,教师也未考虑学生的全面发展与终身发展,一味地追求成绩,导致课堂教学主要以知识传授为主,教学过于机械化,搞题海战术,这就很容易让学生丧失探究能力与解决问题的能力。因此,如果不对传统教学观念与方式进行改变,包含信息化时代下的大学英语教学在内的任何教学形式都很难进行到底,教学大纲的要求也就很难实现了。

(2)大数据的运用要求革除传统教学理念、教学方法上的弊端。由于应试教育理念的存在,很多大学英语教师在教学理念与方法上存在着某些问题,这对于他们自身的专业发展是非常不利的,也会影响学生的全面发展。具体来说,这些问题和弊端表现如下。

首先,教师将教学视作教学目的实现的一种方式和手段。教学是传输知识的过程,因此教师只关心对教学手段的研究,而并未探究教学的目的何在。

其次,教师认为教学是教师教与学生学的拼接,教师将书本的知识教授给学生,学生被动地接受,这如同将知识灌输给学生一般,学生只是接受知识的容器。

最后,教师在教学中忽视了学生主观能动性的发挥,缺乏与学生的互动,也缺乏让学生与其他学生进行互动。

基于此,传统的教学模式下的教学阻碍了学生人格的全面发展,使得学生成为应试的机器,这样的教学与教学目的相背离。

大数据驱动下的大学英语教学要求教师对教育观念进行改变,但他们是否愿意改变，是必须要解决的首要问题。这种教学模式还需要教师具备一定的信息素养，这样才能做得更好。可见，大数据驱动下的大学英语教学要求教师具备较高的素质与能力，要不断地在知识的海洋中充实自我，要不断地发挥自身的气场对课堂的节奏与进度加以控制，要以宽广的视野来引导学生探索更大的世界。

2. 与传统课堂的对接

虽然传统课堂教学有着明显的弊端，大数据驱动下的大学英语教学的优势已凸显出来，但并不是说要完全舍弃传统课堂，而是要求二者的完美对接。具体而言，主要从如下几点着手。

（1）学校作息时间安排问题。大数据驱动下的大学英语教学需要学生花费很多的课后时间展开自主学习，要求教师在教学时间上进行合理安排。在大数据驱动下的大学英语教学中，教师不应该占用学生过多课余时间，应该让他们能够有时间展开自主学习。学生在课后的主要任务就是观看教学视频，进行针对性练习。

（2）学科适用性问题。目前，国外的很多信息技术与大学英语教学结合的实践都是针对理科来说的，且理科具有明确的知识点、概念等，教师只需要讲好一个公式、一个例题就可以，因此容易实施这一模式。但是，对于文科来说，其讲授的内容比较广泛，需要师生之间展开思想、情感上的交流与沟通，因此这对文科类教师提出了一个大的挑战。这就要求教师要不断提升教学视频的质量，通过教学视频，将所要简述的知识点进行概括，将相关的理论加以阐述，让学生在课后查阅相关的资料，并进行主动思考，然后在课堂上与教师或其他学生进行讨论，直至深化对该问题的理解。因此，对于不同的学科，教师需要采用具体的策略来实现信息技术与大学英语教学的完美结合，并从学生的反馈情况入手，对相应的教学情况加以改革。

（3）教学过程中信息技术的支持。大数据驱动下的大学英语教学的实施必然需要信息技术的支持，从教师对教学视频的制作、学生的观看等，都需要信息技术的参与。但是当前，网络宽带、速度等问题对我国各大高校开展在线教学有了一定的限制，因此在实施信息化时代下的大学英语教学时，学校需要对这一问题加以解决。同样，在教学视频制作的质量上，教师也需要进行拍摄、剪辑等，因此需要一些专业人士的辅助，当然不同的学科有不同的风格，教师需要根据自身学科的特点来定。

（4）对教师专业能力的挑战。在大数据驱动下的大学英语教学的实施过程中，教学视频的质量、与学生展开互动指导、课前学习任务设计等都需要教师完成，因此要加强对教师进行培训。在提升教师专业理论水平的基础上，不断提升他们的科研能力，对学生的个体差异进行关注，并给予个性化指导。同时，在教师的技术素质上也需要进行培训，便于他们制作出生动活泼、丰富的视频资源。

（二）对大学英语课程资源的影响

大数据技术的发展与应用，推动了优秀学习资源的共享，学校、公益组织、个人都参与到教学资源共享的过程中来。当前，通过信息化技术的共享，大学英语教学课程资源主要有以下几类。

（1）CORE。CORE是指中国开放式教育资源，是中国优质教育资源的世界推广。CORE充分借鉴与吸收了美国麻省理工学院、耶鲁大学、牛津大学、剑桥大学等世界一流大学的优秀开放式课件、先进教学技术、教学手段，通过教育创新，不断提高我国的教育质量，并将我国学校优质的教育资源向全世界推广，实现优质教学资源的积极交流与共享。

（2）OOPS。即开放式课程计划，是将国外一流大学的开放课程翻译并制作成中文课程，面向我国的师生授课，使我国师生能更好地享受到优质的教学课程。

（3）OCW。OCW是Open Course Ware的简写，是世界优秀学校教育资源的全球共享，这些学校将本学校所开设的全部课程的教学资料与课件在网上公布，以便于全世界范围内有需要的人下载参考学习。

（4）网易公开课。网易公开课是通过视频免费分享国内外著名学校的公开课程，如OCW翻译成为中文的课程。

当前，信息技术在大学英语课堂教学中的应用越来越普遍，这些技术的使用对教育过程、教学过程、教学方法和手段均产生了深刻影响。课程资源的共享是新时期信息化教学带来的一个最显著的教育教学改变。

为了推广和普及信息化教学，我国开通了"校校通工程"，使全国90%左右的独立建制的中小学校能够上网，共享网上教育资源，在提高中小学学科教学质量的同时，为教师的再教育提供了条件。

在网络信息时代，个人、教育机构、学校与外界进行不同层次的信息沟通、信息获取、信息利用、信息共享，实现信息技术与教学的有效整合，既促进了教学的发展，也促进了教师与学生的发展。

（三）对大学英语教师的影响

大数据技术的广泛应用对大学英语教师有巨大的影响，具体表现如下。

（1）大数据技术对大学英语教师的最大影响在于学生获取知识途径更加多样化了，大学英语教师不再是学生的知识的唯一来源。

（2）新时期，新的媒体和技术的应用对教学观念、方式和手段也带来了极大的冲击，对大学英语教师的教学过程影响显著。

（3）大数据技术在大学英语教学中的应用对教师素质能力的提升有重要作用。将大数据技术融入课堂之中，可以优化教学方法、提高教学效率。但是，由于学生选择学习的时间、内容等具有了灵活性和自由度，很可能会导致学习的失控。就传播学的角度来说，大学英语教师不仅是教育信息的传播者，更是把关人，因此应该考虑实际情况，对信息有针对性地选择，科学调配教学过程。

（四）对大学生自身的影响

大数据技术的教学应用对大学生的影响分析如下。

（1）大学生是大数据技术发展的最大受益者。大数据技术提供的个别化、网络化的学习方式，可以使大学生根据自己的特点和水平选择合适的学习进度，在轻松的环境中学习，实现真正的"教育平等"。

（2）大数据技术的应用改变了大学生获取信息的途径，改变了大学生的基本听、说、读、写的方式，学习者具备了更加自由化、多样化的表达方式。

（3）信息社会，任何一名学习者都必须具备一定的信息素养，具备独立的终身学习能力。大数据技术不仅对教师的教学能力有较高要求，对大学生的自主学习能力也有较高的要求，要求大学生具有信息社会要求的观念、意识和现代教育技术能力。

此外，大数据技术发展对教学的影响不仅局限于上述几个方面，大数据技术发展推动了教育现代化发展，推动了教育教学的改革，现代化的教育教学是以培养创造型人才为目标的新型的现代教育体系。信息的发展通过信息技术影响教学，不仅体现在教学物质基础、教师与学生"教"与"学"的影响方面，还间接促进了教育思想现代化、教育内容现代化、教育管理现代化。

二、大数据为大学英语教学带来了挑战

（一）对高校英语教师的信息素质提出了更高的要求

大数据技术发展对教师对于教学信息的加工、传播、反馈与收集能力提出了一定的要求。新时期，大学英语教师要胜任大数据技术并合理应用于大学英语教学，就必须掌握一定的信息技术知识，并具备现代信息的加工、处理能力。具体分析如下。

大数据时代对整个社会有着很大的影响，对人民的生产、生活、学习等产生了较大的改变。在教育层面，也逐渐改变了大学英语教师的角色，传统教学中的教师是教学内容的唯一提供者，但是在信息化时代下，学生除了从教师那里获取知识外，还可以通过很多渠道获取知识，大学英语教师的角色也发生了改变，即成了引导者、辅导者、指导者。

大数据驱动下的大学英语教学对教师提出了更高的要求。具体来说，教师不再仅仅扮演知识的传授者与引导者的角色，其扮演的角色更加趋于多元化。因此，大学英语教学与大数据技术的融合还要求教师不断提升自己的专业化水平，促进自身的专业化发展，从而适应信息时代对大学英语教师的要求。

随着大数据技术融入大学英语课堂教学，学生的学习与大学英语教师的教学都发生了革命式的变革，新兴的课堂教学环境即互联网技术教学环境得以产生，大数据驱动下的教师角色一部分是基于传统教师角色中的"传道、授业、解惑"者，应积极汲取传统教师角色中的优点，认真履行知识的传授者角色行为，同时应看到传统教师角色不适应教育信息化的发展，如管理者、灌输者等角色的局限，应实现自我角色的转变，处理好传统角色中的教师角色延续，并重视"互联网＋教育"下教师角色的转换，不断提升自身的信息素质。

（二）对学生的独立学习、全面发展提出了更高的要求

学生是教学的对象，教师的一切决策都要围绕学生开展，教师应充分考虑到学生群体和学生个体的身心特点与学习、发展需要。教师应关心和尊重学生，为引导学生积极参与教学创设良好环境与情景。

在大数据时代背景下，教学活动中学生的主体性地位发生了变化，主要表现在以下几个方面。

（1）对教育对象的自主选择权。学生对教师教学的影响并非无条件地接受，这就要求教师的教学尽量适应学生的发展需求，学生有根据主体意识，积极地或消极地进行选择的权力。

（2）对教学内容的自主选择性。学生主动参与教学内容的选择是当代教学思想所提倡的，学生选择教学内容是学生自主性中最活跃的因素。当然，必须强调的是，学生是在教学目标的框架内参与一部分教学内容选择，在课程专家根据社会和教育目标所做的初步筛选后进行。

（3）参与教学活动的积极性和主动性。学生学习活动的主动性、自觉性是学生学习主体性的本质体现，教师的教学活动要建立在学生对学习的自觉的、主动的、自我追求的基础上。学生在学习过程中能积极地参与教学活动，并能以自己已有的知识经验、认知结构主动地认识、理解、吸收新知识。

（三）对信息技术下师生的有效互动提出了要求

在大数据技术出现之前，教师与学生交流沟通的场所主要是教室、操场、学校活动中心。

在教室内上课过程中，教师与学生之间首先要完成本次课的教学任务，然后才能进行课程外学习内容的交流，因此，师生在学校各教学场所的交流是十分有限的，主要是教师在讲，学生在听，一节课下来，师生之间的交流与互动往往仅仅有几个点名提问，并没有师生探索、讨论互动。很多教师在完成教学工作后忙于其他事情（如进行科研），也没有时间与学生交流。师生交流缺乏主动。

课堂之外，学校教师在学校除了日常教学还有很多其他工作，学生的校园生活也十分丰富，由于师生的教与学的任务不同，在不同的时间段，他们需要分别在不同的空间场所内开展教与学的工作，这就更加使得师生课堂关系难以在课外继续保持联系。

课上的交流有限，在课外，教师与学生之间的交流更是少之又少，调查发现，很多学生在课外时间难以接触到教师，即便是有交流机会，也是"不怎么愉快"的"被动交流"，上述情况充分表明了学校师生存在着交流障碍，这些障碍有主观和客观原因，有教学安排的局限性，也受制于教育技术，教师与学生在课外缺乏沟通与交流的平台。

大数据技术的发展和教学应用，为师生之间更加频繁的交流提供了技术支持，教师与学生可以通过QQ、微信、校园网、教学APP等实现随时随地的线上交流，但是，由于线上网络课程教学中，师生不是面对面的，学生在教学中对教学内容的投入状态、对教师的回应在很大程度上靠自觉，因此，教师很难像在真实课堂教学中那样监督学生，也不能给每一位学生形成一种紧张、专注、融洽的课堂环境氛围，因此，很多学生在线上课程的学习中都处于沉默、"潜水"状态。

大数据驱动下的大学英语课程教学中，学生的"线上沉默"有一部分原因是课堂时空环境和氛围造成的，此外，与教学内容难易程度、教学内容呈现方式、教师的线上互动方式方法等有密切的关系。

第三节 大数据驱动下大学英语教学的属性及优势

一、大数据驱动下英语教学的属性

关于大学英语教学的学科属性，长期以来有着不同的观点，并未形成一个统一的见解。根据新学观点，大学英语教学是从语言学、心理学等学科建构起来的一门新兴学科。

从我国的大学英语教学来说，大学英语教学在语言学研究中并不属于一门独立的学科，而是置于应用语言学科之下。

由于大学英语教学属于一门综合学科，其跨度非常大，因此这就给其属性的研究和探讨带来了难度，这也是大学英语教学这门学科地位至今未确定的主要原因。

事实上，大学英语教学除了与语言学、心理学等学科有着紧密的联系，其还涉及一些系统的领域，如教师与学生、知识与技能、德育与智育等。

现如今，在大数据驱动下，大学英语教学需要拓宽自己的范畴，探索教育与技术更为广阔的空间。换句话说，大学英语教学不仅需要对语言学进行研究，如对语言特征进行描述，对语言功能加以分析与解释等，还需要对包括本族语在内的整个社会大系统的多学科领域进行研究，这是因为语言系统对大学英语教学的作用仅仅限制在语言形式与内容上，而英语的运用则需要语言符号与文化的双重转换。可见，在大数据背景下，也是如此。

根据上述分析可知，大学英语教育不仅是一门应用语言学科，语言学也不是大学英语教学的唯一归属学科。在大数据驱动下，大学英语教学的目标不仅是将语言视作一种符号来教授词汇、语法、语义等，还应该将语言视作一种交际工具，从功能、意念等多个层面实现人与人的交互，或者将语言视作一种生理机制，将语言认知与习惯视作教学目标，教学采取英汉语对比的形式展开，或者将语言视作思维工具与文化载体，通过英语这门语言的学习，对另外一种文化进行观察与分析，掌握另外一种文化中人们的思维方式与价值观，从而更好地融入这种文化之中，顺利完成交际。

二、大数据驱动下大学英语教学优势体现

（一）提高教师工作效率

计算机作为一种工具，可以不断提升教师的效率，如设计教案、录入成绩、查询资源等，这些都是通过计算机来辅助完成的，对于教师来说非常有用。

在大学英语教学中，教师可以通过服务器对自己备课的内容进行讲解，并对学生的学习状态进行实时的观察，之后可以进行测评，检验学生的学习情况。

在作业批改上，一些客观性的题目可以通过计算机来操作，主观题在学生作答之后，教师可以通过处理软件来进行批改。这样就大大地提升了教师的工作效率，将有更多精力置于讲解与研究层面。

（二）发挥学生主体作用

大学英语教学与大数据技术的融合可以将学生的主体地位凸显出来，学生可以从自身的需要出发，选择自己的上课时间，采用恰当的方法调控自己的学习进度，从而借助信息技术进行掌握。当学生在学习中遇到问题时，他们也会调整自己的学习速度，随时对问题进行解决与补充，从而不断提升自己对知识的掌握情况。当学生在学习中感到非常容易时，他们也会提升自己的学习速度，这样便于掌握更多的知识，也可以进行测试与检验。

在这一过程中，学生能够正视自己的不足，巩固自己的语言知识，便于自身形成良好的学习习惯。同时，无论学生处于何处、什么时间，他们都可以运用各种教材与课件，查询、访问或者下载，这样帮助他们进行针对性的学习。

当然，如果学生在学习中遇到问题，他们可以发送邮件与教师进行沟通，让教师为他们答疑解惑。因此，信息技术使学生清楚地了解自己的学习情况，发挥自己学习的积极性，促进自己的学习进步。

大学英语教学本身是一门能力课，如果仅仅学习理论，这样的学习显然达不到成效，还需要通过锻炼，将理论付诸实践。在传统的大学英语教学中，很多学生因为害怕或者自信心不足，导致不愿意在公共场合开口讲英语，在课堂上也不愿意回答问题，显得非常焦虑，这样的情况是非常常见的。但是，在大数据驱动下的大学英语教学中，学生不用担心这一问题，因为他们不是面对面的，学生会不断释放自己的焦虑，从而愿意回答问题与解决问题。

另外，由于大数据技术在大学英语教学中运用，为学生提供了一种交互式的学习环境，其中实现了文字与图片、动与静的结合，因此显得更为逼真，学生的学习也具有趣味性。

（三）提供丰富资源信息

在大数据驱动下的大学英语教学中，教师应该考虑学生的基本情况，对各种资源进行调用，进而制作成课件，当然要与学生学习的需求与风格相符。教师需要在网上搜索相关资料，不断丰富教学内容。

此外，由于国际信息技术的通用语言为英语，因此在网上存储着应有尽有的多媒体形式的资源，有专门的教学资源，有实时性极强的报刊资源，这些资源都为学生提供了原汁原味的资料。

第四节　大数据时代信息素养与大学生

信息素养作为当代人必备的基本素养，受到人们的普遍重视。以培养实用技能型人才为宗旨的高校教育，对信息素养在学生基础学力与职业生涯发展中的作用，也有了越来越深刻的认识。

一、信息素养的基本内涵

信息素养，最早是由美国信息产业协会主席保罗·车可斯基于1974年提出来的。他把信息素养定义为"利用大量的信息工具及主要信息源使问题得到解答的技术和技能"，后来又将其解释为"人们在解答问题时利用信息的技术和技能"。2000年初，美国高等教育图书研究协会制定并通过《美国高等教育信息素养能力标准》，提出高等院校学生应具备的信息素养有五项指标：第一，决定所需要的信息种类和程度；第二，有效而又高效地获取所需要的信息；第三，能评判性地评价信息及其来源，并能把所遴选出的信息与原有的知识背景和评价系统结合起来；第四，有效地利用信息达到某一特定的目的；第五，懂得有关信息技术的使用所产生的经济、法律和社会问题，并能在获取和使用信息中遵守公德和法律。澳大利亚大学图书馆员协会则在美国标准的基础上增加了两个指标：具有信息素养的人能够对收集与产生的信息进行分类、保存、管理和改写；能够认识到信息素养是终身学习和具有参与感的公民的必需。

我国学者普遍认为，信息素养是一种可以通过教育来培育的，在信息化社会中获得信息、利用信息、开发信息方面的修养与能力。它包含信息意识与情感、信息伦理道德、信息常识以及信息能力等多个方面，是一种综合性的、社会共同的评价。

二、信息素养的内容

信息素养是传统素养在信息时代的延伸，包含了信息观念、信息知识、信息能力和信息道德四项内容。

（一）信息观念

信息观念是个体对信息的态度，包含如何正确看待信息对社会的价值和负面影响，对信息的观察力如何，自觉获取信息的意识如何。信息观念是信息活动链条的第一环节，其中信息意识是核心，它反映了人们对信息的敏感性和重视程度，决定着个体捕捉、判断和利用有效信息的自觉程度。信息意识的强弱直接影响到信息活动的效果，具有较强的信息意识，就可以及时、准确地占有信息，为进一步进行有效信息活动创造先决条件。

（二）信息知识

信息知识是个体掌握的有关信息的一些基本知识，是人们在利用信息技术工具、拓展信息传播途径、提高信息交流效率中所积累的有关信息的本质、特征、信息运动的规律、信息系统的构成、信息技术和信息方法等方面的知识，它构成了信息素养的理论基础。严格来说，信息知识不是信息活动的内容，但是却是信息社会信息活动有效进行的基础，尤其是信息技术知识，其对信息活动的开展是必不可少的。

（三）信息能力

信息能力是信息素养的核心，它是指个体能否依照自己的需要去捕捉、评价、选择、整合、吸收信息，能否对信息进行加工并在原有信息的基础上进行创新。

信息能力具体包括：

（1）自主、有效地运用各种工具和资源查找、收集所需信息；

（2）对收集到的信息进行评价；

（3）对信息进行选择、整合；

（4）将信息纳入自己的知识体系中，即吸收信息；

（5）对信息进行学习和研究，解决实际问题，创造出新的信息。

（四）信息道德

信息道德是信息素养的灵魂，信息道德在静态上是指个体在信息活动过程中所应当遵循的道德行为规范，动态上则是表现为个体在进行信息活动时自觉遵守法律和道德规范。信息道德调节着信息创造者、信息服务者、信息使用者之间的关系，规范着人们自身的信息行为，它是个体在信息活动中自觉承担社会责任的表现，其包括：不制造、传播、消费不良信息，不侵犯他人的知识产权、商业秘密、个人隐私，自觉坚持公正、平等、真实的原则，自觉抵制不良信息并积极与违法信息活动做斗争。尽管信息道德缺少实际操作的内容，但鉴于信息素养在某种意义上也是一种人文素养，它决定着个体的信息行为是否能对他人和社会产生积极作用。因此，树立良好的信息道德是有效预防和治理信息环境污染，避免信息窃取、信息欺诈和信息破坏等信息道德失范行为的根本。

三、大学生信息素养的能力标准和构成

（一）大学生信息素养能力标准

信息素养能力标准是对大学生信息素养应然状态的具体阐释，应包含以下内容：

（1）明确信息的重要性；

（2）能快速、有效地获取所需信息；

（3）能批判性地评价信息及其来源；

（4）把获取的信息整合到自己的知识库中；

（5）有效地利用信息完成特定的任务并积极创造信息；

（6）了解有关信息使用的经济、法律和社会环境，在道德和法律的规范之下获取和利用信息。

（二）大学生信息素养的构成

除了在横向上确定具体的标准，根据大学生所处的具体教育阶段和社会环境及高校的教育目标确定大学生信息素养的构成，可以为针对不同阶段大学生制定相应的信息素养培养方案提供依据。从构成上来看，大学生信息素养由依次递进的三部分构成：

（1）基本的信息素养

基本的信息素养又称作通识的信息素养，其是大学生适应信息社会的最基本要求，是低层次的信息素养。具备这一层次的信息素养要求大学生关注社会动态，掌握基本的信息网络技术知识，能够进行日常的信息搜集、筛选、交流等简单信息活动，能够辨别信息的良莠并避免接触不良信息。

（2）专业的信息素养

具备通识的信息素养只能应付一般的问题，对于要求学有所长的大学生而言专业的信息素养非常重要。专业的信息素养要求大学生关注专业信息，掌握文献检索知识并掌握专业信息的获取方法、途径，能够主动进行相关信息的搜集、筛选、整理、交流活动，在信息活动中尊重他人劳动成果，遵守法律法规。

（3）实践和创新的信息素养

具备实践和创新能力是培养大学生信息素养的最终目标，实践和创新的信息素养是大学生信息素养的最高层次，实践和创新的信息素养要求大学生能够对获取的信息加以实践和创新，在相关信息活动中遵守法律，不剽窃他人成果，不进行不良信息活动，按照法律法规进行信息的实践和创新。

第五节　大数据时代大学生信息素养与信息化教学

信息化时代的大学英语培养目标较之以前发生了变化，其目标旨在培养学生的英语综合应用能力，使学生在今后工作和社会交往中能用英语有效地进行口头和书面的信息交流，同时增强其自主学习能力、合作学习能力，培养其批判性思维和检索能力，以适应我国社会发展和国际交流的需要。因此，高校英语教学不但承担着向学生传授语言知识、提升学生语言能力的任务，同时肩负着培养学生核心学习能力、提升学生信息素养的任务。其中，信息化条件下的自主学习能力、合作学习能力、批判性思维和检索能力属于信息能力，是信息素养不可缺少的一部分。因此，探索在信息化条件下如何有效地培养大学生的英语自主学习能力、合作学习能力、批判性思维和检索能力具有积极的现实意义。

一、信息化条件下的英语自主学习能力培养

（一）自主学习能力

自主学习就是指具有较强主体意识和集体观念的学习者，在教师根据学校教学要求所给予的教学自主权以及学习者现在情况所设置的教学开放度以内，能够在整个学习团队中，主动而自觉的学习行为，是学习者个体非智力因素作用于智力活动的一种状态。自主学习不仅要求进行自主学习的学习者应该具有的自身条件，还要求在自主学习过程中教师的指导和学习者之间的合作学习，三者缺一不可。学习者在受教育过程中表现出强烈的求知欲、主动参与的精神与积极思考的行为，并且有强烈的融入该集体的欲望，其重要特征是已具备了将学习的需要内化为自主的行为或倾向，学习的意愿来自内在的需求的冲动，而不是来自外在的压迫或急功近利的行为。

（二）大学生英语自主学习能力

自主学习是指学习者依赖其个人独立的学习风格、积极的学习态度和良好的学习能力，在与教师交流互动中设定其学习目标，通过个人活动和与他人合作的方式，实施、完成、评估自己的学习效果并达到学习目标的学习过程。具

体来说，大学英语自主学习是学生英语学习的一种学习方式，指的是学生能够根据自己的实际情况对英语学习现状进行自我评估，通过信息反馈，确定英语学习目标、制订学习计划、采取学习策略、监控学习进度，并在此基础上进行总结、评价和信息反馈的再次循环。这种学习的循环链或学习方式包含三方面的内容：首先，对自己的英语学习活动进行计划和安排；其次，对实际的学习情况进行监控、评价和反馈；最后，对自己的学习进行调整、修正和控制。

大学生自主学习能力是以学习者的个人学习风格为依托，自主把握个人的学习情况并对学习负责的能力。更具体地说，就是学习者能够独立地确定自己的学习目的、学习目标以及学习内容和方法，并确定自己的一套评估体系的能力。但自主学习能力不完全等同于自学能力，仍然需要教师的指导、帮助，以及与同伴协作学习，不过学习者成了教学活动的主角，即强化以人为本，注重个性发展，彰显个人特色，在集体中发挥个人优势，突出个人特长。

（三）信息化条件下提高大学生英语自主学习能力的路径

1.激发大学生的学习兴趣和学习动机

学习动机作为内部学习动力，对大学生的英语自主学习起到决定性作用，直接影响到学习态度、学习方法、学习效果。网络教学环境下，英语自主学习课程的开设对大学生的学习动机提出了新的挑战。由于网络教学资源存在很大的开放性、交互性，如果缺乏有效的引导，容易造成学生学习方向的偏差，所以在大学英语网络教学环境下，研究激发、保持学习动机的有效策略具有现实意义。

（1）增强大学生对网络英语学习的兴趣。对大学生网络英语学习兴趣的培养应从两方面着手：第一，提高大学生对英语重要性的认知度；第二，提高学生对英语文化的认知度。英语是多个国家的第一语言，涉及的文化内涵也非常广泛。在教学过程中，可以将这些国家的地域文化、风俗习惯、宗教信仰等扩展到网络教学中。文化的魅力是突破国界和地域限制的，大学生通过对英语文化和本土文化的交叉理解，容易培养对英语学习的兴趣。

（2）发挥好教师的导向作用。在信息化条件下的英语教学中，教师要及时转变教学角色，发挥导向作用。第一，帮助学生制订科学的英语学习策略。教师把学习主动权还给学生，只做必要的指导，同时制订不同层次的学习策略，使不同基础的学生有所选择，从而对课程重难点、学习时间、学习进度、学习方法等进行宏观调整。第二，建立科学的学习评估系统。对大学生自主学习效果的考核要突破成绩至上的束缚，使学习动机发生变化。

（3）建立丰富的网络教学资源。第一，细化网络教育资源分类。英语是综合读、听、写、说、译多项能力的综合性学科，建设网络教学资源应分门别类，构建多个知识体系，让学生检索学习资源时更具针对性，根据需求和薄弱环节，选择适用的资源，提高自主学习效率。第二，让学生掌握多种网络资源检索方法。目前，文献检索渠道、搜索引擎虽然资源信息量较大，但针对性差。对此，教师应将重点放在提高大学生的网络教学资源检索能力上，例如建立英语教学资源库，建立名师课件资源库等。

相比于传统英语教学模式，网络教学背景下大学生的学习动机更为重要。在学习动机的培养激发过程中，既要从传统教学体制的束缚中跳出来，紧随信息化英语教学需求的步伐，也要直面信息化教学资源带来的不利因素，做到拨乱反正，为学生指引一条正确的发展之路，进而提高大学生的自主学习能力。

2. 提高大学生自主合理使用网络学习平台的能力

良好的自主学习意识是学习目标以及学习策略制订的基础前提，意识基础决定行为情况，所以要想提高大学生自主学习能力，首先就必须提高自主学习意识。建立了良好的自主学习意识之后，就可以进行相关策略的制订。首先，要根据自身的学习需要和发展规律来确定自主学习目标。其次，合理选择学习方式，采用信息技术有针对性地进行课程的学习。最后，对学习内容进行自主探究和深入学习。

另外，现在大多数高校均已开放了大量的网络自主学习平台，如学银在线、智慧职教等。这些网络自主学习平台上课程众多，教学内容以及教学资源极为丰富，大学生应该合理利用此类平台进行相关学习。首先，按照平台注册标准进行学习课程的注册，做好课程的选择。课程的选择既要依照自己学习的需要，也要结合自身的实际学习能力。在合理的课程学习目标指引下，选择难易程度相当的教学课程，查找课程介绍视频，做好前期的课程选择。其次，搜索相关课程，从基础课程开始学起。课程学习过程中大学生要注意课程学习时长，积极参与其中的互动环节，集中注意力，标注学习中的难点和重点内容。

3. 提高大学生的自我监控和自我评价能力

网络环境下的自主学习因为具有自觉、独立、开放和电子化的特点，教师对学习者的监控和评估显得尤为重要。监控和评估学习效果的目的有三：了解学生的学习状态，增强学生自主学习能力以及完成学习任务从而提高学习效果。具体做法为：一是要求每个学生创建学习日志，记录其学习时间和学习内容；二是要求学生写网络日记，教师通过浏览日记获知学生存在的问题并及时为其解决；三是通过各种渠道，如 BBS、E-mail、QQ、微信、云班课等为师生建立讨论平台；四是建立评估量表，将学习主题、活动目的等作为评价内容，逐项给学生打分；五是建立网络电子相册和博客，存储和记录学生在学习过程中的文字、声音和视频文件，以便更好地对其学习效果进行形成性评估。

与此同时，大学生在使用网络自主学习平台进行自主学习时，一定要对自身的学习情况进行相应的监控，只有实行自我监控才能随时调控学习进程、掌握学习步调、针对学习问题进行疑难解决。在自主学习过程中，大学生要进行阶段性总结，根据自身学习的需要和学习规律适当地调整学习方法和学习内容，并针对自身的实际学习能力来适当调整学习时长，使其适应自身的学习情况，提高学习效果。总结概括，自我监控和自我评价的主要作用就是学生进行学习意识的调整、学习步调的调整以及学习方法的调整，以求网络学习与实体资源的结合运用，进一步保障网络学习和传统课堂学习的协调统一和顺利开展，最终的目的就是提高大学生自主学习能力。

4.营造良好的自主学习氛围

高校院校要把英语教学内容与学生学习兴趣结合起来，以某个章节或某个主题作为项目，联系实际开展真实的项目教学活动。教师不再是主导者，其作用主要体现在启发学生自主学习和自我教育的机制上，充分地激发学生的学习兴趣和热情，挖掘出每个学生的潜能，并根据不同学生的特点爱好给予学生适当的指导。项目教学中，学生不再是知识的被动接受者，而是根据所学课程内容，联系实际开展项目教学活动。在这个过程中，以小组为单位充分培养学生自主学习能力，充分尊重和体现学生的学习自主权和管理权。自主学习环境下，课堂不再是单一的教室，学生可以通过学习平台、网络资源、视频影音、课内外多种渠道、多种形式进行学习。课堂上，教师要给学生留出足够的自主学习的时间，并根据教学内容设置学习目标，调动他们的学习兴趣，使他们在教学过程中积极参与，相互交流和讨论，充分发挥自己的想象力和认知力，做学习的主人，并最终对教师设置的目标给予正确的解答和完成，以达到掌握所学知识与提升能力的目的。

二、信息化条件下的合作学习能力培养

面对纷繁复杂的网络环境,大学生一方面要加强自主学习能力的培养,另一方面需要通过合作学习,在网络资源中学会互相监控互相合作,从而保证学生学习的方向和效果,培养团队合作精神,实现大学生学习行为多样化。

(一)合作学习的内涵及特征

合作学习是一种以生生互动为主要取向的教学理论与策略体系。关于合作学习的定义目前没有统一的说法,合作学习理论的主要代表人物之一、美国约翰斯·霍普金斯大学的斯莱文教授认为,合作学习是指学生在小组中从事学习活动,并依据他们整个小组的成绩获得奖励或者认可的课堂教学技术。著名的教育心理学家、合作学习的代表人物以色列特拉维夫大学沙伦博士认为合作学习是组织和促进课堂教学的一系列方法的总称。学生之间在学习过程中的合作则是所有这些方法的基本特征。我国合作学习研究学者王坦认为合作学习是一种旨在促进学生在异质小组中互助合作,达成共同的学习目标,并以小组的总体成绩为奖励依据的教学策略体系。

合作学习有四个特征。第一个特征是分组。在班级授课制下,学生人数众多,使得教学过程中学生参与的比例大大下降,如果任由学生自由发言,这样整个课堂就变成了少数学生表演的舞台,而大多数学生成为看客,这不利于学生的全面发展,也有悖于民主教学的基本要求。把学生分成若干学习小组,增加了学生之间互动的频率,有助于人人参与,全面发展。

合作学习的第二个特征是合作。一般而言,一个学习小组的人数在 5~7 人为最佳。小组的每个成员都必须围绕教师提出的问题表达自己的观点,然后小组的每个成员都必须对发言者的发言提出问题、提出质疑,而发言者必须回答小组同学所提出的问题。然后依次而为之。这样一个学习小组的每一个学生都经历了这样一个学习的过程:表达、质疑、交流、评价,每一个学生都是表达者、倾听者、提问者、评价者。在这种互动过程中,学生不断地深化对问题的理解与认识,无一例外。

合作学习的第三个特征是分工明确。同一学习小组的学习成员因学习任务的不同和完成任务的复杂程度的区别,而安排不同的学习任务。就讨论式而言,学生可能是发言者,可能是提问者,可能是评价者,而且这种角色又在不断地

转换。就课堂项目而言，有的同学是记录者，有的同学是观察者，有的同学是操作者，有的同学是分析者，各自发挥自己的特长，共同完成一个明确的学习任务。

合作学习的第四个特征是交流。通过小组学习和交流，各个小组推荐出优秀代表在全班进行交流，可以最大限度地让学生在思想的相互碰撞中深化认识，提高能力。

（二）信息化合作学习

信息化合作学习是以小组活动为主体而进行的一种学习活动，学习者根据一定的规则分成不同的小组来进行学习，根据不同要求，可以选择同质分组和异质分组的策略。信息化合作学习是一种同伴之间的合作互动活动，在信息技术的有力支持下，组内成员间的相互交流与协作互助变得更为便利、快捷和有效。信息化合作学习既具有一般合作学习的特点，又因为它与信息技术相结合而表现出自己的独特性质。随着网络技术和计算机技术的发展，合作学习突破了时间和空间的限制，通过各种信息工具获得更多的学习资源与学习支持，合作学习中的各种交流与合作可以利用信息技术来完成。

信息化合作学习具有以下三个主要特点：

第一，信息化合作学习具有更大的开发性。在传统的学校课堂教学环境中的合作学习，人际合作范围受到空间的限制。基于信息技术的合作学习具有更大的开放性，合作学习的学习者可以是基于网络的合作伙伴，包含不同的年龄、知识背景和能力倾向的人群等。这种学习合作者自身特征上的多元化，使得人际参与的开放性在理论上得以无限延伸。学习者在广阔的参与圈内会面临各种交互形式，会使学习者获得不同程度、不同形式的多种参与经验。

第二，信息化合作学习体现了学习的活动性。在信息技术环境中，特别是在网络合作的环境中，利用电子通信、文件记录保存和处理信息，资料的记录、保管、整理任务由计算机系统完成，有利于参与合作学习的成员全身心投入，提高学习效率。

第三，信息化合作学习表现出了中介手段的多样性。信息化合作学习获取学习内容、学习资源和学习服务支持的方式灵活多样，合作交互活动增加了合作的渠道。在信息化学习中，合作学习的各种交互协作活动可以借助信息技术来实现。学生可以利用QQ、微信、E-mail等网络技术及各种相关的信息技术获取合作学习所需的学习内容、学习资源和学习服务支持等。教师可以将学习内容发布在博客、论坛或 FTP 上，使学生方便获取。学生也可以将自己找到的资料通过网络技术与大家共享。

（三）大学生信息化英语合作学习现状

一方面，信息化为大学生英语合作学习提供了有利条件。在基于网络的合作学习中，学生不局限于书本、课堂和面对面的讨论，而是充分利用计算机网络以及新媒体等相关技术，由多个学习者组成合作小组，使用多种多样的网络工具和网络信息资源，开展广泛的、讨论协商式的探究性合作，使每个合作学习者都能达到共同的学习目标。随着近几年智能手机在大学生群体中的普及，这些新媒体大大丰富了学生群体交流和学习的手段。它们具有即时、快速、图文并茂和智能互动等特点，为学习主体提供了乐于接受和喜爱的学习环境，能激发和维持学习主体的兴趣。网络环境下的合作学习，除了具备传统课堂合作学习的特征外，还能够借助网络新技术的平台，将合作学习推向个性化和多样化，把学生群体之间的人际互动向人机互动拓展，为大学生合作学习提供丰富的载体和有利条件。从内容上来说，网络具有海量学习资源。大学生利用网络可以按照小组分工的方法去学习相应的知识，并借助网络传输载体向合作小组成员及时传输和分享信息，共同完成合作小组的知识储备。从技术上来说，网络为大学生合作提供虚拟练习的平台。大学生可以利用网络虚拟软件进行合作任务的练习。新媒体具有免费开放的虚拟练习平台，听、说、读、写、看等多功能集于一身的学习软件，能增强学习者的学习效果，降低学习成本。从交流平台来说，大学生充分使用网络新媒体的聊天工具和通信平台，可以与小组成员实现即时在线的沟通、发表意见、评论学习小组成员的任务并进行学习进度的监督，还能够通过网络论坛等平台将小问题设置为公共问题，调动集体的智慧解决小组的问题，拓宽小组成员的学习视野。

另一方面，大学生运用网络新媒体开展合作学习也存在很多不足。从大学生自身来看，部分大学生在面对繁杂的网络世界时，由于自控能力不足，运用网络媒体进行学习的能力令人担忧。由于缺乏明确的网络学习目标和计划，大学生在利用网络资源时无从下手，常常浏览与学习无关的其他信息，耗费时间而影响学习进度，甚至偏离学习方向。网络信息极其丰富，但是部分大学生缺乏合理使用网络学习资源的技巧，或者用这些资源从事与学习无关的事情。网络环境下高校生的学习大部分是个体独立地、封闭式地完成，很少与其他学生进行学习上的交流，这样容易迷失学习方向，不利于提高学习效率。

（四）合理引导大学生进行信息化条件下英语合作学习

1. 学校积极引导

高校应该发挥教育教学在大学生合作学习中的导向作用，为大学生创造组建合作小组的平台和机会，提供计算机、网络等网络合作学习条件。高校在网络文化建设中，应为学生营造团队协作、互帮互助和开放创新的网络学习氛围，倡导积极健康的网络文化，正向引导学生的学习价值取向、学习行为和学习态度。

2. 英语教师有效指导

大学英语教师首先应尽可能地了解学生之间的异与同，通过采用合作学习的课堂组织形式，促进师生之间与生生之间的相互了解，达到情感上的共鸣，进而更为有效地交流思想、沟通情感，充分调动学生的学习热情，挖掘学生各自的优势，取长补短，通过团队合作，实现学习效果的最优化。

3. 合理选取学习内容

在英语课程教学中，英语教师应按以下原则合理选取学习内容，有效引导学生合作学习。第一，合作学习的内容必须是通过多个人一起才能完成的内容。第二，合作学习的学习内容要便于分工。由于合作学习是由小组成员分工协作完成学习任务，在学习过程中需要把学习任务分派给不同的成员，因此学习内容一定要能划分为较小的任务模块。第三，学习内容的不同模块之间存在交互部分。合作学习不是单纯地一起学习，而是交互式的学习，各成员在学习活动中不是单纯地完成各自的任务就可以了，而是在学习过程中各成员的任务应该相互联系，学生们在学习中需要交流和协作。

4. 有效分组

信息化合作学习不是简单地把学习者分成几个小组即可。小组合作学习不能停留在表面形式上，应该遵循"组内异质，组间同质"的分组原则和方法，将学习者合理搭配，小组人数可安排在5~7人之间，学习课题可以相同，也可以不同，确保每位成员都分配到一个有效活动的角色。

5. 构建和谐合作氛围

信息化合作学习所具有的时间和空间上的特殊性，使得合作气氛的构建变得更为重要。如果不能激发学习者的学习热情，不能促使学习者积极主动地参与，或者学习者只是一时之兴而不能坚持到底，都会影响信息化合作学习的质量。

6.有效进行反思

每项任务完成后需先在小组内部进行讨论，提出存在的缺陷，分析原因，进而完善之前的结论或解决方案；待各项子目标或子任务完成且组内审核通过后，小组长需组织全体组员共同讨论将其有效整合为完整的小组成果；小组成绩根据每个组员的表现以及小组的整体表现与成果综合给分；每个小组要对本组合作学习进行反思，提出存在的问题或困惑，查找和分析主客观因素，最后做出小组内评价；小组间进行互评，提出各自的意见和建议。在整个教学的过程中，教师始终作为一名参与者、咨询者、指导者和监督者，密切关注学生合作学习的整体进展情况，全程为学生提供咨询、指导与帮助，培养学生的思维，鼓励学生主动探究，引导学生学会发现问题、分析问题并能解决问题。

三、信息化条件下的批判性思维培养

在信息时代，信息的数量和规模每天都在以级数递增，对信息的处理、运用和传播也在加快。在信息的海洋中，人们不仅需要考虑如何获取信息，更需要考虑的是对信息的辨别、分析、综合、评价，以及如何把信息转换成知识，来解决实际问题。这就需要用到批判性思维，它是一种反省性思维，它是"决定相信什么"，并在评估证据和推理后"决定做什么"的思维。它是保证人们有效应对社会生活中各种虚假信息的能力。当今社会，个人发展程度的标准不是拥有多少信息，而是对信息批判性地辨析和运用。换句话说，在我们所处的这个充满竞争、全球化速度加快的时代中，人们对批判性思维的需求较之以往任何时候都要强烈，批判性思维已经被视为是人们生存和发展的必备因素。

（一）批判性思维

1.批判性思维的概念

批判性思维作为美国的教育目标已经有一段很长的历史了，而且批判性思维在美国教育中的地位逐步提高：20世纪40年代，是美国教育改革的主题之一；20世纪70年代，是美国教育改革的焦点；20世纪80年代，是美国教育改革的核心。

1910年杜威提出反思性思维："能动、持续和细致地思考任何信息或被假设的知识形式，洞悉支持它的理由以及它进一步指向的结论。"这是最早的批判性思维的概念。

罗伯特·恩尼斯将批判性思维定义为：批判性思维是合理的、反思性的思考，着重于决定相信什么或做什么。儿童发展哲学的奠基者马修·李普曼则认为，批判性思维是熟练的、可靠的思考，因为它对背景很敏感，依赖于标准，并且是自动调整的，所以有助于形成有效的判断。理查德·保罗博士用通俗的表述做了这样的定义：批判性思维是你在思考的时候，考虑自己的想法，以使自己更好地思考。心理学家霍尔普恩认为批判性思维是指"能增加获得期望结果可能性的认知技能和策略的运用"。他认为批判性思维有如下特征：

（1）批判性思维是一种有意识的、理性的、有目标指向的活动。

（2）批判是评价与判断的结合体，它为思维过程的改进提供精确的反馈。

（3）批判性思维技能是一种可自我监控的、反省的高级技能。

在我国，对批判性思维的研究大多集中于哲学和心理学领域。因此，在我国对批判性思维的定义大多来自哲学和心理学领域。

北京师范大学刘儒德教授认为，批判性思维是指对所学东西的真实性、精确性、性质与价值等方面做出个人的判断，从而对做什么和相信什么做出合理决策。

何云峰教授认为，批判性思维是一个主动思考过程，因为真正有创造力的主体绝不能被动地接受来自环境的刺激，对别人的观点不加批判地"息数照收"。同时，批判性思维又是一个提问的过程，问题的形成是创造的前提，它通过提出不同的问题而逐渐产生主体自己的新观点。

钟启泉教授则引用了《认知心理学家谈教育》中对批判性思维的定义：所谓"批判性思维"是指"对于某种事物、现象和主张发现问题所在，同时根据自身的思考逻辑做出主张的思考"。

谷振诣教授认为，批判性思维从广义上说是发展和完善人们的世界观并将其高质量地应用在生活的各个方面的思维能力。具体地说，是面对相信什么或做什么而能做出合理决定的思维能力。从本质上来说，是提出恰当的问题与做出合理论证的能力。

王习胜教授认为，人们为了得出理性的判断，为了理性地把握世界，而积极主动地反思自己或他人的思想。他将批判性思维定义为合理地评判某种信念和行为的思维。

由以上可知，无论是在国内还是在国外，学术界对批判性思维的定义存在严重分歧，由此，美国哲学协会运用德尔菲方法（反复询问调查＋专家意见＋直观结果的方法），将批判性思维定义为：批判性思维是有目的的、自我校准的判断。它认为批判性思维没有学科边界，它是一种探究工具，既体现思维技能水平，也凸显现代人文精神。

2. 批判性思维的特征

批判性思维是思维的思维，是对他人及自身主观世界的反思，其目的在于使我们的思维更加清晰化，使我们更客观地认识自身、认识世界，进而更好地改造自身、改造世界。与其他认识活动相比它具有以下特征：

（1）清晰性。清晰性意味着有层次地思考问题，对于同一问题，在不同层面上思考时，所得出的结论会完全不同。同时，清晰性还意味着有条理地思考问题，而且要清楚、准确地使用概念和语言。

（2）相关性。相关性意味着以手中的问题为中心进行思考，一次解决一个问题，只收集与该问题相关的信息，只寻找该问题的解决方案，不牵扯不相干问题，不做不相干回答。相关性还意味着在思考问题、解决问题时要运用逻辑推理而不是情感心理，要对问题进行实际的分析与推理，摆脱感情的纠葛。

（3）一致性。一致性意味着避免自相矛盾，自相矛盾的观点与主张必有一个是不能成立的。一致的信念会使人们做出正确的决定、找到正确的问题解决方案，因此在批判性思维问题上要保持信念和行为的一致。

（4）正当性。正当性就是不能依赖自己的经验与直觉，而是为自己的观点、见解找出真实可信的、强有力的证据，确保自己观点、见解的可信度，同时消除不可靠的信念。

（5）预见性。人的信念是实用的，能够帮助人们更好地理解、解释周围世界，而不是以事物的表面特征来寻求事物的成因。对事物做出合理的解释之后就要以此来指导人们的行动，使人们明确做什么、如何做、何时做，进而以此做出合理决定。

（6）自主性。批判性思维是一种积极的、独立的思维。批判性思维者不是消极被动的等待者，而是积极主动的思考者；不是人云亦云、易受暗示者，而是独立思考、不盲从者。

（7）公正宽容性。批判性思维不是具有个人感情色彩、否定他人、贬低他人的思维，而是公正对待他人的思维，是具有宽容性的、尊重他人的思维。

（二）高校英语教学与学生批判性思维培养

1.高校英语教学培养学生批判性思维的必要性

高校学生是否具备批判性思维被广大学者所重视，不少教师通过教学发现，培养学生的批判性思维，不仅有助于学生发现问题、认识问题，还提升了学生解决问题的能力，由此可见批判性思维对于学生的意义之所在。因此，有必要对在高校英语教学中开展批判性思维培养进行分析。

（1）批判性思维激发学生的阅读思辨能力

批判性思维是学生创新能力的基础，只有在学习的过程中不断进行批判，才能够产生全新的认识，从而进行创造。如果学生在学习中只是对知识进行吸收而没有对问题进行发现，导致学生的能力有所欠缺，难以在今后的生活中对问题进行解决。库恩曾提出，当任务十分复杂的时候，学生以及部分成人都不能够很好地利用给出的条件对结论进行推出，长此以往，对于不是十分复杂的问题也难以解决，从而造成了学生解决问题能力的丧失。例如，在学生完成阅读题时，大部分学生只是按照教师的要求完成，而没有进行过多的思考，只是达到了通读全文，了解大体意思，并且找出题目所提问题所在的段落，找出关键词。而在这一过程中学生并没有对文章的主旨进行感知，文章中的生词以及难以理解的短语和语句也被学生所忽略。

长此以往，学生的水平仅限于应付考试，而没有更深层次的进步，难以在今后的生活中对文章进行鉴赏。对于这一问题，教师应该加强重视，在学生做阅读理解时加强学生对主旨的思考，培养学生的自我否定能力，不断深化对主旨的理解，以培养学生的鉴赏能力，并且将一些可以用到的句式以及短语进行理解和记忆，以便运用到今后的作文写作中去。

（2）批判性思维能够提升学生的英语表达能力

语言是表达思维的有效途径，学生通过运用批判性思维，可以辩证地分析问题。这样一来，学生可以将批判性思维通过语言运用到英语演讲以及辩论中去，不仅能够帮助学生更好地深化思考，从而使得自身的创造性得以激发，还可以增强学生对英语的运用能力，增强学生的口语水平，培养学生的英语思维。

（3）批判性思维促进学生自主学习的养成

批判性思维表现为一种独立的思考能力，因此高校教师应该进一步对学生的批判性思维进行建立，从而让学生具备自主学习的能力。英语课堂中教师可以增强学生的自主思考，并且培养学生独立思考的能力，从而让学生不仅提升思考的能力，还进一步培养了学生自主学习的习惯，让学生将批判性思维带入生活当中，应用到各个科目之中，从而实现学习的自主性。此外，教师还应该鼓励学生提出问题，学生提出问题后教师对其进行解释，也会使得学生的积极性进一步得以激发，从而加强学生对于学科的兴趣。

自主学习表现为学生自我对于学习进行控制。除了要对学习进行控制，学生还应该对自身的心理进行控制，采取批判性思维对待自身的成绩，不断地辩证分析，理性对待，从而实现不断进步。

（4）批判性思维有助于提升学生信息素养

当前的科技迅猛发展，信息技术在生活中的应用十分广泛，信息素养也就成为学生们的基本素养。大学生需要养成较高的信息素养。要想让高校学生在学习过程中获得更加有用的信息，教师要着力提升学生的批判性思维能力，加强学生对于信息的分析能力，从而更好地辨识信息，取其精华，去其糟粕。由此可见，批判性思维已经成为当前社会中不可或缺的一项基本技能，高校英语教学应当着力培养。

2. 信息化条件下高校英语课程培养学生批判性思维的路径

（1）构建基于信息化的新型课堂教学文化

传统课堂强调的是教师传授知识，学生被动接受知识，因此未能有效培养学生的批判性思维品质。新型的课堂教学文化应将培养学生学习的主动性、思想的开放性和独立性、乐于探究并善于质疑的批判意识作为出发点，改变传统师生之间的"授""受"关系，使平淡无奇的大学英语教学变得妙趣横生，让置身其中的师生双方都能通过思想的互动与碰撞引起对知识探究的强烈渴望，通过融入这类崇尚思辨的教学文化来培养大学生的批判性思维品质。所以新型的大学英语课堂教学文化中的大学英语教师务必积极鼓励学生大胆质疑，重视学生的个性化发展，倡导师生间与生生间的合作学习，关注学生的情感因素，多与学生交流思想、沟通情感，了解学生学习中的需求与困难，帮助学生建立学习自信心，引导学生树立正确的学习态度和内在持久的学习动机，降低学生过度的焦虑感，通过创建新型的大学英语课堂教学文化，促进学生在大学英语的学习过程中发展自身的批判性思维。

为此，应充分发挥信息化的优势，积极构建新型课堂教学文化。信息化学习环境可以理解为网络技术支撑下提供各种工具和信息资源，支持学习者开展学习活动的场所，包括硬件环境和软件环境。在传统课堂环境中，学习者在讨论、交流、评价等方面都受到时间和场所的限制，而网络为师生、生生提供了一个良好的交互平台，在这样的环境里，师生平等，交流氛围相对轻松，学生可以畅所欲言，较易发挥隐藏的能力和个性。在学生讨论解决问题的过程中遇到困难时，学生可以实时和非实时地与同学们交流讨论，还可以通过网络向教师和专家求助，网络中的工具保障了交流共享的畅通，打破了传统学习中交流的时空限制，有利于培养学习者的积极性和创造性。

（2）布置基于信息化的教学任务

在高校英语教学中，可以借助信息化布置形式多样的教学任务，以便使学生在互动沟通中得到激发，形成批判性的思维，更好地参与到课堂教学活动中，以批判性思维为导向解决英语问题。

如，教师可以采取翻转课堂的形式，在课前，通过网络开展启发式教学活动，即通过网络向学生提供课本线索实现信息传递，然后给予学生足够空间进行问题思考和寻求问题的解决答案。组织此类教学活动，教师还要把握启发的尺度，避免启发过少难以实现信息有效传递，避免启发过多导致学生缺少足够的思考空间。通过适当的帮助或指导，教师促使学生采用理解、归类、比较等方式完成批判性思考。又如，教师通过网络开展合作探究活动，即通过网络提出英语学习任务，将学生划分为多个小组共同完成任务。组织该类活动，能够加强学生间的沟通互动，使学生在活动中更多地表达自己的看法和观点，与其他学生发生思维碰撞，并通过合作沟通达成任务，这样能够使学生持续地深入思考，从而培养批判性思维。

（3）借助信息化加强学习反思

高校英语课堂教学时间有限，教师还要引导学生将批判性思维融入生活中，才能指导学生在日常接触英语的过程中更好地运用批判性思维思考，得到英语思维的培养。如，教师可要求学生通过网络日志等方式，对自身的学习行为、成果进行评价，促使学生加强反思，找出自身在英语学习中的优势和问题，通过改进，提高自身英语学习水平。具体来讲，就是在学生完成课堂教学内容学习后，通过互评、自评的方式进而发现自身存在的问题，然后在教师鼓励和同学帮助下寻求问题的解决方案，形成反思的习惯，继而得到批判性思维的培养。在评价开展过程中，教师并非要一味追求语法精确，而是要采用书评、影评等不同方式提高学生的思辨高度，促使学生不断实现自我超越。通过互评和自评，学生则能相互加强思想碰撞，得到更多的鼓励，继而更好地完成英语学习。

第五章 大数据时代高校英语信息化教学软硬件建设与开发

随着信息化时代的到来，信息技术不断推陈出新，信息化教学资源日臻丰富，智慧教室建设方兴未艾，为高校英语教学提供了广阔的舞台。实践证明，学科教学方法与教学资源软硬件有效融合，不仅极大地提高了课堂教学效率，有效地激发了学生的学习兴趣和认知主体的动机，唤起了学生学习的积极性和主动性，而且在学习过程中更有助于学生形成新思想、新观念、新方法，增强了学生的创新意识，培养了学生的观察能力、思维能力和创新能力，较好地提高了教学质量。因此，在信息化教学中进行有效的教学资源软硬件建设已经成为学校教育发展不可缺少的重要内容。

第一节 智慧教室

一、智慧教室概述

教室是一个教与学的物理场所，是学习环境的物化。信息技术的快速发展对教育领域产生了极大的影响，新科技、新设备，如笔记本电脑、投影仪、计算机、电子白板等进入教学课堂中，构成了数字学习环境。智慧学习环境是在物联网、云计算、人机交互等新兴信息技术的飞速发展下，以及启发式教学、参与式教学、探究式教学等新型教学模式的不断推广与深入下，由数字学习环境演变出的一种高端形态。智慧教室是智慧学习环境的物化，是基于传统多媒体教室和录播教室功能，融合了先进的人机交互、智能感知、云端一体化教学平台等功能的新一代信息化、开放化的互动式教室形态。

（一）智慧教室的发展

智慧教室的特性可概括为内容呈现、环境管理、资源获取、及时互动、情境感知五个维度。这五个维度正好组成"SMART",是智慧教室特征的体现。

1. 国外智慧教室现状

国外对智慧教室的研究起步较早,随着 IBM 提出"智慧地球"后,围绕智慧教室的探索开始发展。目前,国外已有很多成熟的智慧教室的案例。

(1) 加拿大麦吉尔大学智慧教室

麦吉尔大学的智慧教室项目是通过技术来改进教学,教室内安装有能够捕获现场信息的软硬件,实现对课堂教学的音视频、PPT 演示及手写注释的捕获并存储,方便学生课后再次访问,该智慧教室已在校内应用。麦吉尔大学智慧教室中配备有计算机、笔记本电脑、实物投影仪、交互式电子白板、手写板、按钮面板等教学设备,以及分别用来拍摄教学现场和教师教学内容的多台摄像机、麦克风等设备,拍摄的内容经过编码计算机编码后形成视频资料,方便学生课后学习访问。通过设计按钮面板来智能控制整个教室的所有设备,包括教室中的扩音系统和灯光系统等物理环境的控制以及对教学设备的控制,方便教师的操作。

(2) 苹果明日教室

苹果明日教室是苹果公司与美国公立学校、大学、研究机构进行合作开展的研究项目,该项目的研究目的是探究如何使用现有技术来改变教师与学生的教与学的方法,通过长达 13 年的时间,在美国的 100 多所中小学教室中进行研究、探讨多维度教学、学校与教室新格局以及新技术在教学中的应用。在苹果明日教室中,教师与学生的交流变得更加便捷和高效,方式也更加多样化,对于各种技术和设备有了更加直观的认识和了解。

2. 国内智慧教室现状

以国内某师范大学未来教室为代表,其设计理念包括六个方面:云端一体化、互动多样化、模式多元化、行为可视化、管控智能化、能耗绿色化。

(1) 云端一体化

依托教育有基础环境,集成海量优质教学资源构件、智能学科辅助工具、在线学习社区以及第三方服务,实现课堂教学云端一体化。

(2) 互动多样化

提供多种形式的互动教学,包括远程互动课堂实现"面对面"互动教学,师生与教学设备的人机交互，课堂内师生和生生之间通过智能终端等设备进行视频、语音、图像和文字信息的互动等。

（3）模式多元化

提供多种教学模式，教师可根据课堂的需要选择不同的教学模式，包括以教为主的传统授课模式，也包括以学生为主的"翻转教学""补救教学""探究教学"等个性化教学模式，还包括将信息技术应用于传统课堂教学的混合教学模式。

（4）行为可视化

依据教学过程中学生线上线下的行为，基于教育大数据分析，自动输出智能诊断分析报告，为学生提供高质量、个性化的学习体验。

（5）管控智能化

利用教室物联网对教室环境中的视听、计算、显示、交互、光线、温度等进行智能化管制。基于教育云平台，利用校园一卡通和电子课表，实现教学资源智能推送、数据自动收集、教室设备自动管控等服务。提供稳定、实用、适应性最佳的终端管理平台，提供远程维护、安全管理、行为管理等。

（6）能耗绿色化

充分体现绿色建筑的理念，使未来教室在满足教师和学生的功能需求的前提下，消耗最少的资源和能源，且对环境的影响最小。未来教室是根据教学模式变革与创新的需要，用先进的信息化教学装备取代现有的传统教学装备，实现双屏教学、交互式教学、课堂直录播等多种教学模式的创新，同时利用智能控制技术实现所有教学设备及教室环境设备的一键式本地或远程管理。

二、智慧教室与英语信息化教学

智慧教室学习环境中的信息化教学平台和移动终端工具可以促进师生交流，拓展教学智能，促进学生认知。高校英语教师应该充分体现智慧教室信息化教学环境的优势，利用信息技术为学习者营造逼真的学习情境，让学习者在逼真的学习情境中学习体验，激发学习者的学习兴趣，有效促进知识的内化和运用。因此，基于智慧教室的高校英语教学模式应充分利用智慧教室的技术优势，提倡并鼓励学生自主探究、讨论分享，积极参与课堂教学互动，培养学生的创新思维和探究能力。

（一）基于不同智慧教室的信息化教学模式

黄荣怀从内容呈现、资源获取、及时互动三个维度入手，把智慧教室分成"高清晰"型、"深体验"型和"强交互"型三种类型。

"高清晰"型智慧教室支持"传递—接受"式教学模式，双屏显示合理呈现教学内容，学生的座位基本固定，及时交互主要以师生互动为主。该类智慧教室支持学生即时获取和存储丰富的教学资源，促进学生有意义学习。高校英语教学中听说教学，尤其是视听说教学通过"高清晰"型智慧教室能更好地传递教学信息。

"深体验"型智慧教室支持探究性教学模式，学生座位布局灵活，教学内容呈现主要以学生个人终端为主，支持学生自主学习、深入探究。该类智慧教室支持各种终端接入，保证学生对各种教学资源的方便获取，并通过计算机或移动设备进行信息反馈促进学生进行"个人探究"学习，培养学生的探究与发现精神。在高校英语教学中，当英语教师开展写作训练或翻译训练时，"深体验"型智慧教室有助于支持高校生开展自主性的个人探究学习。

"强交互"型智慧教室支持小组协作学习，学生座位布局以"圆形"为主，教学内容呈现以小组终端为主。该类智慧教室支持学生使用小组无线终端进行即时讨论交流、协同创作，课堂交互以生生互动为主，适合开展以小组协作为主体的课堂教学，培养学生的合作交流意识与创新思维能力。在高校英语教学中，"强交互"型智慧教室能有力地支持开展以小组为单位的讨论。

（二）智慧教室 ARS 互动教学模式

李红美、张剑平结合智慧教室中课堂互动教学的特点，参照定性建模的方法，与一线教师联合进行实践探究，构建了面向智慧教室的 ARS（Audience Response Systems，教学应答系统）互动教学模式，关注课前、课中、课后一体化的教学活动设计，教师的教学策略为问题驱动、引导、调节和评价，学生的学习方式为自主、合作、探究、自我评价。

高校英语教师在教学中运用该教学模式时，可通过课前、课中、课后三阶段来实现。课前，教师上传资源布置任务，学生预习和完成作业；课中，教师根据学生预习反馈情况确立教学起点，组织课堂教学，学生即时反馈，教师依据学生反馈的信息组织同伴教学或全班讨论，学生互评，最后教师讲评和总结，学生依据反馈信息调整学习；课后，教师布置分层作业，进行教学反思，学生拓展练习，进行学习反思。

（三）基于智慧教室的混合式教学模式

该教学模式注重将线下和线上的资源结合起来使用，强调线下线上一体，注重运用情境增强学习者的感受体验，通过游戏将学习趣味化，创造轻松愉悦的学习氛围。该模式分为三个阶段：混合式教学的前期准备阶段、混合式教学活动、基于智慧教室混合学习实施与评价。

高校英语教师在运用该模式组织英语教学时，在前期准备阶段，首先要进行学习者分析、学习内容分析、学习环境分析，通过对这些要素的分析进行智慧教学资源的设计与开发，将所有资源上传至云平台，供学生观看学习。开始上课前，打开智慧教学系统进行课堂录播，课外学生可以扫码实时进入课堂，也可供学生课后复习时观看。在教学活动阶段，进行课前"热身"活动，教师登录云平台，将提前设计好的教学资源上传至云平台，然后发布任务单，学生查看教师发布的任务单并点击资源完成相应的任务，这部分活动在云平台上完成。课程开始后进入课中学习，教师播放准备好的教学资源，进行新课的讲解，采用传统课堂的上课节奏，并以游戏化教学进行教学点拨，设置相应的教学互动环节，利用情境教学法让学生充分参与，加强交流和沟通能力，让学生更好地理解教学内容，提高学生的兴趣，同时解决课程中遇到的实际问题。

第二节 大数据时代高校英语教学资源建设

"大学英语"课程进行网络自主学习，是新时代"大学英语"教学改革的发展方向，资源库的建设是进行网络自主学习的重要保障。将大数据技术应用到资源库的建设，可以使资源配置科学化、合理化、智能化，能有效地培养学生的自主学习能力，提高"大学英语"课程的教学质量。本节基于大数据背景，对高校网络资源库的建设进行了分析与研究。

目前，"大学英语"课程教学改革是每个高校研究的热点，网络自主学习是新时代"大学英语"课程教学的重要组成部分。利用大数据技术对资源库进行开发和利用，将优质信息资源进行科学的整合发布。学生通过访问共享资源和师生互动来提高语言能力，可以有效提高"大学英语"课程的教学质量，增强学生的自主学习能力。

一、"大学英语"课程网络资源库建设现状分析

（一）学习资源丰富且杂乱，缺少逻辑相关性

目前，很多高校都建设有"大学英语"课程网络自主学习平台，虽然都拥有海量的外语学习资源库，但是很大一部分都是为了充当信息数据存储库。只要是与"大学英语"课程有关联的各类音视频资源，都盲目地加入，各类资源的主题内容杂乱无章，资源间缺乏知识点的逻辑相关性，只一味地追求资源库的存储容量，忽视资源内容间的耦合度。

（二）教学资源内容陈旧过时

教学资源库里的学习内容是激发学生学习兴趣的关键因素之一，目前，"大学英语"课程网络资源库的内容大都经过十几年跨度的慢慢积累，部分内容相对陈旧过时，已经不能适应新时代经济社会的发展和"大学英语"课程教学的需求。很多资源的内容与现实世界相差很远，已经不适应现代年轻大学生的学习需求习惯，在一定程度上严重影响了"大学英语"课程的教学效果，与此同时，抑制了学生对"大学英语"课程网络自主学习的主观能动性，使学生主动、自主学习的积极性极大降低。

（三）教学资源没有统一的格式标准

"大学英语"课程网络资源库里的多媒体资源基本包括文本资源、音频资源、视频资源、教学案例资源等。在制作课程资源时，受到软硬件环境的影响，容易出现五花八门的音视频格式。标准不统一的音视频资源在播放效果上区别很大，有的视频图像清晰度很差，而且显示画面大小不一，有的音频文件声音大小不一，有的资源格式对客户端操作系统的浏览器要求比较严格，造成学习资源应用中的通用性不强。

教学资源库建设是促进主动式、协作式、研究型、自主型学习，形成开放、高效的新型教学模式的重要途径。教学资源库建设平台是以资源共建共享为目的，以创建精品资源和进行网络教学为核心，面向海量资源处理，集资源分布式存储、资源管理、资源评价、知识管理为一体的资源管理平台，信息化教学资源是教学资源库的重要组成部分。

二、教学资源库建设类型和特点

（一）信息化教学资源的分类

1. 信息化教学资源的定义

信息化教学资源属于信息资源的范畴，是从狭义理解上的一种特殊的信息资源，是一种经过合理选取、组织之后形成有序化，有利于学习者自身发展的有用信息的集合。信息化教学资源是指蕴含着大量的教育信息，在学与教的过程中，通过使用者的使用能创造出一定的教育价值，且以数字化形式存在，并可以在互联网上进行传输的信息资源。

2. 信息化教学资源的分类

从信息技术的角度看，教学资源分为媒体素材类教学资源、集成型教学资源、网络课程教学资源三大类。

（1）媒体素材类教学资源

媒体素材类教学资源是教学信息传播的基本材料单元，可分为文字资源、图形/图像资源、音频资源、动画资源和视频资源五大类。

第一类是文字资源。文字是进行信息交流的一种重要手段，它是通过一定的符号来表达信息的一种工具，其根本作用在于承载信息与传递信息。在教与学的过程中，教科书、练习册等主要以文字进行信息传播。因在网络信息传播中使用文字时，不仅有字体、字号大小、颜色的变化，而且还有新的拓展，因此一般用"文本"这个词来代表网络上的"文字"这个词。

第二类是图形/图像资源。图形是教与学的过程中比较特殊的一种资源，因其较抽象，所以在传播中承载的信息量较少。图形有数据量小、不易失真的特点，因此图形在多媒体教学和网络传播中应用较多。从最终的呈现来看，图形与静态图像没有太大区别。图像也是一种较特殊的教学资源。在信息技术环境下所使用的图像，与报纸、杂志和电视使用的图像相比，有如下特点：

①信息量大。信息技术环境下所用的图片色彩丰富、层次感强，可以真实地重现生活环境（如照片），因此其承载的信息量较大。一般情况下，我们都是用数字技术把图片压缩并存储在服务器中，容量十分巨大。

②选择性强。静态图像非常逼真、生动、形象，可以提供较高质量的感知

材料。图片多，传递的信息也多，受众通过图片来获得信息时的选择余地就很大。受众可以根据自己的需要和爱好来挑选图片，将其保存到自己的计算机上，或者将图片打印出来，以后慢慢欣赏。

③可编辑性强。受众可以对图片进行放大、缩小和编辑。报纸、杂志在刊登图片时，其大小是固定不变的，受众更不能对图片进行编辑。信息技术环境下所使用的图片，受众可以点击将图片放大或缩小，也可以用专门的软件对其进行编辑和修改，如用 Photoshop 可将图片处理成油画效果、水彩画效果、浮雕效果等。

第三类是音频资源。音频包括波形音频、CD-DA 音频和 MIDI 音频。波形音频是记录声音的最直接形式，对记录与播放的环境要求不高，因此在媒体教学软件中应用最多，缺点是数据量比较大。CD-DA 音频又称数字音频光盘，是高质量立体声的一个国际标准。MIDI 音频的播放需要借助解释器，因此对环境要求较高，但由于其数据量比较小，非常适合在呈现背景音乐的场合使用。音频属于过程性信息，有利于限定和解释画面。音频在教学中如果应用得当的话，不仅能用于传递教学信息，调动学生积极使用听觉接受知识，还有利于集中学生学习的注意力，陶冶学生的情操，激发学生学习的潜力。

第四类是动画资源。动画是通过连续播放一系列画面，给视觉造成连续变化的图画，是对事物运动、变化过程的模拟。它的基本原理与电影、电视一样，都是视觉原理。一般来说，用来传递信息的动画都需要借助专门的工具进行制作。这些动画，按动作的表现形式来区分，大致分为接近自然动作的"完善动画"和简化、夸张的"局限动画"；如果从空间的视觉效果上看，可分为平面动画和三维动画；从播放效果上看，可以分为顺序动画（连续动作）和交互式动画（反复动作）；从每秒播放的幅数来讲，还有全动画和半动画之分。动画在制作过程中，忽略了事物运动、变化过程中的次要因素，突出强化了其本质要素，因此有利于描述事物运动、变化过程。此外，经过创造设计的动画更加生动、有趣，有利于激发学习者的学习兴趣和积极性。

第五类是视频资源。同动画媒体相比，视频是对现实世界的真实记录。视频具有表现事物细节的能力，适宜呈现一些学习者感觉较陌生的事物，它的信息量较大，具有更强的感染力。通常情况下，视频采用声像复合格式，即在呈现事物图像的时候，同时伴有解说效果或背景音乐。当然，视频在呈现色彩丰富的画面的同时，也可能传递大量的无关信息，如果不加鉴别，便会成为学生学习的干扰。

（2）集成型教学资源

集成型教学资源一般根据特定的教学目的和应用目的集合而成，是一种将多媒体素材和资源进行有效组织的"复合型"资源。按照这些资源的实际应用形态，又可以将其分为课件与网络课件、案例、操作与练习型、虚拟实验型、微世界、教育游戏类、电子期刊类、教学模拟类、教育专题网站、研究性学习专题、问题解答型、信息检索型、练习测试型、认知工具类和探究性学习对象等。

下面就常用的集成型教学资源做简单介绍。

试题库：试题库是按照一定的教育测量理论，在计算机系统中实现的某个学科题目的集合，是在数学模型基础上建立起来的教育测量工具。

试卷：试卷是用于进行多种类型测试的典型成套试题。

课件与网络课件：课件与网络课件是对一个或几个知识点实施相对完整教学的教育、教学的软件。根据运行平台划分，可分为网络版和单机运行的课件。网络版的课件需要能在标准浏览器中运行，并且能通过网络教学环境被大家共享，单机运行的课件可通过网络下载后在本地计算机上运行。

案例：案例是指由各种媒体元素组合表现的为现实指导意义和教学意义的代表性事件或现象。

文献资料：文献资料是指有关教育方面的政策、法规、条例、规章制度，对重大事件的记录、重要文章、书籍等。

常见问题解答：常见问题解答是针对某一具体领域最常出现的问题给出全面的解答。

资源目录索引：列出某一领域中相关的网络资源地址链接和非网络资源的索引。

（3）网络课程教学资源

网络课程指通过网络表现的某门学科的教学内容及实施的教学活动的总和，它包括两个组成部分：按一定的教学目标、教学策略组织起来的教学内容和网络教学支撑环境。其中网络教学支撑环境特指支持网络教学的软件工具、教学资源以及在网络教学平台上实施的教学活动。网络课程顺应人们需要终身学习这一趋势，给人们随时获取知识提供便利和强有力的支持。

(二)信息化教学资源的分类及特点

传统的教学资源易受环境、条件的限制,如书本、报纸、杂志等时间长了易发黄,录像带或录音带上的内容时间长了会因环境过于干燥而磁粉脱落,或因环境过于潮湿而发生粘贴。随着信息技术的发展,现代信息技术环境下的教学资源,改善了传统教学资源的不足。信息化教学资源具有以下特点:

(1) 存储与传播的数字化

数字化是计算机数据和网络传播的本质特性。当今世界,各行各业的信息处理趋于数字化,由计算机和计算机网络构成的信息处理系统和信息传输系统已将世界的各个角落连为一个"村落"。在这个世界中,人们在信息处理、加工传输等方面,都是以数字化方式进行的。正如构成物质世界的基本单元是原子一样,计算机处理的数据是以 0 和 1 两种状态存在的比特,构成网络信息世界的基本单元也是以 0 和 1 两种状态存在的比特。无论是形式多样的图像,还是悦耳动听的声音,归根到底都是通过 0 和 1 这两个数字信号的不同排列组合来表达。这使得信息第一次不仅在内容上,而且在形式上获得了同一性。

(2) 教学资源的丰富性

网络空间无限,通过网络可传送多种媒体教学信息,如文字、声音、视频、动画等,这不但打破了传统教育中单一的教学信息局面,而且极大地丰富了教学资源的种类,满足了不同层次学习者对学习的需求。同时,网络在信息传送方面非常迅速、快捷,这使得其能够快而新并且丰富地反映当今的教学内容,不拘泥一地一校的范围,可以通过模拟图书馆或教学资料库的形式,收集大量相关的专业知识资料,反映学科最新的发展动态,提供同一学科不同的教学内容。学习者可以及时获得适合自己的教学资源,如最新的教学大纲与构思、教学资料、网络教程、各种教学软件等。

(3) 教学资源的开放性

网络的飞速发展,使得硕大的地球变为"地球村",因此各类教学资源也具有了前所未有的开放性。教学资源的开放性主要表现为教学资源完全打破了传统的或者说物理上的空间概念。从北京到上海与从北京到纽约的距离,在网络上是一样的,真实的地理距离不存在了,国界等限制也不存在了,网络上的教学资源可以随用随取。

（4）教学资源的可扩展性

传统的教学资源可加工性、处理性较弱，且不易推广应用，如教学挂图、教学教具等很难进行再加工。信息化时代完全打破了传统教学资源的这种弊端，使得教学资源具有较大的可扩展性，学习者可在现有资源的基础上进行横向扩展和纵向的精加工，以满足不同学习者或同一学习者不同时期的学习需要。

（5）教学资源的再生性

信息时代是一个富有创造性的时代，信息时代的教学资源可以在学习者的积极参与下，通过学习者利用信息技术对知识的整合、再创造来实现教学资源的再加工、再创造，从而丰富其内容。

（6）教学资源使用的灵活性

计算机网络打破了传统教学资源在使用时的时空瓶颈，学习者在学习时可以自由选择课程、教师、学习进度和学习时间，可以从网上查询自己想学的课程和资料。学习者在网上学习既可以是实时的，即异地教师、学习者在同一时间进行教学活动，也可以是非实时的，即教师预先将教学内容及要求存放在服务器中，学习者根据自己的时间安排，在网上下载进行学习。只要有计算机和网络的地方，都是学习的场所，同时学习者还可以通过网络向教师提出问题，和其他学生进行讨论。

（7）师生在学习活动中的交互性

传统教学中，师生虽可进行同步交流活动，但受到时间、地点的限制。信息技术环境下，网络资源一改以往书籍、报刊等印刷品以及广播电视等电子信息的单向传递方式，也不同于电话必须同步双向交流的方式，利用网络工具进行教与学，打破了时空的界限。学习者可以用同步或不同步的方式进行学习，教师与学生、学生与学生之间可以进行双向和多向的信息交流，双方可以采用文字、声音、视频等媒体进行信息的交流。

三、"大学英语"课程网络自主学习资源库建设的意义

有利于"大学英语"课程数字资源共享。"大学英语"课程网络自主学习最重要的核心是学习资源库的建设，资源库是各类"大学英语"课程教学资源的汇集地。任课教师可以利用资源库平台，将自己制作的教学音视频资源上传到资源库。与此同时，资源库还可以收集与大学英语四六级考试相关的辅导练

习资源、考研英语相关的音视频资源,还有各类英语考试、考级的模拟题库资源。通过所有任课教师长期共同对资源库的更新建设,把集体的教学智慧汇集到资源库,就会形成一套符合本校实际情况的"大学英语"课程网络学习资源库,网络学习平台通过资源共享的方式,将学习内容发布给每个学生进行学习,以达到因材施教的效果。

有利于促进"大学英语"课程教学的改革与发展。"大学英语"作为高校的必修公共课程,学生人数多,英语基础参差不齐,教师教学工作量大,会给教学带来很多问题。建设"大学英语"课程网络资源库,是实现新时代信息化教学的重要途径。学生可以充分地利用网络学习资源来自我查漏补缺,根据自己对"大学英语"课程各知识点掌握的程度,有针对性地选择适合自己知识结构的资源进行学习。将"大学英语"课程的传统教学进行线上、线下的自由翻转,学生利用网络学习平台在任意时间、任意地点进行自由学习。任课老师可以根据学生的学习情况,线上进行面对面答疑,线下进行有针对性的目标教学,极大地提高"大学英语"课程的教学质量和教学效率,也对课程教学改革起到了积极的促进作用。

有利于开阔学生的视野,增加学生学习兴趣。"大学英语"课程网络资源库以教材资源为基础,进行立体化多维度建设。学生在进行教材配套数字资源学习的基础上,可以进行拓展学习。网络资源库还建设有涉及政治、经济、文化等人文社会科学和自然科学方面的资源。学生可以根据自己所学的专业背景,在资源库里面挑选适合的学习资料,通过"大学英语"课程的学习,涉猎自己的专业知识,不仅拓宽了学生的专业学习视野,同时还增加了学生学习"大学英语"课程的积极性和学习兴趣。

有利于培养学生的自主学习能力。课堂教学现在已经不能满足学生对语言训练的需求,那么,"大学英语"课程网络自主学习平台就是建立在以教师为指导,以学生为中心的教学模式,为学生营造一个自由、和谐的学习氛围与情境。教师根据教学计划进度,在网络学习平台发布学习任务,学生在规定时间内自主规划安排学习。如果学习中遇到疑难问题,可以通过在线答疑平台向老师询问,教师根据学生的学习情况和疑难知识点,有针对性地进行面授教学辅导。网络资源库提供了多元化的知识点,利用新一代信息技术制作的多媒体教学资源使教学内容动态而丰富,可以发挥学生的创造性,促进学生进行个性化学习,培养其自主学习能力。

四、大数据技术在"大学英语"课程网络资源库建设中的应用

（一）使"大学英语"课程网络资源库建设更加合理化、科学化、智能化

针对"大学英语"课程网络资源库内容繁杂和缺乏逻辑性的问题，可以利用大数据技术对现有信息资源进行分类整合。利用大数据强大的分析功能，将资源按照"大学英语"课程进行分类汇总，比如读写译资源库、视听说资源库、文学资源库、专业英语资源库、外文影音资源库、考试资源库等。经过科学化的分类标准，将资源库内容进行合理的分类，使学习资源更加贴近学生的学习。在进行资源信息采集时，大数据分析系统会根据内容标题自动识别分类存储。将传统以人工点对点方式进行数据的采集模式转变为系统自动识别存储，提高了资源采集的效率，使资源库建设更加简便、智能和高效。

（二）对"大学英语"课程网络资源库建设进行深度挖掘

网络资源库中音视频资源占主要比重，将相关资源进行标准统一显得格外重要。音视频资源以目前慕课中的各类标准为基础，可以预先设定资源库的格式标准，将新一代信息技术引入资源库的建设中，利用大数据、人工智能和多媒体技术，对资源库进行全盘扫描。将不符合条件标准的音视频数据全部自动筛选出来，利用多媒体信息技术集中进行格式标准的转码，让所有数据标准统一，使网络资源跨系统平台无障碍运行。与此同时，利用大数据技术对资源库进行深度挖掘，将资源库中的资源根据学习热度和点击量进行数据分析，根据学习资源量化指标，有目的地进行资源的增补添加，如此，建设的资源将会变成是学生想获得的内容，使资源库发挥最大的使用效率。

（三）利用大数据分析学习路径，点对点地推送最佳学习资源

"大学英语"课程网络学习平台可以根据学生的学习路径，利用大数据技术分析学生对知识点掌握的情况，网络平台会自动筛选相关联的资源推送给学生进行巩固训练。"大学英语"课程课堂教学和网络自主学习效果是每个任课教师迫切想知道的。大数据技术可以对所有学生的网络学习状态进行实时追踪，对所有学情信息分类汇总，将学生对知识点掌握的程度进行数据化，并提供给任课教师。信息将会为"大学英语"翻转课堂的教学提供内容指导，让教学内容更加符合学生的需求，从而有效地促进改革顺利进行。

（四）创新"大学英语"课程网络自主学习综合评价体系

传统的评价模式是以学生完成网络学习任务，参加网络测试后的成绩来评定课程成绩的，存在一定的局限性。大数据技术可以对网络学习进行全方位、立体化、多维度的综合评价，根据学生的学情数据、学习热度数据、在线答疑数据、在线测试数据、课外学习数据、语言训练数据，利用大数据技术对平台学习信息按照一定的比重参数进行离散整合，得到能反映学生真实学习效果的综合评价。不仅创新了"大学英语"课程网络自主学习的评价体系，而且为课程教学提供了指引方向。

"大学英语"课程网络自主学习适应新时代课程教学改革的需求，资源库建设的强弱决定了网络自主学习的质量。将大数据技术引入网络资源库的建设，可以使资源更加人性化、科学化、智能化。让资源更加贴近学生的实际需求，激发学生网络自主学习的激情，有效提高"大学英语"课程网络自主学习效率，进一步深化课程教学改革，为学校建设应用型一流大学提供支撑条件。

五、高校英语教学资源库建设路径

1. 抓准英语课程特点

就内容而言，英语教学资源库的建设可以分为普通用途英语教学资源库和特殊用途英语教学资源库两个大类。以行业英语为例，行业英语课程特点主要包括：第一，行业英语教学内容都是以行业企业的实际工作情境为载体，借助职业任务呈现教学内容，因此行业英语教学具有很强的职业情境性。第二，行业英语的教学目标是培养学生在职业情境中综合运用英语完成交际任务的能力，具有实用性强的特点。因此，行业英语教学不仅有英语语言知识教学特点，更强调通过大量的角色扮演、任务实施等实践应用性教学活动实现对学生语言运用能力的培养。第三，行业英语教学手段上呈现出现代化的趋势。随着互联网技术的发展，计算机、多媒体、移动终端等都逐步进入行业英语课堂教学与课外学习。借助信息技术与网络技术开展教学，将逐步成为行业英语教学的常态，这将为提高行业英语教学效率和教学质量奠定基础。以上特点要求在建设行业英语教学资源时，除了要提供行业英语的学科知识，更重要的是要提供有利于语言学习和应用能力培养的资源类型，如职业活动场景视频和语言情景练习互动软件等。总之，行业英语教学资源只有与行业企业实际需求实现"零距离"，才能充分发挥行业英语课程的育人作用，实现学生在行业英语领域语言能力的提升，为进一步学习更专业化的职业英语奠定良好基础。

2. 开发高效能的教学资源

建设好高校英语教学资源库，在教学资源的开发上需要把握好四个方面，即资源素材模块化、资源形式立体化、资源建设生成性、资源功能交互性。

（1）资源素材模块化

资源素材模块化是指英语教学资源在选择与划分基本素材过程中采用按照教学或学习主题确定建设素材模块的方式，搭建资源体系的基本框架。这一理念来源于模块课程理念，是指按照程序模块化的构想和编制原则而设计的课程模式，是以课程的教育教学、管理功能分析为基础，充分考虑课程编制与课程实施的要求，将课程内容分解为合理的课程模块，并逐步开发出众多的课程模块，进而形成课程模块库。

英语教学资源建设过程中充分考虑其资源内容与职业任务之间的对应关系，以职业情境为单位建设相对完整独立的资源模块。这一思路跳出了传统的单一线性课程编写体系，便于学生自主学习，也便于教师灵活选择、组合适当的教学内容开展教学活动。另外，模块化的资源体系中，每一个资源模块都相对完整独立，便于在教学过程中对任何一个模块开展修改与完善，为保证英语教学内容与学生职业发展同步提供可能。

（2）资源形式立体化

资源形式立体化是指英语教学资源在建设过程中对教学内容、教学策略、使用媒介等多层次上进行科学设计，保证教学资源适合不同层次与不同学习阶段的学生。"互联网+"背景下，开展教学资源建设的根本目的，是借助信息技术与网络技术的优势，建设丰富的学习资源，提供多样的学习与评价方式，使教学资源可以全方位、多层次、多角度、实时或非实时地予以组织和呈现，更好地实现教学过程的开放、交互、共享、协作以及学生学习的自主化、个性化。

（3）资源建设生成性

资源建设生成性是指英语教学资源的内容建设过程不是封闭的，而是一个开放、持续的过程。高校英语必须要有与企业发展密切联系的课程，教学内容必须具有明显的职业导向性，教学内容必须能够反映职业任务的真实场景与语言要求。因此，需要根据行业企业的发展及时更新、调整课程教学内容，提高课程教学内容的适应性。"互联网+"背景下,信息技术与网络技术的发展实现了教学资源的数字化,也为随时更新教学内容提供了可能,使英语教学资源的建设具有了开放性和持续性。英语教学资源内容可以根据企业发展中的变化随时更新、替换,也可以根据教学需求不断丰富完善,使英语教学资源在建设过程呈现出边使用边建设的状态,体现出本课程教学资源建设的生成性特点。

(4)资源功能交互性

资源功能交互性是指"互联网+"背景下英语教学资源已经不是仅仅能够呈现教学内容的静态资源,而是具有服务教师教学与学生学习功能的交互性资源。信息技术的发展不仅带来教育教学形式的变革,更重要的是促进了教育教学理念的转变,人们从关注教师的教转变为关注学生的学,教学资源建设也从关注为教师教学提供辅助资源,转变为支撑学生的学习。新理念更强调教学资源为学生的主动学习服务与满足学生个性化学习需求服务。从学生的角度出发建设具有交互功能的学习资源,既有利于学生的自主学习,更能有效地激发学生的学习兴趣。

3.开展多主体合作协同

高校英语课程的任务是培养学生在职业情境中综合运用英语语言完成职业任务的能力。这一要求决定了英语教学资源在内容选择与学习任务设计方面,要同时关注英语语言知识与职业知识、英语语言技能与职业能力的有机结合。显而易见,英语教材的编写仅仅依靠英语教师是很难完成的,必须组建英语教师、专业教师与企业专家共同组成的编写团队,实现英语教师与专业教师知识互补,学校教师与行业专家同时发挥优势,共同合作,开展教学资源建设。

教学资源建设过程中,英语教师与专业教师共同商讨形成教学资源建设的体例结构。英语教师根据资源建设思路提出教学资源内容的设想,专业教师则从行业工作任务角度给出内容选择与建设的建议,行业专家则对教学资源素材内容的实用性与时代性进行把关。多主体参与教学资源建设可以避免教学资源仅关注语言知识体系的建构,忽略教学资源应具备的行业内容特点;可以避免教学资源脱离行业发展实际,在学生能力培养上与行业企业需求产生差距,保证教学资源在以语言学习为核心的基础上具有鲜明的行业导向与较好的适应性。

4. 建立有效的运营管理机制

教学资源建设是为了适应课堂教学信息化与学生学习信息化的需求。教学资源建设后实现资源共享不仅能够更大范围地发挥资源建设的作用,也有利于优质资源的传播与教育公平,实现教育社会化的目的。因此,有必要建立起有效的运营管理机制,实现英语教学资源的可持续发展。

以行业英语为例,行业英语的教学资源内容不仅是职业院校英语教学内容,也是行业企业职工继续教育的学习内容。行业英语教学资源同样适用于希望在相关行业寻求职业发展的人员,可以作为职前培训与学习内容,具有广泛的社会需求。因此,行业英语教学资源在共享过程中引入商业化运营机制,不仅可以实现前期资源建设成果的价值转化,吸引社会各界资金进入教育教学领域,促进教学资源更好地建设,还可以及时了解市场需求,对资源建设的内容、类型等进行评估与调整,提高资源建设的适应性。商业运营的机制有利于教学资源的持续建设与后续建设与维护,为资源建设的可持续发展提供了机制保障。

六、微课资源建设

(一)微课的定义

随着国内教育界对微课实践的不断丰富和相关研究的逐步深化,专家学者们对微课给出了不同的定义。

微课创始人胡铁生在 2011 年、2012 年、2013 年先后对微课的定义进行了完善。他认为,微课是以微型教学视频为载体,针对某个学科知识点(如重点、难点、疑点、考点等)或教学环节(如学习活动、主题、实验、任务等)而设计开发的一种情景化、支持多种学习方式的新型在线网络视频课程。该定义阐明了如下要点:微课的目的是追求最佳教学效果;微课的设计是基于信息化教学;微课的媒体形式可以是流媒体、视频或动画等;微课的内容是某个知识点或教学环节;微课的时间简短;微课的本质是完整的教学活动。

焦建利认为,微课是以阐述某一知识点为目标,以短小精悍的在线视频为表现形式,以学习或教学应用为目的的在线教学视频。

黎加厚认为,微课是指时间在 10 分钟以内,有明确教学目标,内容短小,集中说明一个问题的小课程。

张一春认为，微课是指为使学习者自主学习获得最佳效果，经过精心的信息化教学设计，以流媒体形式展示的围绕某个知识点或教学环节开展的简短、完整的教学活动。

虽然以上专家对微课定义的表述不一，基本上是围绕教学目的、教学时长、教学内容、教学手段、教学效果来展开论述，定义有许多相似之处。

（二）微课的特征

微课具有以下八个主要特点：

1. 教学时间较短

微课视频是微课的核心组成部分。微课视频一般时长不超过10分钟，因此相对于传统的45分钟一节课的课堂教学来说，微课可以称为"课例片段"或"微课例"。

2. 教学内容较少

微课不同于传统的教室，其在实际教学中主要针对特定的主题以及教学重点来展开，这更加便于教师进行对主题的教学。微课存在的价值是为了突出课堂教学中所要表达的重点以及难点问题，通过聚焦的方式进行二次学习，这样使得所要教学的课题更加精练，同时也便于学生的学习和理解。

3. 资源容量较小

微课主要采用视频以及其他辅助教学硬件来展开。例如，一堂微课在电脑中所占用的空间只有几百兆字节左右，同时在视频格式的选择上也非常丰富，几乎涵盖了所有的媒体格式，这样师生在进行教学以及学习时就方便了很多，同时微课资源也非常便于储存和携带，通常一些常用的存储设备都能够很容易地进行储存和转发，这样更加方便了教师的讲课以及学生的学习。

4. 资源构成情景化

微课的教学形式多样，同时其所要表达的教学内容也非常明确完整。视频片段的播放方式以及多样化的多媒体素材等更加容易使教学内容变得情景化，从而加深学生的共识以及理解。教师在进行微课教学时利用情景化的教学课件更容易将学生带到教学情境中，这样学生将会更加真实和具体地体会到教学中的内容，同时这种教学方式还能够锻炼学生的思维能力和感知能力。长期微课的教学同样可以提高教师的技能以及专业能力，从而提升课堂教学质量。学校同样可以针对微课进行教学改革，利用微课带来的优势弥补教学模式创新方面的不足，从而加强学校的影响力。

5. 主题突出，内容具体

微课通常表现的主题非常精练而且专一，这就体现出了微课具有主题突出、内容具体的特点，通过对单一问题以及难点的精炼和学习，可以加深学生对于知识点的理解，同时微课在解决一些如学习策略、学习方法等具体的问题时具有非常积极的作用。

6. 趣味创作

微课以短小精悍而著称，正因为如此，微课被越来越多的人所研究和创造。

微课因教学而存在，这就说明微课中所要表达的内容一定是与教学相关联的，而不是专业地论述某一个观点或者学术内容，所以这就决定了微课所创造的内容一定是与教学息息相关的。

7. 成果简化，多样传播

微课所表达的内容非常清晰完整，而且微课所表达的主题非常突出，微课的教学内容很容易被学生理解和学习。另外，由于微课采用的形式比较前卫，所以微课的传播方式非常方便而且多样化。

8. 反馈及时，针对性强

微课教学内容少，而且教学时间短，教师在教学结束后很容易能得到学习者对于教学内容的反馈，从而使教学内容更具有针对性。

（三）微课在高校英语教学中的实现路径

1. 合理设定微课内容

教师应该根据学生学习语言的具体需求来确定微课的开展方式，教学的内容需合理而丰富，以获得预期的教学效果。高校阶段学生学习语言的需求主要有两个方面：一是需要学习一些英语课程的基础知识；二是提高自身使用英语的技能。教师可以以此为目标来设计微课。针对学生学习基础课的需要，微课中要包括一些与英语考级相关的内容。应根据大学英语的教学目标，按不同的内容和顺序来设计微课的内容，例如语义知识和篇章结构知识。

对学生进行听力、口语、阅读及写作能力的培养也是高校英语教学的目标，教师应根据此目标制作一些相关的微课视频，方便学生根据自己的需要来选择学习。将微课引进教学过程后，教师应当及时建立一个方便、快捷的交流平台，引导学生在这个专用平台上开展交流、讨论，潜移默化地提高他们参与微课的热情。

2. 重视媒体资源的选择和作品版权的保护

微深的教学视频是微课重要的教学资源，所以必须做到制作精良、选择准确、共享便捷。视频类资源是微课视频的制作基础，目前我国网络上的各类视频资源质量良莠不齐，因此需要制作者针对大学语言教学的需要进行精心的筛选，努力制作出质量上乘、丰富实用的微课视频，让微课教学健康有序地在大学英语教育中发挥应有的作用。

从法律层面来看，我国的互联网资源在产权保护及共享方面还缺少严格而周密的相关规定，因此高校和教师都应该提高这方面的意识，在积极投入人力、物力、财力加快制作微课视频的同时，也要注意保护好属于自己的微课视频的著作权。只有做到保护和发展并举，大学英语微课教学才能沿着健康高效的道路前进。

3. 构建微课程网络学习平台及教学资源库

构建微课程网络学习平台及教学资源库是成功运用微课实施教学的条件之一。网络平台要具备发布学习指导、学习资源、微课视频、在线测试及测试结果的即时反馈与统计功能，并在满足日常建设、管理的基础上增加便于应用、研究的功能模块。此外，要对师生就平台管理及应用展开信息化技术培训，提升信息素养。微课资源开发及运用的主要模式有自制方式、合作方式及拿来方式。

针对高校英语教学内容需求、教学设计目标、教学活动方式及微课设计原则，鼓励教师积极投身微课程资源库建设。至于互联网所拥有的大量开放性微课及慕课教学资源，教师可适当甄选，整合利用。可供浏览参考的相关教学资源网站有可汗学院、美国60秒课程网、世界各大名校公开课网站、网易云课堂、中国外语微课大赛网等。

4. 深入开展基于微课的教学设计

基于微课的翻转课堂是一种融合课内课外、线上线下、正式学习和非正式学习于一身的混合式教学模式，有助于激发学生灵感和创造力，提升学习兴趣和参与度。要开展基于英语听、说、读、写等活动的项目学习及丰富多彩的课堂教学活动，以任务驱动法推动学习任务的有序进行，进而获得深度学习体验，显著建构知识体系。学习者历经目标制订、自主学习、协作探究、成果展示和交流反馈过程，实质是一种有意义的深层次学习互动体验。微课的核心是教学视频，包括与教学主题密切相关的教学设计、素材课件、习题测试、教学反馈与反思等辅助性教学资源，教师要根据微课的类型（课前复习类、新课导入类、知识理解类、强化训练类、小结拓展类）精心设计，精选典型教学案例，以利于激发学生创造力和发散性思维的、更具弹性的设计方式组织开展教学活动。

5. 构建新型混合式高校英语翻转教学模式

翻转课堂实质是一种混合式教学模式，课前学习通过在线完成，其余活动则在有教师指导和监控的传统课堂进行。信息技术和活动学习成为支撑个性化协作学习环境的两个支点，学生能对自身的学习时间、地点、路径及进度加以调控。

把传统教学模式与翻转教学模式进行有效整合，形成混合式翻转教学模式，以实现课内课外、线上线下多种教学（学习）模式并存，优势互补。（1）传统学习模式：以纸质教材为蓝本，黑板、粉笔为媒介，教师灌输、学生接受的教学模式。（2）协作学习模式：角色扮演、小组辩论、交际任务演练和小组活动成果展示等，学生在课前观摩微课视频，明确任务与活动的目标及策略，并利用网络资源，通过小组交流协作、头脑风暴等形式，共同完成教学任务。（3）传统学习模式与网络化学习模式相结合：基于网络多媒体环境的以阅读教学为主、写译教学为辅的读写译综合技能训练，是一种典型的混合学习模式。（4）网络化学习模式与自主学习模式相结合：基于网络多媒体环境的英语综合技能训练，尤其是听说技能训练，学生利用网络学习平台进行个性化自主学习，教师在线答疑解惑。（5）基于网络的探究式学习模式与协作学习模式相结合。（6）基于网络的学习任务和学习者的主动学习课堂相结合的适时教学模式：如基于JTT（Justin-Time Teaching）的英语翻译、写作教学模式，亦为混合式学习模式的一种。

6. 构建新型翻转课堂教学监控及评价体系

翻转课堂变革了传统的课堂教学模式，将知识传授和知识内化进行反转，重塑了师生角色定位，并对教师和学生构成了双重挑战。教师作为微课视频的制作者、教学的设计者与组织者、学习的协助者与监控者，要善于有效把控课堂，不能让课堂交流讨论流于形式或失控。要善于精讲多练，把握多讲与少讲的分寸与艺术，赋予学生更多的学习自主权。要兼顾不同层次学生的个性化需求，集中探讨典型问题，做到分类指导、因材施教。

教学评价乃教学的重要环节，构建全面客观、科学准确的新型翻转课堂教学监控及评价体系，对于实现翻转课堂教学目标至关重要。要加强自评、互评及对个人与小组的评价，将定量评价与定性评价相结合，强化过程性评价、重视终结性评价并拓展目标性评价，同时关注学生情感、态度、价值观等方面的评价。要对学习进程实施动态观测、评估和监督，并对学习任务及完成情况进行指标量化和在线追踪。终结性评价除传统的纸质笔试考核外，还可结合机测及口试，力求多维度考核学生的语言综合运用能力及学习效能。

第三节 高校英语信息化软硬件建设的生态融合

一、相关理论基础

20世纪初，生态学已成为一门初具理论体系的学科，其思想、原理和方法被广泛运用于社会科学领域，人类生态学、社会生态学、行政生态学、文化生态学等学科相继兴起和发展起来。这些学科的发展促进了社会科学领域。随后，生态学的概念也延伸到了教育领域。

（一）生态学的核心概念

1. 生态系统

生态系统是指在一定的空间内，生物的成分和非生物的成分通过物质的循环和能量的流动互相作用、互相依存而构成的一个生态学功能单位。系统一词用来说明各种要素之间的相互关系。一个系统可以视为一个组成部分，而这些成分之间借由某种相互关系连接为一个整体，系统研究关注的是系统中各成分之间的功能关系，而不是孤立地研究某一种特定的成分。

生态系统具有下面一些共同的特征。

（1）生态系统是生态学上的一个主要结构和功能单位。

（2）生态系统的结构与构成生态系统的物种的多样性有关，生态系统结构越复杂，其中的物种数目也就越多。

（3）生态系统的功能离不开能量的流动和物质的循环。

（4）生态系统越复杂，能量传递的效率越高，而维持自身存在所需要的能量相对来说就越少。

（5）生态系统是一个动态系统，要经历一个从简单到复杂，从不成熟到成熟的演变过程。

（6）生态系统中环境的改变是对生物成分施加的一种压力，那些不能调整自己以适应变化了的环境的生物就会从生态系统中消失。

总之，生态系统的基本点在于强调系统中各因子之间的相互联系、相互作用以及功能上的统一。生态系统是有边界、有范围、有层次的系统，任何一个被研究的系统都可以和周围环境组成一个更大的系统，成为较高一级系统的组成部分，而且它本身又可以由许多子系统或亚系统构成。

2. 生态因子概念及其特征

生态因子是指环境中对生物的生长、发育、生殖、行为和分布有着直接或间接影响的环境要素。生态因子是生物存在所不可缺少的环境条件，在任何一种生物的生存环境中都存在着很多生态因子，这些生态因子在其性质、特性和强度方面各不相同。他们之间彼此制约、相互组合，构成了多种多样的生存环境。

概括来看，生态因子大致具有以下特点：

（1）综合性。每一个生态因子都是在与其他因子的相互影响、相互制约中起作用的，任何一个因子的变化都会在不同程度上引起其他因子的变化。

（2）非等价性。对生物起作用的诸多因子是非等价的，其中必有1至2个是起主要作用的主导因子。主导因子的改变常会引起其他生态因子发生明显的变化。

（3）不可替代性和互补性。一个因子不能由另一个因子来替代。

（4）限定性。生物在生长发育的不同阶段往往需要不同类型或不同强度的生态因子，因此某一生态因子的有益作用常常只限于生物生长发育的某一特定阶段。

3. 生态平衡概念及其特点

生态系统中的每一个组成部分形成相互联系、相互制约的统一体。生态系统发展到一定阶段，其生产者、消费者、分解者以及非生物环境之间，在一定条件下保持能量与物质输入、输出动态的相对稳定，而且是在长时间内保持着一种动态平衡，生态平衡是指生态系统的平衡，即生态系统各组成部分的相互依赖的关系。生态平衡是生态系统长期进化所形成的一种动态平衡，该平衡取决于生态系统的自我维护和自我调节，是建立在各种成分结构的运动特性及其相互关系基础上的。人文社会有其自身的生态系统。正如学者指出，社会生态系统是由教育、政治、经济、文化、人口等子系统共同构成的复合生态系统。生态平衡不可能是永恒的，只可能是暂时的、动态的。由不平衡到平衡，周而复始地演进，是生态学中的重要规律。也就是说，保持生态系统的平衡，并不意味着保持生态系统的稳固不变。变化是宇宙间一切事物的最根本属性，生态平衡不是静止的平衡，它总会因系统内某一部分发生变化，引起不平衡。教育生态系统不仅处于与其他子系统的联系之中，处于教育生态系统内部各子系统的彼此联系之中，而且，这些联系又都是动态的联系，处于平衡—不平衡—新的平衡的运动、变化、发展之中。

二、生态学理论对信息化教学软硬件建设的启示

（一）充分重视各生态因子的作用

生态学认为，生态因子是生物存在所不可缺少的环境条件。在任何一种生物的生存环境中都存在着很多生态因子，这些生态因子在性质、特性和强度等方面各不相同，但它们之间彼此制约、相互组合。

高校英语的信息化教学软硬件建设涉及智慧教室、电脑软硬件、微课、慕课、即时通信软件、学习APP、网络等，构成了一个生态系统。各个生态因子在这个系统内流动，都是这个系统内不可缺少的部分。虽然主导因子与非主导生态因子在系统中所发挥的作用不能等同，但是任何一个生态因子都具有其他因子不可替代的作用和功能。因此，各生态因子的功能和作用都要得到重视，不可偏废。如，智慧教室在建成投入使用后，仍要保持对它的重视，及时维护设备、及时更新软件。保持智慧教室的良好功能有助于信息化教学的顺利开展，因为各生态因子之间彼此制约、相互组合。

（二）保持系统整体开放性和交互性

生态学理论认为，所有系统的共同的基本特征是整体性、关联性、层级结构性、动态平衡性和时序性。按照开放与否的标准来分，系统有两种基本类型：

一种是封闭系统,即系统和周围环境之间没有物质和能量的交换;另一种是开放系统,在开放系统内外常有物质和能量的交换。绝大多数的系统都是开放系统。生态系统的重要规律体现为整体功能大于各部分功能之和。而开放性的系统,由于其具有开放性和交互性,才是具有循环的动态系统,才能促进新陈代谢。

高校英语的信息化教学软硬件是个生态系统,着眼于可持续发展,它就应当保持开放性。如,对于学习软件,应从提升教学效能的角度出发,及时升级或更换。对于微课作品也应持同样观点,即发现同一主题或内容的微课有更好的作品面世,就应当考虑用新的作品取代旧的作品,系统内部要保持有进有出,能实现新陈代谢。同时,本系统应充分促进各生态因子之间的互动,如智慧教室的智慧黑板与学习软件之间的互动,两者的互动可以生成新的教学模式,可以拓展高校英语教学的新思路、新方法。各个因子之间进行推动,促进整个系统的发展,即各种组成部分多元共存、和谐共生,即信息化教学的有序、有效发展。

(三)促进系统内的协同有序发展

生态学认为,在一个复杂的系统中的许多自由度里,不稳定的自由度会把稳定的自由度拖着走,一直拖到空间中的某一点,即系统的一个稳定状态,这种促成稳定状态的力量被称为机体的系统作用。这就进一步决定了复杂系统如何从无序走到有序的整体。尽管系统的类别千差万别,但是各个系统之间存在着相互影响而又相互合作的关系。

高校英语信息化教学资源的整合体现了系统的协同性。高校英语信息化教学资源的整合受到教师信息素养、信息技术、硬件等诸多因子的影响甚至制约。整合资源会给系统造成不稳定,如不能如期完成,或没有取得预期的效果。此时,相关因子之间的协同变得尤为重要。如:对于相关新技术的采用和推广不要操之过急,不违背客观规律;在充分利用外界资源的基础上,提高本校英语教师的教学技能和专业水平;高校英语教学资源整合可采取先点后面、先易后难、边改进边完善的方式,由小范围试点开始,逐步积累成熟的经验,逐步进行推广。

第六章 大数据驱动下大学英语教学模式的创新

当前,人们正在运用大数据技术进行教育体制、教育模式的改革,而这种改革在大学英语教学中也有明显的体现。大数据技术的运用扩大了大学英语教学的时空界限,提高了大学生学习的兴趣和积极性,传统的大学英语教学模式已经不能适应大数据时代的要求,因此亟须进行变革,而这时新的教学模式登上舞台。本章就从多模态交互教学、慕课与微课教学、翻转课堂教学、线上线下混合式教学几大创新模式入手展开分析。

第一节 多模态交互教学模式

一、多模态交互教学的内涵

从语言学习的特点出发,20世纪90年代,西方学者提出了多模态话语理论。这一理论指出,语言属于一种社会符号,音乐、绘画等非语言符号对语言意义的生成起着重要的影响作用。各种语言符号与非语言符号模态之间既是相互独立也是相互影响的关系,共同生成语言意义。根据多模态语言理论,语言的输入、输出会受到多种符号模态的影响,因此在英语教学中,可以将多种符号模态融合起来,结合音乐、图像、网络等形式,丰富英语课堂,调动学生学习的积极性与主动性,从而交互式地学习英语语言,达到对英语语言的充分记忆以及恰当应用的目的。

在大数据驱动下,教师采用多模态交互教学,可以充分运用网络多媒体等手段,创设各种语言学习情境,让学生真正体会到语言学习的乐趣,多渠道地激发学生的听觉、视觉等感官,为学生提供全方位浸染式的环境。促进学生不断提升自身的语言技能。

多模态交互教学强调采用多种手段，具体来说是运用网络多媒体技术，开展角色扮演、图片展示等多种互动方式，调动学生学习的积极性，将听、说、读、写、译各项技能结合起来，激发他们学习的兴趣，对旧知识进行巩固，对新知识进行拓展。

二、大学英语多模态交互教学的基本原则

（一）客体适配原则

在大学英语教学中，师生分别处于教授与学习的主体地位，对应的客体则是教授与学习中使用到的工具，如多媒体、教材等。所谓的客体适配，即根据多模态交互教学的需要，提前选择能够对教学工作加以支持的材料。例如，在听力课堂上，教师需要提前下载一些听力材料，然后运用多媒体进行播放；在阅读课堂上，教师可以为学生推荐一些阅读性强的著作。

当然，日常的教材讲解，需要教师在备课时制作多模态PPT。从教材内容出发，将其中涉及的重难点知识，在PPT上配合动画、图片等加以展示，这能够将教材这一客体的适配性发挥出来，并能够激发学生的学习积极性，提高教师教学的质量和效率。

（二）主体适配原则

如前所述，教师与学生处于教授与学习的主体地位。

就教学层面而言，教师在对多模态符号进行收集与整理的过程中，应该转换自己的身份与角度，尽量从学生的视角出发对多模态符号内容进行选择。例如，所选择的动画、图片等要与当代大学生的认知规律、兴趣爱好等相符合。这样才能使课堂更具有吸引力，进而便于教师展开教学工作。

就学习层面而言，学生需要在接收到PPT的模态符号之后，将自己的感官调动起来。例如，当教师使用PPT播放听力材料时，学生需要将自己的听觉感官调动起来；当教师在PPT上展示图片等内容时，学生需要将自己的视觉感官调动起来。

一般情况下，坚持主体适配原则，对于构建多模态的交互教学模式，提升师生之间的默契度非常有益。

(三)阶段适配原则

英语学习本身是一个循序渐进的过程，阶段不同，学生的水平与理解能力必然也不同。为了更好地将多模态交互教学的优势体现出来，教师在运用这一策略时，需要坚持阶段适配原则。

也就是说，教师要从实际出发，对模态组合的形式与教学模式进行不断的调整。例如，听力部分是大学英语四、六级的重要测试内容，也是学生英语核心素养培养的一项重要内容。运用多模态互动教学模式展开听力教学时，第一阶段需要根据班级学生自身的水平，选择恰当的听力材料，不宜过难，也不宜过于简单。同时，教师需要提前检查一遍，尤其检查里面的信息是否全面，语速快慢是否适中，问题的设置是否合理，等等。第二阶段是在听力测试时，教师要时刻观察学生的注意力情况，是否出现眉头紧锁等情况，这样有助于教师对难度加以判断。第三阶段是从听力材料出发来讲解。阶段不同，这一教学模式实现了音频模态、口语模态、文字模态的多方组合。

三、大学英语多模态交互教学的意义

在大学英语教学中，网络技术与大数据技术的作用日益凸显，可以说这些技术改变了教育的理念与方式。在大数据背景下，大学英语教学应该充分利用网络与多媒体技术，将多种符号模式如图像、语言、网络等融入教学之中，利用多种模态将学生的各种感官激发出来，调动学生的学习积极性。

大学英语是高校多种学科中的一项重要的公共基础课，但是对于大部分学生来说，原有的英语课堂是非常枯燥的，导致他们的学习效果也不理想。当前，随着网络与大数据的出现，在一定程度上突破了教学的界限，采用音频、视频、微信等资源开展大学英语教学，这为大学英语教学注入了新的活力，也为学生增添了学习的自信心与动力。

在大学英语教学中，对网络资源的合理运用可以刺激各种感官，让学生参与到学习之中，更深层次地理解英语词汇、语法、语言学等知识。学生致力于成为大学英语课堂的主人，主动积极地探索知识，才能学会知识。

另外，在传统的大学英语教学中，教师提供的信息是非常有限的，很难与学生的个性需要相符合，多模态化网络的融入，可以解决教师的这些问题，教师可以利用大数据资源，为学生创设真实的平台，让学生调动多方感官，自主、轻松地提升个人的语言能力。

互联网已成为教师教学的重要工具，充分利用互联网及多模态教学模式势必对大学英语教学产生巨大的影响和推动作用。

四、大学英语多模态交互教学的构建策略

大数据时代的到来为多模态教学引入大学英语教学提供了基本的条件。无论你身处何方，都可以摆脱时间与空间的限制。对网络资源进行合理的利用，还可以从自身的兴趣与爱好出发，浏览网页、观看视频等，也可以参与在线讨论，这与大学英语多模态交互教学是相辅相成的关系。

大学英语多模态交互教学作为一种新型模式，充满着活力，在大数据背景下必将日益完善。那么下面就来具体分析大学英语多模态交互教学的构建策略。

（一）充分利用多媒体资源

多媒体技术被引入大学英语教学中，是大学英语教学的一项重要变革。多模态教学强调将学生的各个感官调动起来，实现英语学习的目标。多媒体课件正是能够将文本、图片、音频、视频等相结合的资源，教师如果制作一个多媒体课件，需要精心地准备，需要从不同的教学内容与任务出发，收集各种资料，进而进行整理与设计，制作出符合学生的、真实的多媒体课件。

学生的阅读对象不仅包含文字与图片，还包含大量的音频、视频、动画等资料。多媒体课件以鲜明的特点、丰富的资源、生动的情境等，将学生的主体性调动起来，让学生在学习中真正成为信息加工的主体。教师在设计教学内容时，可以将电脑、音响等设备利用起来，对学生的多种感官进行刺激，加深他们对知识的理解。

对多媒体课件进行合理的利用，有助于调动学生的多种感官，促进大学英语多模态交互教学，激发学生的学习兴趣与积极性，为他们营造良好的氛围。

（二）建设多模态化英语网络空间

随着网络技术与大数据技术的不断发展，当前我们的"信息高速公路""论坛""校园网"等日益丰富，也被人们熟知，显然，网络时代与大数据时代已经到来。当前，各高校开始对自己的网络空间进行构建。网络空间教学指的就是师生运用网络平台，展开师生交互活动。他们可以在网络平台上创设实名认

证的空间页面，师生在空间平台上进行学习和互动交流。2015年，河南牧业经济学院创建了网络教学平台系统，这一系统是在Sakai教学平台的基础上研发的远程教学系统，该系统采用"引领式在线学习"的理念，通过课程空间、课程大纲与资源、论坛等形式，在师生与学习内容之间建构多元化的交互渠道，将学生的多个感官激发出来，为学生创设一个真实的虚拟课堂体验环境，从而有效地实施多模态交互教学。

实施英语网络空间教学之后，师生之间可以摆脱时空的限制与障碍，在即时问答、论坛等多个项目下展开有效的互动，这样不仅加深了教师对学生的了解，还能够使彼此的关系更为融洽。通过网络空间，教师可以批改学生的作业，学生也能够在规定时间内随时将自己的作业提交上去，实现作业的先交先改、及时反馈。这不仅节省了纸张，还为师生提供了一个互动的平台。

当然，网络空间平台发挥作用的关键在于学生能够积极参与，学生需要登录到网络空间中完成作业、书写心得，也可以为其他伙伴分享自己的学习音频、视频等资料，这就让学生真正地成为学习的主体。在网络空间平台上，学生将自己的感官调动起来，激发自己学习英语的兴趣，提升自己的学习效果，实现自己的有效学习目的，这也是多模态交互教学有效实施的体现。

此外，网络空间还可以实现资源的共享，最大限度地将英语教育资源呈现出来，实现在线网络授课，所有的教学过程也可以在网络空间得以公开，这能够激发教师的创新意识，真正地实现大学英语教学的全方位改革，促进每一位教师努力建设好自己的教学空间，加强教师与教师之间的竞争，实现师生之间、教师与教师之间的互动。在大学英语教学中，应该营造多模态网络空间，将多模态网络空间教学的效果发挥出来，对多模态网络空间教学活动进行优化，遵循其自身的教学特点，顺利实现大数据驱动下大学英语多模态交互教学。

第二节 线上线下混合式教学模式

一、线上线下混合式教学的内涵

大数据技术在教育领域广泛应用的大环境下，"教师主导+学生主体"的教学模式在许多院校盛行。在如今智能手机、平板电脑、网络为时代印记的新技术的时代下，教学模式不仅要求灵活运用以教为主的教学策略和以学为主的学习方式，同时需要整合各种教学资源，要求教师进行相应的角色转变。

依据建构主义、情感过滤假设理论为基础，结合教学实际，从语言知识、语言技能、情感态度、文化意识、学习策略五个维度综合考虑构建了适用于高校的移动平台翻转课堂授课、线上交互式数字课程学习、线下模拟场景实践、过程性与终结性评价结合的四位一体混合式教学模式，并制订了基于网络交互式教学平台的混合式大学英语教学模式图。

在这个教学的过程中，教师在教学环节中不再是过去的讲授者或灌输者，而转变为一个帮助者和支持者，教师在课前和课后的准备工作及评价工作中的功能远大于过去，而学生在课前、课中、课后均为学习的主体，这与过去的"教师讲、学生听"教学模式有了很大的不同。

二、大学英语线上线下混合式教学的要素

（一）教学环境

1. 创建媒体化课程教学环境

将媒体化教学环境应用于课程教学中具有重要意义，在课程教学中，以传统教室为基础，有机组合诸多类型的教学媒体，通过屏幕投影将生动形象的多媒体教学信息如图片、视频、音频等直观呈现给学生，以优化教学过程，提高教学效果。

多媒体教室（多功能教室、多媒体综合教室、多媒体演示教室）是课程教学中运用最多的一类媒体化教学环境，也是比较新型的课堂教学系统之一，它集中了很多现代化的教学设备，教师在课堂上运用这些教学设备资源将丰富的教学内容直观呈现出来，使学生更加直观地掌握教学内容，并加深对教学内容的记忆。

多媒体教室的教学功能有很多，结合课程教学，下面主要列举其中几个主要功能。

（1）常规教学。不管是传统的常规教学，还是多媒体教学，都可以在多媒体教室完成，这是多媒体教室综合性特征的重要体现。

（2）课堂演示教学。教学内容可以通过多媒体教室的教学设备而被投影

到清晰的大屏幕上，以便于学生直观地观察、学习，比赛场景或某个具体的项目动作等也可以通过多媒体系统来模拟演示。

教师通过这种方法直观明了地向学生传递教学信息，学生的感官受到刺激，学习兴趣自然就会提升，课堂教学效果与教学质量也会因此而得到提高。

（3）对教学信息与资料进行搜索。学校的多媒体教室一般都是连接网络的，有的还与校园网相连，教师可以在课堂教学中根据教学需要直接搜索所需资料，这能够为教师的教学活动与学生的学习活动提供便利，节约课堂时间，提高课堂教学效率。

（4）各种教学课件和软件的播放。教师可利用多媒体教学设备播放提前准备好的多媒体教学软件（录音带、VCD、CD光盘等），从而使课堂教学效果得到强化与优化。

2. 创建网络化课程教学环境

信息化教学的开展离不开网络化教学环境的支持。教师将网络通信技术、计算机技术充分利用起来，通过文本、信息交互技术、影像等丰富的信息媒体资源向学生传递重要的教学信息与资源，以促进学生更好地进行自主学习与合作学习，提高课堂双向互动交流的效率和学生的学习效率。常见的网络化教学环境主要有多媒体网络教室、校园网、网络教学平台、远程教育网等。下面结合课程教学主要分析多媒体网络教室与校园网。

目前来看，多媒体网络教室（多媒体网络机房、计算机网络教室）作为一种新兴网络教学系统，在我国各类学校的应用非常广泛，大中小学普遍都会用到多媒体网络教室。多媒体网络教室属于小型教学网络，由若干台多媒体计算机及相关网络设备互联而成，可以将其作为计算机机房使用，也可以作为多媒体演示室、视听室、语音室使用，这是多媒体网络教室的功能及应用形态的主要表现。要使用多媒体网络教室，必然离不开现代网络技术和多媒体技术的支持。多媒体网络教室在课程教学中的具体应用及功效主要表现在以下几个方面。

优化教学结构，使学生有更多的实践机会。在课堂教学中，多媒体网络教室的软件可作为辅助教学手段，如教师口头讲解时，可用语音对话，示范动作时，可播放图片或视频，使学生看得更清楚一些。多媒体网络教室的设备还有监控功能，当学生自主学习时，教师可以检查学生的学习情况，发现其中的问题，从而对教学过程进行更合理的调控。学生如果在听讲或自主学习中有疑问，可利用举手功能向教师提问。教师可以利用辅导答疑功能来对学生进行个别指导，有针对性地解决学生在学习中的个别问题。另外，教师还可以组织学生交流经验，讨论问题，对于普遍存在的共性问题，集体处理。这样可以在一个整体的系统中将诸多环节联系起来，使课堂教学结构更加优化，而且学生在交互式的环境下有更多的机会去实践，学习效果会有所提高。

（1）丰富教学内容，提高课堂效率。教师制作多媒体课件，要以教学目标、教学内容及教学需要等为依据而进行，在课件制作中分类建库，分类储备各种教学资料，如教案、图片、实验用具等，以便在课堂教学中快速调用这些准备好的资源，多媒体网络教室集图书室、资料室、实验室于一体，与互联网连接，在课堂教学中教师可以获得教学所需的资源信息或校园网上的共享资源，借助丰富的教学资源来创设教学情境，使教学时空进一步拓宽，这也有助于良好课堂氛围的营造，既轻松愉悦，又保持适度的紧张。学生利用学习机也可以实现学习资源的共享，在获得这些资源的基础上充分发挥主体作用。这种教学方式具有高密度、高效率的优势，可促进课堂教学效率的提高。

（2）丰富教学内容的表现形式。多媒体信息符号的表现形式有很多，如文本、图形、图像、动画、音频、视频等形式都很常见，这些常见的信息形式经过计算机的集成处理构成了多媒体信息结合体。在网络教室环境中可以用很多种形式来呈现多媒体信息，教师要选择最适合、最有效的表现形式来传授教学内容，可以单独使用某种表现形式来传递信息，也可以将多种表现形式结合起来传递教学信息，从而达到抽象理论具象化、静态知识动态化的效果，这有助于将学生的学习兴趣激发出来，对学生的学习能力及多元智能进行培养。

（3）可优化组合多种教学形式。在课程教学中，教师可将本校服务器中的多媒体教学软件结合起来进行全面教学，学生在自主学习中也可以对学校服务器中的学习资源自由访问，提高自主学习能力。另外，教师、学生查询与运用网上资源都可以达到实时性的效果，这有助于师生之间以某个特定主题或教学任务为中心而展开互动，通过讨论室进行讨论，从而快速完成教学任务，使学生全面理解问题，这也为课堂中小组合作学习、自主探究学习以及讨论协商学习等多种学习形式的优化组合运用提供了方便。

（二）教学内容

1. 创设情境，使学生在真实情境中掌握和运用知识

在传统英语教学中，往往从具体情境中将英语知识抽离出来，抽离出来的知识是抽象性、概括性的，虽然这样可以将具体情境中的"本质"内容（概念、规则、原理等）体现出来，但知识运用的具体性与情境性却被忽视了，这样学生虽然掌握了知识，却在具体的任务情境中或遇到现实问题时无法运用所学知识，学习结果无法顺利迁移到现实中。要使学习者在建构层面掌握所学知识，即不仅掌握知识的表面，也深刻理解知识表面所隐含的性质、规律及相关关系，最好为学习者创造真实或接近真实的情境，使学习者在亲身参与中去感受、体会，获取直接经验，而不是从教师的口头讲解中去获取。

对此，在信息化英语教学设计中，英语教师要注重对真实问题情境的创设或对真实任务的设计，使学习者尽可能在真实的情境中完成所有学习活动。这里要注意一点，真实情境与现实情境不同，不一定要真实客观存在，情境有很多种类型，如基于学校的情境、基于自然或社会生活的情境；想象虚拟的情境、真实现实的情境等。在英语课堂教学中不管是创设哪种类型的情境，都只有一个原则，就是使学习者能够经历类似于真实世界的认知挑战。

2. 利用学习资源为学生的自主学习和协作学习提供支持

在信息化英语课程教学设计中，要将丰富多彩的信息化学习资源提供给学生，并在学生获取学习资源、分析处理学习资源、编辑加工学习资源的过程中提供引导与帮助，从而为学生的探索学习、分析解决学习中的问题提供支持。有些学生对信息化学习资源不熟悉，也不习惯运用，对此，教师要加强对信息化资源的普及，不断鼓励学生使用信息化资源，使学生充分认识到这些学习资源给其自主学习带来的便捷与好处，然后借助现代信息化学习资源来更好地进行自主学习、合作学习。

3. 为学生提供有效引导、支持

信息化英语课程教学设计强调学习者充分发挥自身的主体作用，主动学习、主动探索，但因为学习者的知识结构还比较单一，认识水平还比较低，也缺乏实践经验，所以在学生自主学习的过程中，教师也要适当地进行指导，在关键时刻给予帮助，如为学生提供丰富的学习资源、反复示范正确的技术动作、为学生提供咨询服务、创设问题情境启发学生思考与探索等，对于那些自我调控

能力差的学生，尤其要给予引导和帮助，以免学生因不熟悉新的内容或在学习中受挫而消极被动学习，影响学习效果。

4. 强调协作学习

信息化英语课程教学设计强调英语教师要重视设计协作学习方式，具体包括学生之间的协作、师生之间的协作、学生与他人之间的协作、各主体之间面对面的协作以及在计算机信息技术支持下的信息化协作等。协作学习不仅是学习者发展的需要，也是社会发展的需要，因此信息化教学设计特别强调协作学习。现在，社会分工的细化趋势越来越明显，知识增长也极为迅速，需要协作配合才能完成的工作越来越多，所以在现代人才的评价中，将协作意识与合作能力作为一个重要判断标准。

从学习者方面来看，不同的学习者有不同的成长经历和知识经验，面对同一知识或问题，不同学习者的理解可能不同，学习者个人的理解可能是存在局限性的，或者说比较片面、肤浅、不充分、不完善，也有可能就是错误的，而通过协作学习，学习者之间相互沟通交流，每个学习者充分表达自己的看法与见解，同时听取他人的不同看法，在这个过程中学会聆听、接纳、互助、共享，在不同观点的碰撞中更好地理解知识与问题，这时的理解比之前个人的理解更充分、全面、完善、深刻。

5. 在学习和研究活动中将"解决问题"和"任务驱动"作为主线

信息化英语课程教学设计强调不要将学习孤立看待，而要将其与更多的问题、任务联系起来，以"解决问题"和"任务驱动"为主线进行学习，学习者主动投入真实的问题情境或人物情境中，以完成学习任务，解决学习问题。英语教师在信息化教学设计中要多鼓励学生结合现实生活探究学习相关问题，将学习者的高水平思维激发出来，培养学生的高级思维能力。很多学习任务与学习问题背后都隐含着丰富的知识与技能，学生在自主学习或合作学习中探索这些知识与技能，在探索中逐渐掌握并学会运用，这有助于提高学生的探索能力。

6. 强调面向学习过程的质量评价

传统英语教学设计习惯上将简单的知识与技能作为评价学生学习成果的唯一标准，这在信息化英语教学设计中是不允许的。信息化英语教学设计强调在英语教学评价中应将师生在课程教学中的所有情况都考虑在内，强调在真实的评价情境下进行评价，主张凡是具有教育意义的过程与结果，都应该对其进行恰当的评价，不论其是否符合预定目标。此外，信息化英语教学评价还强调对学生学习能力的评价，但不是通过学习结果来评价其学习能力，而是通过其在整个学习过程中的学习行为来评价其学习能力的变化发展，最后做一个评估报告，将此作为改进教学与进一步培育学生学习能力的依据。

三、大学英语线上线下混合式教学的步骤

线上线下混合式教学模式在英语文化教学中的应用大致分为以下三个阶段。

（一）课前阶段

在基于线上线下混合式教学模式的英语教学中，教师在授课之前要针对具体的教学内容和学生的学习情况选择切合的课程资源，并且结合实际情况设计能够培养学生自主学习能力的学习任务，以充分利用教材和网络课程资源。例如，"朗文交互学习平台""新理念外语网络教学平台"等都是可实现师生交互的移动网络平台，通过这些平台，教师可以将教材中所涉及的学习计划、学习目标、学习重点、学习难点、学习主题等相应的预习内容和学习任务等，及时发到学生手中，学生可以根据任务的要求通过不同的方式，如个人独立思考、小组讨论等，有效地获取知识背景，高效地完成预习任务。在这一过程中，自主学习能力也会相应地提高。在这一阶段，教师可以利用自主式的学习平台，充分实现师生之间的互动，为学生提供有效的在线咨询，为学生答疑解惑，向学生提供有针对性的辅导和帮助，进而切实提高学生的自主探究精神和自主学习能力。

（二）课堂阶段

所谓线下，也就是课堂上的面授。在这一阶段，主要是通过课堂的教学平台和自主学习平台的相互融合，展开具有针对性的多媒体辅助教学。首先，教师根据学生对课前预习的完成情况进行检查和分析，重点指出相关问题。其次，运用多媒体创设富有情境化的教学内容，进一步提出问题，引发学生积极思考，进一步激发学生的探究意识。再次，教师结合教学实际情况和单元主题，设计相应的学习任务，鼓励学生积极讨论，也可以通过情景对话、角色扮演等方式，激发学生参与的积极性，促使学生主动参与课堂教学活动。最后，教师鼓励和引导学生进行总结和反思，可以让学生进行自评或学生之间进行互评，进而总

结学习内容，激发学生的学习动机和自主探究精神，巩固学习知识，同时提升协作互助意识和英语应用能力。

（三）课后阶段

在课后阶段，教师可以通过线上线下混合教学模式进一步补充相应的学习材料，有效拓宽学生的视野，加深学生对所学知识的理解和掌握程度。在课后，学生也可以利用网络平台寻找相应的复习资料，进一步加深学习效果，增加练习的实践，扩大知识范围，更好地完成相应的学习任务。课后巩固延伸了课堂教学的空间，能够显著培养学生的自主学习能力，也能够为学生养成良好的终身学习习惯打好基础。

四、大学英语线上线下混合式教学的意义

（一）方便灵活

信息科技与互联网的发展及其所带来的便利，使得英语教学视频可以在网上广泛传播，多样化的视频教学形式，如专题讲解、碎片化学习、视听说一体的视频教学等教学形式开始出现，使得英语教学的灵活性大大提高。首先，学生可以通过网络方便快捷地获取多元化的教学资源，不受时间和空间的限制而进行碎片化的学习。其次，教师可以借助网络资源提升自身的专业素质和水平，从而开展形式灵活、多样化的优质教学，提高英语课堂教学效果。

（二）贴合需要

在大学英语教学中运用线上线下混合式教学模式，能有效加强学生的学习体验，提升学生的学习效率，而且切合学生的实际需求。首先，网上有大量的英语教学视频，学生可以根据自身的水平和学习需求，自主选择优质课程，有针对性地利用教学资源。其次，通过线上线下混合式教学模式，学生可以获得丰富的学习体验，会形成自主探究的学习习惯，满足个性化发展需求。

（三）切入精准

相较于传统的教学模式，线上线下混合式教学模式切入点精准，在整体上能够扩展学习空间。该教学模式引发了教师主导的课堂格局的改变，通过丰富的线上资源来充实课堂内容，同时通过线下形式多样的个性化实践措施丰富学生的学习体验，进而精准地切入学生的爱好点，拓展学生的学习空间。将线上线下两种模式混合应用，能够有效改变教学的思路，切实优化教学质量。

五、大学英语线上线下混合式教学的构建策略

（一）带疑探究—讲授示范—动手操作型

（1）教师要根据课程教学的目标来找到一个或几个富有探索性的问题，然后将问题以适当的时机和方式向学生提出，并引导学生利用已有的信息技术找寻解决问题的方法。

（2）教师利用分解法，将问题由一分多，细致讲解每一个小问题，并进行必要的问题解决示范。

（3）学生通过教师的讲解与示范开始尝试解决问题，在这一过程中如果遇到新的问题便开始思考及向教师提出问题，得到解答后再行操作，直到问题得到解决，最终掌握了知识和技能。

（4）教师评价学生的学习表现，学生之间也要进行互评。

（二）任务驱动—协作学习型

（1）教师以教学内容中的重点和难点为依据，灵活设计信息技术的教学任务和目标。对于任务的设计要遵循由易到难、由简到繁、由外到内。

（2）教师给学生布置教学任务，然后让学生自由选择自己的合作伙伴来共同协作开展研究。学生在研究学习的过程中对所获得的一切信息和资料都要注重和同伴分享，一起讨论，一起研究。

（3）教师对学生的学习活动进行总结性评价。考察的重点在于学生对信息技术的应用能力。

（三）自主—监控型模式

自主—监控型模式的教学地点是在建立了网络的教室里。具体学习模式为，学生将教师提供的教学资源利用起来进行学习，教师则观察学生的学习过程。为了给学生创造良好的自由氛围，教师可在教室外通过监控观察。当教师发现学生在某环节中遇到问题，则应适当提供帮助。在自主—监控型模式中，学生可根据需要使用网络资源。自主—监控型模式的实施程序如下。

（1）教师根据教学目标对教材予以分析，然后以教师认为的最理想的方式向学生呈现教学内容。

（2）学生在接受了学习任务后，须利用相关资料或信息进行独立学习或协作学习。在此过程中，教师的任务是观察、监督，并在必要的时候提供适当的指导。

（3）教师对学生的学习活动进行总结性评价，总结评价具体到个人。

（四）群体—讲授型模式

群体—讲授型模式是面向多数人（通常为一个班）进行教学的模式。在这种模式下应用的信息技术只是作为一种教学手段出现。该模式的特点主要如下。

（1）集文字、图片、声音、图像等多媒体展现教学内容于一体，让学生对课堂教学活动有更为直观的认识和理解，而不再是过往的那种过于抽象的感觉。

（2）使用便捷、简单、易操作，能够将教学内容快速、及时地呈现出来，这无疑可以大大提高教学的效率。

（3）过往教学中那种宏观微观以及时间、空间等因素都不再成为限制，如此更加方便教师对教学重难点的把控与教学。

群体—讲授型模式的实施步骤如下。

（1）教师在备课阶段就要全面掌握教学内容，并对教学中需要的图片、视频等资料细致选择，对需要演示的课件要设计得当。

（2）教师努力创设教学情境，将教学信息展示给学生，引导学生思考。

（3）教师对教学活动做总结性评价。

（五）讨论型模式

讨论型模式是教师与学生通过网络进行的实时或非实时交流的一种教学模式。对于这种模式的应用，通常是由教师提出某一问题，然后由学生主要讨论问题。对于学生的讨论，教师要一一听取。这是了解学生学习思维和发现其中可能的问题的好机会。如果发现问题，教师要及时指导。这是一种对学生非常友好的教学模式，不过需要耗费一些时间，教学效率相对较低。该模式的基本步骤如下。

（1）教师根据教学目标对教材予以分析，然后以教师认为的最理想的方式向学生呈现课件或网页类的教学内容。

（2）学生接受任务后，由教师指导查阅资料或信息进行独立学习或合作学习。要确保在完成学习任务的过程中使用信息技术。

（3）教师要对学生的讨论予以总结，学生间也可以互评，当然也可以评价教师的一些观点。

在讨论型模式中，教师要始终尊重学生的主体作用，要允许学生发散思维，对学生的一些奇异思维不要打断，而要做到先倾听，这是鼓励他们尝试创新的良好开始。

（六）研究型课程

研究型课程与当下常见的科学研究的方法已经非常接近了。学生在这种模式的课程中利用信息技术作为工具来分析、归纳、整理各种资料，找寻对解决问题有帮助的信息。

研究型课程中的整合任务是课后的延伸，超越了传统的单一学科学习的框架，它会根据学生个体的认知水平以主题活动的形式呈现生活中的一些问题，以此激发学生的研究兴趣，并完成相应的学习任务。

学生在研究型课程模式中的学习，在设计研究方案、实施方案以及完成任务等环节中都享有相当高的自由度，教师更多的只是在选题和资料收集环节中提供些许帮助，如此更能突出学生的主体性和参与性。不过，教师提供的帮助仍旧是不可或缺的，甚至这可能决定学生研究型学习最终的成败。

第三节　翻转课堂教学模式

大数据技术带动了高校英语课堂教学模式的转变，其中，翻转课堂教学模式正是当下比较火的一种教学模式。由此，基于大数据背景，提出大学英语课堂引入翻转课堂教学模式的想法，并对大学英语翻转课堂可行性进行充分的分析，提出如何提高大学英语教学视频制作质量，探究翻转课堂教学模式下的大数据运用，翻转课堂模式下学生自主学习控制与管理以及大数据视域下英语翻转课堂的教学评价等，构建高效的大学英语翻转课堂教学模式。

引发英语教学资源爆发式增长。在大学英语传统教学模式下，英语教学资源主要以教材和纸质资源为主，教学资源相对贫乏。大数据时代下数据以爆发式的态势增加，英语教学资源不仅数量巨大，而且教学资源种类繁多，为大学生英语学习提供海量资源。爆发式增长的教学资源，使得英语教学摆脱资源束缚，极大地提高了英语教学的内容含量，使高校英语教学内容得到进一步的丰富，学生英语学习视野得到进一步的拓宽，引领英语教学进入资源时代。

赋予大学英语因材施教以可能。在大学传统英语教学模式下，英语教学主要以现场的课堂教学为主，英语教学设计主要面对学生全体展开设计，尽管在实际教学过程中教师能够意识到因材施教，尝试实施分层教学，但是受教学时间、教学空间和教学其他条件等制约，因材施教缺乏可操作性。在大数据时代下，教师可以利用大数据优势和网络平台优势等，打破传统课堂唯一主阵地，利用网络学习平台为学生创造多样化学习机会，学生可以根据自己的英语能力和英语基础、兴趣爱好等，进行自主选择，从而赋予因材施教以可能。

营造适合学生自我学习的环境。自主学习能力是大学英语教学中学生必备能力之一，在传统教学模式下，学生英语学习主要局限在英语课堂，离开课堂教学，学生的自主学习难以获得外界的有效支持。在大数据时代下，学生英语学习环境得到了进一步的优化，不仅学习资源丰富，为学生提供大量的可供选择的自主学习资源，而且网络学习平台能够改变传统模式下学生自主学习支持缺失的现状，学生之间可以借助网络平台进行互动，学生和教师之间也可以借助网络平台进行互动，在大数据时代下，学生自主学习的环境已经相对成熟。

引发英语教学体系全面性变革。大数据对高校英语教学的影响不是某一方面的，而是系统性的。大数据视域下，高校英语教学环境、教学条件等都受到巨大的影响，它引发了英语教学体系的全面性变革。教师的教学方式将进行变革，从注重教的设计逐渐转向注重学的设计，教师将根据新的学习环境和学生学习需求，不断地优化教学方法；教学内容和教学评价也发生了重大变化，教学内容更加丰富，教学评价将突破传统"唯知识性"评价模式，基于翻转课堂教学模式构建新型评价方式。

一、大数据视域下的大学英语翻转课堂教学模式理论

掌握学习理论。布卢姆是掌握学习理论的提出者，该理论指出一切学生都具备学好的可能。掌握学习理论是基于集体教学，以反馈为主要手段，倡导为学生提供个别化引导，使学生具有一定的自主学习时间，这样能够使绝大多数的学生能够达到规定的掌握标准。该理论下教师主要为学生的学习提供支持性和引导性作用，主要包括向学生提供材料，提供学习所需要的工具和必要的帮

助等,学习目标的制定和学习时间的掌握则由学生自主设定,大数据视域下翻转课堂无疑为学生学习的掌握创造了可能,学生在大数据提供的支持下,开展自主学习活动,教师从课堂中心中转变出来,能够促进学生对学习的掌握,使大部分学生能够达到掌握的要求和标准。

建构主义学习理论。建构主义理论也称为结构主义理论,该理论认为人们的认知、知识和意义的生成是人们经验和思想交互的结果,在理论主张下,它认为技能不同、背景不同的学习者,能够基于学习任务、围绕学习活动等开展合作学习,从而在某一个领域形成共同的认知,它突出学生在知识建构中的主体地位。教师可以针对某一学习主题设计学习活动,从而形成以学生为中心的课堂教学模式,学生在自主学习体验中完成自主建构。

元认知理论。心理学家弗拉维尔提出了元认知理论,该理论指出元认知就是在个体自我认知过程中,运用知识调节学习过程的一种能力。不仅如此,还是基于人们思维与学习活动的知识和控制。从这个意义分析,元认知主要包括元认知知识与元认知控制两大部分。在翻转课堂模式下,学生认知的过程就是一个不断运用知识建构新知识,不断实现知识内化的过程。

交互决定论。阿尔伯特·班杜拉则提出交互决定论,它是在汲取既有理论知识的基础上,吸取行为主义、人本主义、心理学知识的优点的基础上建立起来的。该理论认为,人们的行为、环境等多种因素不是孤立的,而是存在密切的关系的,它们互相联系、互相作用。简单来说,事物之间是互相作用的。大数据视域下翻转课堂正是基于大数据环境因素、人的因素和行为因素等,以促进环境、人和行为之间的交互性,是交互的结果。

二、大数据视域下大学英语翻转课堂教学模式建构

(一)大学英语翻转课堂可行性分析

大学英语教学中运用翻转课堂是否可行,除了理论建构外还要基于大学英语教学体系进行系统性分析,从而对翻转课堂应用于大学英语可行性进行进一步分析,以提高翻转课堂建构的有效性、科学性。

教师因素。大学英语教师与中小学英语教师相比,他们的综合素质以及接受新事物的能力相对较高,能够针对大数据环境做出积极的应对,并能够快速地胜任翻转课堂教学模式对教师教学技能的需要。此外,大多数英语教师运用

信息技术的能力比较高，接受能力较强，这就使得翻转课堂的建构获得教师因素支持，以确保教师队伍能够满足翻转课堂需求。

学生因素。从学生层面而言，大学生是经过高考选拔出来的，因此，他们的综合素质相对较高，具备自主学习的能力；从学习自觉性来说，大多数的大学生具有较好的自觉性，能够自主围绕微视频开展学习，并且能够将微课学习与课堂学习有机结合起来，能够对自主学习进行信息整合，梳理出学习成果，总结学习过程中存在的不足等，从而使翻转课堂教学模式得以实现。

教学环境因素。从教学环境分析，翻转课堂与传统课堂相比，教学环境从相对闭塞转向开放，开放性越来越大。不仅如此，教学环境能够为学生自主学习提供资源和技术支持，学生可以借助互联网学习平台，获得必要的学习资源，能够基于网络平台进行即时的学习互动，获得其他学习对象、教师等学习支持。因此，在翻转课堂教学模式下，学习环境更加成熟，相对完善，为翻转课堂提供环境支持。

（二）大学英语教学视频制作

大数据视域下翻转课堂的建构需要相应的视频作为支持。目前，微视频的开发形式主要包括以下两种：一种是直接从网络寻找，这种方法虽然比较简单，但是缺乏针对性；一种是自主开发，这种方式需要耗费大量的人力，但是针对性较强，是教学视频制作的常用方式。教师要制作出高品质的教学视频，需要做好以下几个基本环节：

设定学习目标。教师要根据学生的英语学习能力以及英语教学内容，对教学视频所要达到的教学目标进行设定，并检视教学视频是否有助于促进教学目标的达成，从而开发出适合翻转课堂的教学视频；对于一些简单的教学内容，教师可以选择简单的方式，例如，PPT，也能够达到翻转课堂的目的。

教学视频制作。教学视频制作主要包括视频制作工具选择、教学程序设定等，教学视频制作工具的选择，要根据不同的教学视频要求选择不同的制作工具，要求不高的可以选择简单的工具，要求严格的可以选择专业的视频制作工具；教学视频程序的设定要尊重学生的认知特点，并保持与教学内容有高度的匹配度，从而确保制作出的视频能够达到翻转课堂的教学要求。

教学视频修饰。教学视频前期制作后，教师要基于学生的视角，对教学视频进行后期的修饰，主要包括视频的清晰度，视频的长短。教师要根据实际情况对教学视频进行合理的增删，从而确保教学视频的品质。

教学视频发布。教学视频的发布即将教学视频借助网络平台提供给学生，由于各个高校系统不同，发布的形式各不相同，所以可以借助外部平台，也可以借助高校内部局域网。在发布时，既要考虑教师发布的便捷性，又要充分考虑学生的实际情况，一切以便捷、高效为发布的基本原则。

（三）翻转课堂教学模式下大数据运用

大数据视域下，翻转课堂教学模式下，均需要充分利用大数据优势合理地运用大数据，实现对平台资源的大数据整合以及学生学习层面数据的优化分类。

平台资源的大数据整合。在大数据时代下，英语教学资源异常丰富，这就带来一个新的问题，即数据资源价值密度降低的问题。这就需要我们利用大数据优势，进行平台资源的大数据整合。教师可以利用大数据优势，对学生英语学习需求进行数据化的采集与分析以及学生教学视频学习数据痕迹，进行数据化的分析和整合，了解学生英语学习个性化需求，根据学生的兴趣爱好、个性化需求等，选择适合学生的内容制作教学视频，这样能够极大地提高教学视频目标达成度，激发学生英语学习积极性，从而建构起适合学生的数据平台。

学生层面的数据优化与分类。在传统英语教学模式下，教师也根据学生英语学习需要提供在线辅导，这为翻转课堂的实施奠定了坚实基础。大数据视域下，要进一步发挥大数据优势，就要基于师生角色转变，即教师的主导身份、学生的主体身份等，利用大数据对学生的英语学习行为进行数据化分析，把握学生英语学习的一般特点、规律和习惯爱好等，及时发现翻转课堂教学模式下学生信息接收方式，从而及时地对翻转课堂教学模式进行优化，使数据得到进一步的优化，使之更符合大学生英语学习爱好，激活大学生英语学习的主观能动性。

（四）翻转课堂模式下学生自主学习控制与管理

首先，借助大数据和网络平台在线技术优势。在翻转课堂教学模式下，英语学习主要以学生自主学习为主，教学视频是主要的载体。大数据具有在线监测功能，我们可以利用大数据对学生的英语学习过程进行监控，了解学生在线学习的痕迹以及在线学习时长等，对学生翻转课堂的学习情况进行监控，对存在问题的学生及时发出提醒，并与翻转课堂教学评价等有机结合起来，从而实现对学生翻转课堂过程学习的有效控制。

其次，借助在线检测功能。为了及时地了解学生翻转课堂的在线学习效果，在制作教学视频时，教师可以根据教学视频内容，穿插一些检测性的练习，让学生在自主学习基础上即时地进行练习。如果学生不进行自主学习，对英语教学视频内容不了解，学生就难以完成在线检测任务，无形中完成对学生在线学习的控制。

（五）大数据视域下英语翻转课堂教学评价

大数据优化过程性评价。过程性评价一直以来是英语课堂教学评价的薄弱环节，在大数据视域下，大数据提供了技术支持，教师可以利用大数据技术手段，对学生翻转课堂的学习过程进行有效的数据采集和整合，再根据过程性数据进行科学的分析和整合，从而对学生过程性学习做出及时的评价，让学生根据过程性评价及时调整学习行为、学习状态等，从而发挥课堂评价导学功效。

大数据优化评价方式。传统英语课堂评价主要以课堂检测为主，这种评价方式不仅单一化，而且实际效果不佳。大数据视域下，翻转课堂教学评价将得到进一步的优化，教师可以借助大数据技术支持，不断地优化翻转课堂评价的方式，除了传统的书面检测外，还可以采用在线测试、学生问卷等评价方式，不断丰富课堂评价方式，并借助大数据互动优势，引入学生评价主体，综合学生自评、互评等，拓展评价主体。通过优化评价方式，将过程评价、结果评价结合起来，将教师评价、学生评价等融合起来，提高翻转课堂评价的科学性和有效性。

大数据对大学英语带来了巨大的影响，为大学英语带来机遇。大学英语教学构建翻转课堂不仅是信息技术发展与课程教学融合的结果，同时又有多重理论作为支持。作为大学英语教学，要进一步强化教学变革意识，能够根据大数据时代环境，构建英语翻转课堂，并基于英语翻转课堂教学体系，进行系统化的设计，从而使翻转课堂更好地贴近英语教学，迎合学生认知特点。然而，翻转课堂教学模式建构不是一个简单的工作，它需要教师结合大学英语教学实践，不断地提高信息化素养，充分利用大数据，变革传统大学英语课堂，构建高效的翻转课堂，将大学英语教学推向一个新的高度。

第七章 大数据时代高校英语课程教学实践策略

第一节 大数据时代高校英语听力教学实践策略

大数据时代对传统的大学英语课堂带来新的冲击，对英语人才培养规格提出新要求，同时也为大学英语听力新模式的构建提供了新的发展机遇。因此，大学英语听力教学改革必须抓住这一机遇，紧随时代发展提出的新要求，探讨大数据时代大学英语听力模式构建的新思路，顺应时代发展的需要，重构大学英语听力课堂教学模式，培养出符合大数据时代要求的复合型应用型英语人才。

21世纪互联网技术的发展和普及以及新媒体的出现使人类社会从信息时代跨入一个全新的大数据时代。在大数据时代，信息技术与教育的深度融合将给外语教学带来系统性变革，对教师角色、学生角色、学习材料、学习环境以及教学评估和测试等方面产生深远影响。可见，大数据时代加速社会的变化和发展，也不可避免地影响着中国的外语教学，传统的外语教学，强调学生具备使用外语和他人进行沟通的技能。但是，在大数据时代背景下，需要新型人才运用数据进行分析，去预知某个领域的发展趋势，或是某个群体的行为倾向。本节以大数据时代为背景，从重新筛选听力语料，到更新传统教学模式，到建立新型师生关系以及健全新型考评体系，从而提出重构大学英语听力教学模式的设想。

一、重新筛选听力语料

片面地强调学生对词汇的敏感度，对语速的适应性以及对某一小段语料的理解，已经被视为效率低下的教学方法。当然，这些仍然是听力教学的基础。现在倡导的，是在这个基础框架内填充新的内容，并且努力延伸出新的意义。

所谓填充新的内容，就是重新筛选语料。比如，在初级阶段，在进行任务型教学的过程中，要求学生能够听懂一些特定场景下的会话信息。然后模仿听到的内容，使用外语问路、购物，或者点餐。但是，结合社会发展的实际情况，人们即便是身处异国他乡，也可以凭借一部智能手机，打开各种应用程序，完成上述各项任务。由此可见，我们分配给学生的任务可能是过期的。所以，从真实的社会生活出发，筛选语料，革新信息的输入内容，是新时期外语教学最迫在眉睫的工作。首先，优质的语料资源，可以帮助学生了解目的语国家中人们真实的生活状态；其次，所谓延伸出新的意义，要求师生双方跳出语言学习的限制，从多个角度寻找解决问题的途径。仍然沿用刚才的例子，我们要求学生去问路、购物、点餐。除了使用外语，还可以动用各种工具，尤其鼓励学生去了解在目的语国家中，人们如何进行这些活动。教师可以适当提供一些线索，帮助学生打开视听，利用网络上各类共享资源进行探究性学习。

二、更新传统教学模式

第一，从"5w2h"到整体化思维方式。传统的训练方式强调学生听懂语料中的关键信息，通常集中在"5w2h"中，也就是人物、时间、地点、经过、原因、结果，还要特别关注数字及人名、地名。在教师的引导下，学生会把注意力完全投入到这些焦点中，无暇站在更高的角度进行思考。例如，给学习日语的学生播放一段语料，是两个日本人在巴西餐厅内点菜。其中，一个日本人对巴西菜如数家珍，另一个则全然不懂。很显然，前者有长期生活在巴西的经验，了解日本历史的人都知道，从19世纪末开始，逐渐有日本移民前往南美洲的巴西、阿根廷、秘鲁等国家拓荒，并且定居在那里。他们的后代中，有许多人会说日语，但比起日本却更加了解自己居住的国家。头脑里储备了这些背景知识后，在处理语料时就能解读一些深层的信息。然而，如果学生过分地执拗于细节处的单词，可能就没有机会去探索和发现。那么，该如何改变这一现状呢？首先是教师要转换思维方式。在备课的过程中，改变着眼点：不只是思考我能教给学生什么，还要了解学生想从我这里学到什么。深入挖掘语料的内涵。讲清楚人物、时间、地点后，再探究一下这段语料中情景设置的合理性。因为有些教材中出现的对话，并不会在目的语人群中真实上演。倘若是合理的，就可以探究这个会话中出现的人物是什么职业，从事这种职业的人有什么语言习惯等。一旦教师形成了这样的思维习惯，就可以通过潜移默化的方式传递给学生。如果外语教师整体都具备了这一素质，那么课堂将会更加包容，师生互动也就更加多元化。从你问我答，到多问多答，学生敢于表达心中的疑问，也会自发地寻找不同的解答方式。由此可见，教师除了掌握新技能，还要重组自己的教学思维。

第二，开放性情感。相信许多外语学习者都深有体会，在了解某个国家的某个人之前，我们往往对他有一些概念性的认知，有时甚至是误解。比如，我们通常会认为：英国人绅士，法国人浪漫，德国人严谨，美国人爱追求刺激。的确，这些概念一定程度地反映出该国的国民特性，但并不能代表所有国民的特征，其间忽略了国家内部在地域、阶层方面存有的差异，更忽略了个体的家庭、教育以及职业背景。所以在与外国人进行交流时，贴标签式的认知方式，很有可能带来不愉快。

三、新型师生关系

基于网络写作学习平台的大学英语写作课堂使师生间、生生间互动得以加强，有利于学生发展自主学习能力，使学生成为课堂的中心，成为知识的建构者。Hyland曾指出，"写作能力的培养不是通过新教学手段而是通过合适的教学方法实现的，同时还要给学生布置合适的写作任务和给予必要的习作支持"。可见，作为课堂教学组织者，教师的作用举足轻重，教师还承担着学生自主学习的引导者和监督者的角色。来自教师和同伴的反馈不仅是自动评分系统的必要补充，它还使知识传递和答疑解惑的效率得以提高，而且，这种真实情境下"读者与作者的意义协商"使学生通过体验的方式获得知识。学生之间通过互评和讨论等互助方式合作完成任务。这种自主学习与合作学习相结合的方式使学生在相互交流和合作中建构和完善自己的知识体系，而且对改变学生的英语学习观念也起着积极的促进作用。

四、健全新型考评体系

大数据时代使人们获取知识和传播知识的方式发生变革，传统的纸质媒介逐渐被电子媒介取代，信息的获取、分享和传播都以数字形式完成，显然，采用传统直接考试形式，即一个题目、一篇作文的纸笔考试，无法对新型读写能力做出客观评价。目前，国际化的大规模语言测试纷纷采用基于网络的考试形式，也开始使用综合型写作任务进行测试，这些都值得我们借鉴，大学英语写作考试应该采用阅读与写作相结合的综合型任务。评价手段的多元化可以提高评价的科学性和有效性。目前，教师评价仍然是评价体系中最重要的组成部分。在线自动评分系统还存在仅能对语言浅层特征做出评价的弊端，智能化程度还有待进一步提高，只能作为教师评价的重要补充。同伴互评是写作评价中的必要组成部分，它有利于激发学生的主动性、积极性，培养批判性思维能力。大数据背景下的教师评价和同伴互评是依托网络平台进行的，这就打破时空的界限，教师和学生可以利用碎片化时间进行及时反馈和评价。

顺应时代发展的潮流，外语听力教学新模式的构建势在必行。重视大数据带来的积极作用和消极影响，才能使教改更高效、更深入。教学理念和模式的创新，不意味着教师工作被网络代替，也不意味着教师地位被学生取代，教师仍然是教学活动的主导，应该不断地提升自身业务能力，充分利用大数据和先进科技，在全新的教育时代中紧随时代发展提出的新要求，探讨大数据时代大学英语听力模式构建的新思路，顺应时代发展的需要，重构大学英语听力课堂教学模式，培养出符合大数据时代要求的复合型应用型英语人才。

第二节　大数据时代高校商务英语写作教学实践策略

随着经济全球化进程的不断推进，社会对于商务英语人才的要求越来越高。但传统的商务英语教学远远不能满足社会的需求，尤其是写作教学。在商务英语教学中，听、说、读、写、译是学生要掌握的基本技能。就目前来说，如何培养综合应用型商务英语写作人才是应用型本科高校面临的一大问题。本节在论述应用型本科高校商务英语写作教学现状的基础上，提出了大数据背景下的相关改革策略。

商务英语培养的是以英语为载体从事商务活动的人才。目前，大多数应用型本科高校都设置有商务英语专业，且相较于综合性大学和职业学校来说，应用型本科高校更为注重集商务知识、语言技能、跨文化交流能力等于一身的复合型商务英语人才的培养，更为注重引导学生综合处理行业领域出现的具体问题，因此，应用型本科高校商务英语专业培养的是理论与实践并重的应用型复合型专门人才。在商务英语教学中，听、说、读、写、译是学生要掌握的基本技能。经相关调查研究发现，商务英语写作和翻译在具体的工作中应用得最为频繁，并且学生进入外企工作后，商务信函、说明书、商品介绍等是其接触较多的,因此,商务英语写作课程是商务英语专业所必修的一门课程。但在互联网技术和大数据技术飞速发展的今天,传统的商务英语写作教学暴露出诸多问题,难以培养社会需要的高素质应用型人才。

一、高校商务英语写作教学现状

商务英语写作是一门强专业性和强实践性的课程,是写作者商务业务知识运用能力和语言应用能力相互结合的过程。因此,商务英语写作教学应该培养的是理论和实践相并重的人才,但当前的商务英语写作教学实效性还有待进一步提升。

学生英语基础水平参差不齐。进行商务英语写作学习的学生在英语基础方面有着一些差异,具体来说,有些学生凭借自身努力和教师的教学要求,灵活调整学习方法,能够运用简单明了的语言和丰富多变的句式清晰地表达自己的意图,能够很好地将教师教授的知识融会贯通,能够使文章的整体可读性强;有些学生能够依照要求写出符合语法规范的语句,但是文章的整体表现力、逻辑性和说服力不强;有些学生的英语基础较差,对于单词和语法的掌握不足,难以组织一篇完整的商务英语文章。由此看来,学生个体间存在一定的差异,需要教师从学生实际出发,实现因材施教。

教师对于写作教学的定位存在偏差。一些教师在实际教学过程中未能正确地认识商务英语写作的特点、写作过程的复杂性、写作内容的多样性等。他们认为学生掌握了单词、词组、写作格式、句型等,就基本完成了写作的学习,因此,一部分教师还是采用传统的课堂教授模式,注重理论知识的灌输,而较少尊重学生的主体地位,较少使学生进行自主写作,完全忽视了学生实践能力的培养和锻炼。而且在实际的教学过程中,教师只是简单地讲授单词、短语或者词组的意思,而较少介绍其实际应用方案,不利于学生实际应用能力的提升。

教学内容缺乏实践性,往往忽视写作情境。首先,商务英语写作课程的教材大多数是以文体分类展开的,与实际商务活动中的诸多应用存在脱节现象,且内容较为陈旧,难以跟上时代发展的步伐,难以对学生毕业后的工作产生积极的影响;其次,教师在教学时虽然涉及报价、询价等内容,但是也仅限于对理论知识的讲授,而较少进行情境创设,使学生在毕业后面对实际问题难以进行有效的解决。

教学模式单一，缺乏课堂互动交流。传统的商务英语写作教学模式单一且过于程式化，教师仍占据着课堂的主体地位，学生只是被动地接受和机械地模仿写作模板，整个课堂教学过程还是教师的独角戏，学生难以参与进来。但教学本来就是教与学的双向互动过程，不仅教师要交给学生知识和技能，而且教师还应及时地接收到学生的学习反馈以便更好地改进教学方法。如果师生缺乏有效的互动、沟通和交流，那么不仅学生的学习兴趣和积极性难以调动起来，而且课堂教学的实效性也难以提升。

二、大数据背景下高校商务英语写作教学改革策略

随着大数据时代的到来，人们在存储信息、提取信息、分析信息、共享信息等方面有着极大的飞跃，对人们生产生活的各个领域都产生了极大的影响，并促使人类社会不断向前发展。教育领域也不例外。大数据的出现为应用型本科高校的商务英语写作教学带来了全新的机遇，使其教学模态呈现出多样化的特点，教学模式也逐渐趋于人性化，师生关系也极具交互性，教学结果反馈的指向性越来越明确，并促使其朝着培养综合应用型人才的目标不断前进。

整合教学资源，更新教学内容。大数据的出现使得商务英语写作的教学内容突破课堂的限制，直接延伸至课外，甚至网络。首先，加大校内在线平台建设。教师可充分地利用网络为学生搜集尽可能多的教学资源，引导学生充分利用搜索引擎、英语学习网站、在线词典、语料库等搜集足够多的背景知识，并完成写作任务，使学生真正参与到教学中来，提升学生商务英语的应用能力；其次，教师可将行业发展的最新动态引入课堂教学中，引导学生结合行业实际进行有针对性的写作训练，增加教学内容的前沿性和应用性，使学生不至于与行业实际脱轨。

引入慕课教学模式。教师可通过慕课将商务写作知识与商务实践活动相结合。教师可经过慕课平台搜集各种与商务英语写作相关的资料并将其设计成业务实践活动，以突出专业性和实用性。在学生进行实际写作之前，教师可采用翻转课堂模式，将有关写作的理论知识和语言知识等以视频的形式传给学生，便于学生在课前观看，使学生对要学习的内容有一个大致的了解，同时学生还可将不懂的问题进行汇总以便在课上统一提出，方便教师进行有针对性的教学。之后，利用慕课平台模拟真实的商务场景，使学生真正参与到写作教学中来。

除此之外，学生还可以通过慕课平台进行不同阶段水平的测试，便于学生了解自身在某一阶段的学习情况，同时也便于教师依据学生的测试结果进行后期教学的调整。

采用分层教学法，开展协作学习。首先，针对学生基础水平的差异，教师可采用分层教学方法，针对不同层次的学生因材施教，避免出现传统教学模式下千篇一律的学习任务难以有效激发学生学习兴趣的尴尬局面。例如，可采用大数据技术，划分出学生英语基础等级，之后可设定不同难度水平的写作任务，并分配给相应层级的学生，为水平较高的学生锦上添花，为水平较低的学生雪中送炭，极大地激发学生学习的积极性和主动性；其次，开展主题教学或者案例教学，将学生分为若干小组进行小组合作学习，使学生在团结协作中完成既定任务，一方面锻炼了学生的实际应用能力，另一方面也培养了学生的团结协作意识和沟通交流能力。

一个人的写作能力与其语言应用能力和语言理解能力有着直接的关系。商务英语专业学生的写作能力主要包括文字组织能力、语境揣摩能力、语法规范能力、深入思考能力等，其对于学生理论水平和实践水平的要求也较高。随着大数据的不断推进，商务英语写作教学也应抓住机遇，迎接挑战，积极更新教学内容，引进先进的教学模式，将慕课与翻转课堂等结合起来进行分层教学，并注重培养学生的团结协作能力，使学生真正参与到教学中来，切实提升应用技能。

第三节　大数据时代下的英语翻译教学实践策略

发展日新月异的大数据时代，已经渗透到了教学中的方方面面。而翻译作为语言学习中的高级阶段，更是要与大时代形成契合。本节从翻译教学角度入手，在多方面提出了相应的应对策略，但也提出了翻译教学中教师和学生所面临的挑战。

随着信息技术的发展和云计算的广泛应用，"大数据"的概念和技术已经逐渐渗透到教育教学的相关领域。翻译是我国对外沟通交流的有效途径之一，社会对专门翻译人才的培养有着很高的要求，地方高校作为应用型人才培养的基础阵地，应积极顺应时代发展要求，高效利用大数据资源，逐步完善翻译人才培养体系，为地方乃至国家输送优质翻译人才。

在大数据时代，信息技术快速革新和发展，地方高校的英语翻译教学应从教材选用、课堂教学、考试评价等人才培养各环节与大数据相结合，培养具有时代性和创新性的应用型翻译人才。

一、大数据时代下翻译教学主要环节的应对策略

（一）教材选用

教材是最基本的教学资源，是人才培养的关键环节之一，教材质量的优劣直接影响着人才培养的质量。我国翻译教材的研发共经历了四个发展阶段，翻译教材从"摘编"到"统编"，从"多元化"到"体系化"，无不渗透着当时社会的思想倾向，被深深刻上时代的烙印。

如今，在大数据时代的洪流中，可以说翻译教材已经进入第五个阶段——"网络化"阶段。翻译教材的内容需要引经据典，还需要与时俱进，也在很大程度上决定着翻译人才培养的方向和目标。现当代翻译家们翻译的很多作品都一直被奉为经典，而在互联网中很容易找到的一年一度的政府工作报告等时事翻译文本也必须引入教学资源库。因此，翻译专业的教材选用应遵循"经典和时政相结合、有形和无形互促进"的基本原则，建立全方位、立体化、动态化的教材选用机制，充分利用大数据优势，以满足翻译教学的时代要求。

传统的课堂教学被认为是人才培养最重要的环节，大多以教师讲授为主，而我国经济社会的迅猛发展对高等人才实践能力的要求越来越高，传统课堂产物早已不能满足社会对人才知识规格、能力规格、素质规格的多元需求，传统教学方式正逐渐被微课、慕课、翻转课堂等新兴形式所取代，而这些新兴形式正是利用了不断发展的计算机技术以及大数据时代的网络资源优势。

（二）教学过程

考试与评价是课程教学的最终环节，但现在仍沿用旧习，使大数据时代下的翻译教学显得有些虎头蛇尾。考试与评价环节能否在大数据和网络技术带来的巨大益处中分一杯羹，也是值得深入研究的。

地方高校一般处于二、三线城市，教学资源严重匮乏、教学理论更新缓慢、学生基础比较薄弱、优秀师资相对短缺，因此，地方高校翻译专业教师更加有

必要利用大数据的优势，引入优质教学资源，改进传统教学方式，不断地完善教学过程，从而提高翻译人才培养质量。翻译相关课程的教学可采用"教师主导、学生主体、三项结合"的方式。"教师主导、学生主体"充分体现了当代社会以人为本的理念。教师作为教学活动的主要参与者，在翻译教学过程中应发挥引导、监督的作用，努力摒弃"教师一言堂"，激发"学生好声音"；学生作为教学活动的主体，应积极发挥主观能动性，改变传统课堂中被动接受的状态，切实接过学习新知的接力棒，创造在教师主导下学生自觉、自律、自学、自省的新局面。大数据背景下，"教师主导、学生主体"的教学方式从以下三项结合得以体现，即"线上与线下相结合、理论讲授与技能训练相结合、计算机批阅与教师审校相结合"。

1. 线上与线下相结合

教师于课前根据课程教学进度与内容的要求，通过 blackboard 课程教学平台、课程微信公众号、班级微信群、班级 QQ 群等线上方式给学生布置相关任务，其中包括名家译作展示、翻译理论介绍、翻译技巧与方法刍议、学生译作及翻译过程自评等，学生接到任务后充分利用网络资源优势，认真查找资料，去芜存菁，以小组合作的方式将展示内容制作成 PPT，从而对新知识有初步认识与了解，并将完成任务过程中遇到的疑问与困惑记录下来。

第二步，学生将任务成果和疑问带进线下实体课堂，教师根据学生的课前 PPT 报告对其任务完成情况进行点评，然后进入正式的课堂教学，教师利用多媒体技术，采取讲授法、讨论法、合作法等多种教学方法进行新知识的传授，最后解决学生在完成任务以及课堂学习过程中遇到的问题。

2. 理论讲授与技能训练相结合

翻译学习主要包括翻译史、翻译理论和翻译实践三个方面。翻译史和翻译理论的教学可以放在由教师主导的课堂上进行讲授，而翻译实践需要师生大量的时间投入，课堂教学远远满足不了实践的时间要求。以大庆师院外国语学院为例，学院成立了职业技能训练中心并开展第二课堂活动，训练中心下设两个翻译训练部，每学年开展活动18周、每周开展两次。每轮技能训练之前由教师制订本学年的训练计划，选择翻译语篇。每周两次的活动一次由教师主导、学员练习，另一次完全交给训练部的学员开展与本周主题相关的翻译活动。学员需通过互联网搜索大量资料，然后筛选并制作课件，准备过程本就是学习过程，进一步提高学生的学习积极性，把控学生在课后的学习活动。

学院所有学生对翻译第二课堂认可度高、参与率高。目前，职业技能训练中心学分已纳入翻译专业人才培养方案，成为学生的必修学分，确保每名学生在毕业之前均能参加两期共 36 周的翻译训练，以达到一定的实践量。除职业技能训练中心以外，翻译工作坊、翻译实习实训室等都是地方高校利用大数据优势提高翻译人才培养质量的有效途径。

3. 计算机批阅与教师审校相结合

地方高校学生的英语语言基础薄弱，教师批改的作用不容小觑。学生需要大量练习与教师批改进度慢之间的突出矛盾可由大数据帮助解决。例如，专业作文批改网站"批改网"，教师通过个人账号布置翻译任务，学生搜索任务后查看并完成任务，提交以后批改网通过精算而给出分数以及修改意见，其中，绝大多数的语法错误和措辞不当都能被一一指出，学生修改后可以再次提交并刷新分数。在计算机批阅的基础上，学生的大部分语法错误都已修改完成，教师在计算机上点开学生的作品即可进行审校，不再将注意力聚焦在学生的语法错误上，而可以更加关注学生的译文流畅度、翻译风格的吻合度等翻译专业层面，给学生的译文做出适当评注并提出相应建议。

（三）考试与评价

除此之外，地方高校在翻译教材的选用上还应注意与地方重点企业和行业的对接，可邀请企业和行业的专家共同开发课程、编写教材，或利用校企合作的项目成果，进一步充实教学资源。以大庆师范学院为例，翻译专业教师为大庆油田公司翻译了涵盖石油勘探、开发、钻井、作业、压裂、焊接、管工等近 20 项关键业务的《海外市场开发施工作业人员系列培训教材》，共计 80 余万字，并以此作为翻译实践教学的辅助教材以及学生实习实训的重要资料。因此，从地方高校应用型人才培养的角度，教材的选用上还应追加一项"高校和企业共开发"的原则。

地方高校翻译专业根据其生源特点，主要以培养应用型翻译人才为主。为适应大部分学生的职业输出需求，仅有卷面，或仅以卷面为主的考试形式将学生的成绩单方面限制在一次期末考试的分数之内，无法综合考查学生真正的实践能力，对其评价难免有失偏颇。因此，探索基于大数据和网络的考试与评价方式，将形成性评价和终结性评价有机结合，是地方高校可以采用的办法。例如，可以将期末考试成绩分成两部分，一部分为传统卷面考试，占课程期末成绩权重的 50% ~ 60%；另一部分为学生平时在电脑、手机等终端设备完成教师所布置任务的成绩总和，占课程期末成绩权重的40%~50%，取消成绩单中没有任何依据的"平时成绩"，而要求任课教师在试卷袋中提供相关证明和资料，列出形成性评价详单。

上述方式可以对教师教学和学生学习的全过程进行有效监控，激励教师制订科学合理的教学计划。加大形成性评价的权重，同时能管控学生的整个学习阶段，督促基础薄弱、学习能力较差的地方高校学生注重学习的全过程，可以有效避免期末考试前划重点、背重点的错误复习方式，使每一个科目的考试真正考查出学生的真实能力和知识接受程度。

二、大数据时代翻译教学面临的风险

大数据时代虽然为英语翻译教学带来了益处，但同时也存在着风险。

（一）网络资源不够全面

网络教学资源的丰富性毋庸置疑，但对于相对老旧的珍稀译本等资源，在网络上难以找到，仍然只能在学校图书馆甚至国家图书馆找到其复印本、缩印本和珍藏本，这将导致学生搜集资料不够全面，观点结论支撑不足。有些网络资料如期刊文章等，学生没有IP权限下载或必须支付费用才能下载，在一定程度上影响其高质高效地完成教师布置的相关任务。

（二）网络信息不够准确

由于网络技术允许人机互动和人人互动，因此，网络中的资源大部分由他人编辑上传，难免存在错误信息，尤其是单词拼写的错误、语法的错误比比皆是，学生能力不够，无法一一准确甄别采用，从而导致任务完成效果差。网络信息不够准确的另一个方面还体现在网络翻译软件的广泛使用，学生往往过度地依赖于网络翻译，容易导致译文千篇一律、漏洞百出，影响学习效果。

（三）网络环境不够安全

因网络具有开放性强、传播速度快的特点，如果遭受黑客攻击，电脑等许多终端设备都易被波及而瘫痪，一旦网络瘫痪，一切基于大数据和网络技术的翻译教学都将暂时被动搁置，会扰乱教师的教学计划，若教师临时调整教学计划的准备不足，将在很大程度上影响课程教学，长期的临时调整甚至会影响翻译人才培养的质量。

大数据时代影响着英语翻译教学的方方面面，如何充分地利用大数据时代产生的益处与便捷，并从容地应对大数据时代带来的风险与挑战，是每一位奋斗在翻译教学一线的管理者和教师应该认真思考的问题。本节由于篇幅所限而并未提及的大数据时代下的翻译教师队伍建设、翻译课程体系构建等教学关键点也值得深入挖掘与研究。

第四节　大数据时代高校英语报刊阅读教学实践策略

　　大数据时代的来临，为高校英语报刊阅读课程教学提供了良好的发展机遇。本节从英语报刊阅读课程的教学现状入手，通过综述与分析的方法，对大数据时代英语报刊教学思维与模式进行了全新的建构，同时也指出了新时期该课程教学所面临的挑战。

　　进入21世纪，在信息高速化发展、云计算、智能手机等日益普及的趋势下，以数据的海量存储、信息的快速传播、全媒体的视听化效果为外在特征的大数据时代悄然到来。2012年，美国奥巴马政府启动了"大型数据研究和发展倡议"计划，首次把大数据定义为与互联网、超级技术同等重要的国家战略，同时在政治、商业经济以及教育等方面制定了一系列相关措施。2013年，大数据的理念逐步引入到我国外语教学与研究领域，如何利用大数据转变外语学习和教学模式逐渐成为未来课程教学改革的重点。作为英语专业的一门重要选修课程，英语报刊阅读因其教学内容的时新性和学习环境的地域局限性迫切需要发达通畅快速的网络信息支持。而事实上，大数据时代的到来也为报刊阅读课程提供了良好的发展机遇。大数据时代的信息"大爆炸"为报刊阅读教学提供了最新、最广的新闻资源以及海量鲜活、真实、生动的语言素材，慕课、小微课也为课堂教学带来了一种全新的体验。然而，如何迎接大数据时代带给报刊阅读课程的变化，实现信息资源与教学内容、模式以及教学评估的对接，这也给广大教师提出了新的挑战。

一、英语报刊阅读课程的教学现状及问题

　　自从20世纪80年代国内高校首开英语报刊选读课程以来，英语报刊因其丰富生动的教学资源，受到越来越多高校的重视和学生的喜爱。报刊阅读的意

义以及报刊阅读课程的重要性已日益获得认可，其地位亦不断上升。然而，虽然报刊阅读课已经获得广大英语教育专家和教师的认可和推崇，但是不可否认的是，报刊阅读课在教学实践过程中依然存在许多问题，教学效果与理想的教学目标之间还有一定的差距。概括而言，问题主要反映在以下方面：

（一）课程教学内容与理念

英语报刊阅读是英语泛读课程的延伸和深入，这已被国内高校英语报刊教学界所认同。但是，英语报刊教学在课程意义、教材、教学要求、教学模式和教学评估等方面是不是等同于英语泛读教学，或者说报刊教学和英语泛读教学在以上方面有何不同，在这一点上，高校教学界还缺乏统一明确的认识。这些认识上的差异和模糊导致当前很多高校对报刊阅读课程教学目标和重心的理解产生偏移，把报刊阅读课看成是单纯的语言教学课。许多研究者的调查研究表明，相当一部分报刊课堂还是延续着精读课程的教学思路，专注于报刊素材语言知识点的讲解，忽视报刊教育在培养学习者获取信息能力、批判性思维能力、综合人文素养等方面具有其他教科书所无法比拟的价值。

（二）教学模式

随着各高校对报刊教学的不断重视，英语报刊阅读课堂教学模式呈现出多样化、立体化的发展态势，网络多媒体辅助教学手段也被逐步地引入教学实践中。当前比较通行的教学模式有以下几种：一是传统教学模式，即教师课前对报刊文章内容和教学形式进行设计，课堂上采用讲解、释疑的方式进行授课。如果学生语言基础不太扎实，教师在报刊课堂教学中就格外注重语言专业知识的讲授和语言技能的重复训练。而学生大部分时间都是听众，被动地聆听、完成学习。这种模式导致的一个结果是，不少个性化的大学生逐渐丧失报刊阅读兴趣，尤其在时下大学生人手一部手机、校园网络全面覆盖的背景下，他们宁愿在课堂上利用微博、微信等应用程序浏览各种英语报刊电子网站。但是由于缺乏教师系统专业的引导，他们的报刊阅读能力难以得到提升，阅读兴趣也难以维持长久；二是多媒体课堂教学模式。随着计算机、网络技术的普及，十几年来，不少高校的报刊阅读课堂从教室到课本设置，再到教师的教学文件都极尽可能地将多媒体融入进去，课堂上为每个教学环节设计的PPT更是成了报刊阅读课堂必备的教学要件。但是，多媒体的教学是否极大地提高了英语报刊阅读的教学成效呢？笔者调查了同省不少高校报刊阅读课堂教学的实际情况，也查阅了不少期刊论文中对于报刊多媒体课堂的分析，结合自身的教学经验，总结出以下几点当前部分高校报刊阅读多媒体课堂的不足之处：一是相当多的教师对多媒体课堂的理解还只是限于 PPT 的运用。认为在授课时向学生展示已经制作好的 PPT 就是运用先进的多媒体教学技术，可是其教学内容和方式仍然保留传统的模式；二是不少教师和学生的计算机操作水平能力有限，对于网络多媒体化的报刊课堂教学模式虽然认同，但在实施过程中由于技术问题以及教学成本问题，难以在具体的教学实践中展开。

此外，相较于目前研究相对较多的报刊教学课内教学模式，有关报刊阅读课外教学内容和模式的探索和实践则相对较少。事实上，英语报刊阅读能力的提高仅仅依靠一周两节的课堂教学是远远不够的，如何延拓教学空间，突破课内教学模式的局限，做到课内与课外有机结合，形成集多种教学模式和教学手段为一体的完整教学体系，这也是今后教学改革需要关注的地方。

（三）英语报刊教材问题

20 多年来，我国高校英语报刊教学已经有了很大发展，使用的教材有上百种，教材内容也是各有特色，许多知名专家教授为这门课程的教材编写倾注了大量心血，也极大地推动了该课程的发展。但是，相较于新闻的时效性要求，报刊阅读教材先天的滞后性特点决定这门课需要课外教材的不断补充。近年来，随着互联网和各种移动终端的普及，不少教师尝试着将传统的阅读教材与网络资源相结合，把网络电子报刊资源引入到课堂。但是网络英语媒体资源鱼龙混杂，作为课堂阅读教材，面对不同层次的院校，不同需求的学生，教师该如何恰当合理地进行课外选材，需要把握好哪些原则，这些无不对新形势下的报刊教学提出了新要求。

（四）学生群体的变化

受家庭环境、教育背景和社交关系等原数据的影响，当前"95 后"学生的学习观念和学习模式与以前学习者相比已经发生了巨大的变化。面对信息数据时代的到来，存在两类不同反应的学生群体：一类学生习惯于信息"内爆"的碎片化体验，青睐于用更快的方式汲取更多的内容。随着网络时代信息传播载体更加便捷，更多的学生带着手机走进"移动"课堂学习。他们不满于传统的"听众"身份，也厌倦于传统的教学模式，借助于无所不在的校园无线网络，利用微博、微信平台查阅各种英语阅读学习信息，独自阅读网上期刊，拒绝教师讲解下的报刊教材阅读；另一类学生群体（尤其是刚刚入校的大学生）则对新时代所带来的学习革命反应迟钝,对于大数据信息时代背后隐藏价值的认知和利用毫无概念,他们在英语报刊阅读学习方式和思维上更依赖于教师和教材。这两类学生群体,从专业学生的可持续发展和自主学习能力养成来说,如果不加以正确引导,很显然无法达到报刊阅读教学所要求的学习目标。对于教师而言,必须根据大数据背景下不同学生的学习特点和学习需求,通过一种切实可行的报刊阅读教学模式,以帮助学生找到最为适合的阅读和语言实践中介。

二、大数据时代英语报刊教学的新思维

(一)碎片化教学与模块化教学

信息化社会的到来正在打破和改变传统教育,教育与学习方式的许多理念也不断在发生改变。按照工业时代劳动密集生产方式设计出来的有边界限制的班级授课制已无法满足大数据时代对教育的需求,尤其是人们已经习惯于基于网络的日常活动和学习,如网上购物、网上阅读、网上写作等。在这种背景下,许多新型的教学方式被开发出来,如大规模开放课程、微课以及各种资源共享课,等等。基于网络资源的微课,短小精悍(一般一节课5~15分钟),设计精细,视频资源呈碎片化,但主题集中,逻辑严密,围绕某个知识点或者教学环节完整展开。这些新型教学方式打破了传统的固定课时的模块化教学,是新时代下教育变革发展的必然趋势。对于报刊阅读课程教学而言,它带来了难得的改革发展机遇——教师可以更为灵活地选择教学内容;学习者也可以更加自由地安排自己的学习和复习计划,而且学习场所也不必局限于教室。大数据网络时代,大学生几乎人手一部手机,在几乎人人进行上网浏览阅读的背景下,报刊阅读的课堂教学模式也应该做出结构性调整:基础性阅读任务由学生课前完成,深度任务如培养学习者获取信息能力、批判性思维能力以及提高学生综合人文素养等环节由老师课堂指导,通过课内课外合作实现高效的混合式学习。此外,利用网络媒介,视频记录教师在课堂内外教学过程中围绕某个知识点而开展的教与学活动的全过程,将其提供给学生,使他们能够根据自身的需要随时随地在线学习。总之,大数据实现了学生课内、课外在线阅读的积累,教师可以通过后台数据库统计班级的整体阅读情况,获得有价值的数据报告,紧密跟踪了解学生的报刊阅读状况。

（二）海量资源与个性化学习

根据学生的实际水平，充分满足学生的普遍及个性化需求，是衡量教育是否成功的一个重要指标。大数据时代最广的新闻资源以及大量鲜活、真实、生动的语言素材有效化解了报刊阅读教材整齐划一和时效性滞后的问题，同时也为实现以学生自主学习为中心、学生主动搜集分析有关信息资料、对所学问题提出假设并设法加以验证并由教师予以引导激励的个性化学习提供了无限可能。但是海量资源的呈现并不是放手让学生自由选择文章，随意阅读。教师应在教学大纲的要求下，根据教学计划预先设置、选择好每次课堂教学的话题和材料，然后提供一定量的预习作业和思考题一并发送给学生。学生利用网络大数据信息，查找有关背景知识，阅读相关内容的报道，概括该新闻报道中的常用术语，同时借助网络电子工具完成学习资料的初步阅读。之后，教师对学生的作业进行分析和发掘，形成有效数据，并对这些数据进行归类与分析，了解每一个学生的需求，从而在接下来的课堂教学中进行有针对性的个性化教育，避免学生面对充满晦涩语言和政治偏见的报刊阅读材料时出现手足无措、难以理解的情况。

（三）阅读与欣赏对接

语言不仅承载信息传递的功能，同时也是一种文化情感符号。阅读是人类获取知识和信息、丰富思想感情、增长见识最原始、最普遍的方式。传统的英语报刊阅读教学比较注重英语语言知识的学习和文本的理解，对于学习者从英语报刊文章中所受的情感熏陶，所获得的思想启迪和理解比较忽视。大数据时代基于云计算的现代教学手段，使得学习者零距离接触大量英美原语期刊文章成为现实，英美报刊记者和各色专栏作家视野下的英美社会文化形态和各种价值观也被完整呈现给读者。在此背景下，报刊阅读课程教学应转变思维，从单纯的文章讲解逐渐转向对文章内涵的深入探讨，通过有组织的小组活动，采用口头陈述或书面写作的方式，将探讨的内容由语言知识意义延伸至社会现实及学生的自我体验，使得学生在课堂上保持一种高强度、兴奋的思维状态；另一方面，教师也应尊重学生的阅读兴趣，引导学生读解、领悟文本思想，引导学生构建一种不同文明形态对话与宽容的阅读心态，提升跨文化交际能力和批判性思维辨析能力。

（四）多元反馈与绿色测评

评估与反馈是课程教学中的一个重要环节。在传统教学理念的影响下，报刊阅读课程考试以闭卷笔试为主，内容比较局限于知识性、识记性的考核，学习者的课堂注意力和学习兴趣也被压制在琐碎的词汇记忆上，其思维辨析能力、信息素养能力以及多元文化交际能力难以得到考察。此外，由于课程终结性考核的滞后性，学习者的学习状态及问题也无法及时得到一一反馈。大数据时代的到来，使得依靠信息技术支持的智能化课程教学服务体系得以培养和发展，建立在团队合作基础之上的课程内容解读和监测也将变得更加完善。报刊阅读中的语言知识点考核能够依据阅读智能评估体系网络平台及时推送，学生的测评反馈信息及时充分，而且所有考核能够做到动态化、自动化、智能化。当然，限于当前的网络技术条件，这个英语报刊阅读智能评估体系网络平台的建立还处于初步起始阶段，但它对于报刊阅读课程考核与评估的意义是不言而喻的。对于非知识性的能力考核，其考评可以改为小组PPT展示以及小组讨论或者辩论等方式，使得教师对学生的了解更全面、更充分。在大数据课堂教学模式下，不仅是教师对学生的表达和思维进行评价，其他学生也可以参与评价，因此，评价主体是多元互动的，过程是双向的。

三、大数据在英语报刊教学应用中所面临的挑战

大数据时代的来临，在线教育的无处不在，对高校英语报刊教学产生了深远的影响。报刊教学在得到巨大发展机遇的同时，也面临着不小的挑战。

首先，教师的传统角色与职能面临转变。在传统以讲授为主的课堂语境里，教师关心的只是与自己专业相关的知识、信息、数据，他们是各种学习资源的提供者，尽管这样的资源数据非常有限。而随着封闭课堂向开放课堂、教师中心向学生中心的转变，大量有关学习者的资源数据喷涌而出，师生界限越来越模糊，这给报刊课程教师带来了全方位的挑战和冲击。除了更高的专业知识和信息技术能力，教师还应具有课程自主设计与实施的核心能力。陈坚林把这种核心能力具体细化为教学技术与方法的运用、教学内容解读和资源建设、教学组织掌控、教学异步管理、监测研究、教学环境营造等六个方面。很显然，大数据时代将彻底改变以往教师个体的身份与角色。具体到大学报刊阅读课堂，教师要组建智能化教学团队，整合各种资源，根据学生的个性与特质，选择报

刊阅读资源，设计活动主题，划分学习小组，分配学习任务，提供各种学习策略，及时给予有效评价，为学生的学习提供服务与指导。这些既是大数据时代对报刊教学所带来的挑战，同时也是新时代提供给教师创新性的专业发展机遇。

其次，整合线上线下教学内容、达到高效教学的目的，是开放式教学亟待解决的问题。在大数据时代，网络在线教育、翻转课堂等理念已成为主流。英语报刊阅读作为与现代信息技术接触较为紧密的课程，从目前各高校该课程的发展趋势来看，采取网络开放式教学也将逐步成为主流教学模式。网络开放式教学以线上阅读、指导和线下教学立体结合的方式延展了教学空间和时间，使报刊阅读不再拘泥于课堂和教室，也使得学习的开放性和互动性得以完整地体现。但是，由于教学对象、形式、技术、呈现方式等与传统教学不同，网络报刊阅读内容的设计和指导需要对在线学习规律和一定的技术手段进行全新的理解和运用，此外还有线上线下内容的分配和整合问题。当前许多高校开通了国际上通用的慕课平台，向学习者提供海量的课程学习资源，但是关于英语报刊阅读课程，笔者查阅梳理后尚未发现有较为成熟普及的课程教学资源，更遑论线上线下相整合的课程学习内容。大多数教师都是各自为政、各自摸索。这显示出英语报刊阅读教学在面对大数据开放教育时的尴尬。

大数据时代的到来加速了社会的变化和发展，同时也给高校英语报刊教学带来了机遇和挑战。机遇是显而易见的，如探究报刊个性化教学，利用海量资源学习，创设多元、高效的网络生态阅读环境，等等。但是在新时代提供机遇的同时，挑战也如影随形。如何利用海量繁杂的数据信息，借助智能化平台，用网络空间来置换课堂时间，同时使有限的课时变得更加高效，这是今后报刊英语教学值得探索的主题。

第五节　大数据驱动下高校英语教学评价多元化

高等教育的网络化对大学英语教学提出了新的要求，其不仅要求大学英语教学更新理念、改变方式，还要求对教学评价进行反思与评价。现在大学英语教学的突出问题就是教学评价存在不完善、不合理的层面。因此，当前的大学英语教学应该以互联网作为支撑，对教学评价体系进行改革，使教学评价更具有多元化与科学性。本节对大数据驱动下大学英语教学评价的多元化改革进行研究。

一、大学英语教学评价概述

（一）教学评价的界定

很多人一提到评价，就将其与评估、测试等同起来，其实三者有着一定的区别与联系。简单来说，测试为评估与评价提供依据，评估为评价提供数据，评价是对教与学效果的整体评估。三者既有紧密的联系，又有明显的区别。就关系层面来说，三者体现了一种包含与层级的关系。测试充当其他两者的支撑信息。在包含与层级关系的同时，三者又存在明显的区别，具体表现为如下三个层面。

1.三者的目标不同。就某一程度来说，测试主要是为了满足家长、学校的需要，因为他们需要知道自己的孩子或学生的情况，且与其他学校是否存在差距。当今社会仍旧以应试为主，因此测试为家长、学校提供了很多信息，也是家长、学校关心的事情。评估主要是为教师、学生提供依据，如学习效果、学习中遇到的问题等，有助于教师提高教学的质量，也有助于学生提高自身的学习效率。评价有助于行政部门制定政策，对教学进行合理配置。可见，三者的作用不同，导致开展的范围与采用的方式也有明显的不同。

2.三者的数据信息不同。测试所收集的数据一般是学生的试卷信息，反映的也是学生的语言水平。从学生的语言运用能力来说，有些部分是无法用测试来评判的。评估可以划分为终结性评估与形成性评估两大类，前者依据的是测试，后者依据的是教与学的过程，注重学生对任务的完成、概念的理解等层面。当然，其依据更多的是定性分析，而不是定量分析。评价所依据的信息多为问卷、访谈、测试、教师评估等，是定量分析与定性分析的结合，是一种综合性评估。

3.三者的展示方式不同。测试的展示方式往往是考试，这在前面已经有所论述，最终结果也通过分数排序来展现。而相比之下，评估与评价往往是以鉴定描述或等级划分的方式展现出来。

总之，评价在人们的社会活动中广泛存在。有人认为："评价是确定课程能否达到既定目标的一种手段。"也有人认为："评价是运用不同的渠道，对学生的相关资料加以收集，并将这些收集的资料与预定的标准相比较，进而做出判断与决策的过程。"还有人认为："评价是对相关信息进行收集、综合、分析，从而用这些信息促进课程的发展，对课程的效度、参与者的态度进行评定。"但是，更多的人将评价等同于价值判断。就英语教与学来说，评价指的是学生能否达到某项能力，学生能够实现课程目标，教师的教学与学生的学习能否帮助学生实现既定目标的一种判断手段。

（二）教学评价的划分

由于评价的方式、内容等存在明显的差异，因此对评价的划分也有所不同，具体而言可以划分为如下几种。

1. 过程性评价与目标达成评价

所谓过程性评价，即在学习过程中，对学生的学习活动进行评价与判断，目的在于将学生的学习行为能否与学习目的相符解释出来，且用于评判学生能否实现学习目标。评价的内容包含学习策略、阶段性成果、学习方式等。

目标达成评价既可以是对课堂教学目标达成情况的评价，也可以是对单元学习目标达成情况的评价，还可以是对学期教与学目标达成情况的评价，其包含理解类、知识类与应用类三种目标达成评价方式。理解类目标评价方式表现为解释与转化，往往会采用阅读理解、听力理解等方式，会对阅读文本、听力文本进行选择与匹配等。知识类目标评价方式主要表现为对知识掌握情况的评价，并采用再次确认的方式，一般选择填空都属于这类评价方式。应用类目标评价方式即采用输出表达的方法，要求学生根据阅读与听力材料，进行转述或表达。

2. 表现性评价与真实性评价

所谓表现性评价，是指让学生通过完成某一项或者某几项任务，将自身所掌握的知识与技能表现出来，从而对其获得的成就进行评价。简单来说，表现性评价就是通过对学生完成任务的表现情况及获得的成就进行的评价。表现性评价属于一种发展性评价，其核心在于通过学生完成现实的任务，将自身所掌握的知识与技能展现出来，从而促进自身学习的进一步发展。一般来说，表现性评价具有如下几点特征。

（1）属于教学过程的一部分，其要与课程教学相互整合。

（2）其关注的是学生知识与技能的发展，而不是对知识与技能的再次确认与回忆。

（3）一般情境都是真实的，往往需要学生将现实学习中遇到的问题进行解决。

（4）学生需要完成的任务一般较为复杂，往往需要学生将多个学科的知识与技能相融合。

（5）对于学生的发散性思维是非常鼓励的，也允许不同的学生给出不同的答案。

（6）其是形成性评价与终结性评价的结合。

综合来说，表现性评价有助于对学生的学习过程与学习结果展开更真实、更直接的评价，能够将学生的文字、口头等表达能力以及想象力、应变能力等很好地展示出来，因此对于英语教学是非常适用的。

所谓真实性评价，是指基于真实的语境，对学生的表现进行评价，是一种要求学生完成真实任务之后，对自身所学知识与技能的掌握与运用情况进行的评价。与表现性评价相比，真实性评价更加强调真实，即任务的真实，一般来说其任务都是人们现实生活中遇到的问题。

真实性评价也具有表现性评价的那些特征，是表现性评价的一大目标。由于真实性评价要求评价成为教学过程的一个重要组成部分，因此真实性评价也具有形成性评价的特征。同时，真实性评价又注重任务的整体性与情境性，对终结性测试有很大的影响，因此真实性评价又具有终结性评价的特征。可以说，真实性评价融合了多种评价手段，是多种有效评价手段的结合。

3.形成性评价与终结性评价

所谓形成性评价，即在教与学的过程中，通过对信息进行收集与整合，进而促进教与学的发展。简单来说，形成性评价即在教学过程中，教师与学生获得反馈信息，对教与学加以改进，让学生真正地掌握知识的系统评价手段。一般来说，形成性评价具有如下几个特点。

（1）往往作为教与学的一部分而在教与学过程中呈现。

（2）不是将等级划分作为目标，而主要是将指导、诊断、促进等作为目标。

（3）学生往往充当主体的作用参与其中。

（4）评价的依据是在各个情境下学生的表现。

（5）通过有效的反馈，教师确定学生的水平是否达到预期。

形成性评价集合了过程性评价、真实性评价为一体，其对大学英语教学有着广泛的意义，具体而言总结为如下几点。

（1）改进学生的学习。形成性评价可以将教材中的问题凸显出来，这便于改进学生的学习。教师在批改完试卷后，会将试卷返回给学生，学生通过与答案进行比对，从而发现自己学习中存在的问题，并进行改正。

如果教师在评阅时发现很多学生都会遇到同一问题，这时候教师可以在课堂上进行讲解，为大多数学生答疑解惑。

当然，由于面对不同的学生，教师在给出建议时要考虑符合学生的形式，单独进行讲解，这样才能让学生把握和理解。

（2）强化学生的学习。形成性评价有助于对学生的学习进行强化，因为学生通过教师的肯定，能够激发其进一步学习的积极性，从而提升自己的认知与情感。

（3）记录学生的成长。无论学生学习什么内容，都期待自己可以获得进步。同样，在形成性评价中，教师需要根据学生平时的表现来进行评价，无论是每一堂课的表现还是每一个单元的表现，教师应该将这些表现记录下来，从而构建一个成长记录袋或者电子档案，这不仅可以为之后的评价提供依据，还可以为终结性评价提供参考。

所谓终结性评价，是一种对教师的教学与学生的学习结果的评价，是在教学结束之后，对教与学目标实现程度所进行的评价。因此，其又可以称为"总结性评价"。从定义中可以看出，终结性评价往往出现在教与学结束之后，用于对目标达成情况进行的评价。

对于教学而言，终结性评价是一个普遍的评价手段，但是其作用是不可磨灭的，具体表现为如下几点。

（1）评定学生的学习成绩。在教学中，终结性评价最常见的用途在于评价学生的学习成绩。通过平时测试、期中与期末测试，教师可以了解学生是否有所进步、是否实现既定目标，从而为学生下一步的学习提供建议。

一般来说，终结性评价的总体成绩是平时测试、期中测试、期末测试的综合体。也就是说，在进行评价时，教师应该把这些成绩综合起来评定，最终获得学生的总体成绩与平均成绩。

（2）确定学生的学习起点。终结性评价的结果可以为学生进一步的学习提供依据，同时能够反映出学生的情感与认知。但是，要想将这一评价发挥到最大作用，还需要结合学生具体的分数，以及教师对学生的评语。这样才能帮助教师做出合理的评价。

（3）对学生的学习提供反馈。终结性评价大多在某一阶段结束之后或者某一学期结束之后展开。如果其测试的是学生某一阶段的学习情况，那么所选择的试题应该能够反映学生这一阶段的学习情况，这就是说这一阶段的终结性评价可以为学生前一阶段的学习提供反馈，且这种反馈具有鼓励性与积极性，同时还能对前一阶段学习中出现的问题进行纠错。

如果其测试的是学生某一学期结束之后的学习情况，那么所选择的试题应该进行合理的编制，并且对学生的学习情况进行恰当评分。同时，学生可以从自己的测试结果中获取有效信息，从而改进自己的学习情况，了解自己学习中存在的问题以及成功之处。这些信息有助于为下一学期的学习确定目标。

（三）英语教学评价的功能

英语教学评价能够不断促进学生在学习过程中的成功与进步，从而使学生能够真正地认识自我，促进他们综合能力的发展。另外，英语教学评价能够为教师提供反馈信息，从而不断改进自己的教学方法，提升自身的教学水平。总体而言，英语教学评价有如下几点功能。

1. 导向与促进

英语教学评价应该有助于英语教学目标的实现。我们知道，英语教学评价不仅需要评价学生对知识的掌握情况，还需要评价学生的学习态度、发展潜能等，只有通过综合性评价，学生才能在英语学习中保证积极的态度，从而形成有效的学习策略，并且具备跨文化的意识。英语教学评价应该为英语教学目标服务，这样就要求学生从目标出发，制订自己的学习计划，并不断检验自己的学习方法与学习成果，这样才能将自身的潜力挖掘出来，提升自身的学习效率。因此，英语教学评价对于学生来说有着积极的导向作用。

英语教学评价会对学生日常学习表现、学生学习中获得的成绩、学生学习的情感与态度等展开评价，通过对学生学习的激励，可以帮助学生对自己的学习过程进行调度，让他们逐渐获得自信心与成就感，培养学生之间的合作精神。为了让评价与教学过程有机融合，学校与教师应该采用宽松、开放的评价氛围来评价学习活动与效果，可以建立相应的档案袋等，这样对教师与学生进行鼓励，从而实现评价的多元化。

2. 诊断与鉴定

英语教学评价对教与学的情况进行了整体评判。在教学过程中，学生往往会通过评价量表等对教师的教授情况、学生的学习情况展开检测，这样便于学校、教师、学生了解具体的教与学情况，判断学生学习过程中有无偏差，从而找出出现问题的原因，并加以改进与提高。

3. 反馈与调节

师生通过问卷访谈等，发现教与学中的优点与不足，对教与学过程中的得失进行评价。通过评价，教师以科学的方式反馈给学生，促进学生建立更为全面与客观的认识，为下一阶段的教与学规划内容与策略，有效地开展教与学活动。

4. 展示与激励

英语教学评价对学生的学习过程是非常关注的，让学生认识到自身学习中的成功之处，不断鼓励自己，获得更大的成功。当然，教师还需要适当地提点学生学习中的错误，让他们产生一种焦虑感，从而更加勤奋地参与到英语学习中。这种正反鼓励方式，都会不断提高学生学习的主动性与积极性。

二、教学评价的基本原则

（一）主体性原则

所谓主体性原则，即英语教学评价主体需要考虑教学价值主体本身学生的需求，对教学价值客体进行评价。

在学习中，学生处于主体地位，但是传统的英语教学评价将教师作为核心，认为教师充当教育主体的地位，是知识的灌输者，而学生仅是知识的被动接受者，这样导致教学评价主要是针对教师来说的，评价的内容也主要是教师的教学情况。

当前的教学强调有效教学，即发挥学生的认知主体地位，因此教学评价的对象需要从以教师为主导转向以学生为主体，对学生学习情况的评价内容与手段应该从单一转向多元，如对学生学习动机、学习兴趣等都可以进行评价。基于此，教学评价的对象才能转向学生，当然这里并不是说不对教师进行评价，只是说以学生的评价为着眼点，为学生创造更多适合其学习的环境，且对教师的评定标准也是考虑学生来制订的。

因此，主体性原则要求将学生作为评价主体，即评价活动以学生的发展作为目标，评价设计要有助于学生的多元化、个性化发展，发挥学生的主观能动作用，帮助学生形成积极的态度，同时不能损害学生的自尊心，要对学生予以爱护与尊重。

（二）过程性原则

英语教学评价应该坚持过程性原则，这主要体现为两点。

1.要全程性，即评价要在学生学习的全过程得以贯穿。

2.要动态性，即对发展过程加以鉴定、诊断、调控等，对整个过程的发展方向加以把握。

英语教学评价对于过程评价非常关注，正是这一点，有助于提升学生的学习兴趣，增强学生英语学习的动机与主动性，从而有助于学生自主学习。

（三）多样化原则

英语教学评价应该坚持多样化原则，这主要体现为两大层面。

（1）评价主体要多样化，即不仅涉及教师，还涉及家长、学生等，通过宽松、开放的评价氛围，对教师、家长、学生的参与予以鼓励。

（2）评价形式要多样化，即对学习过程予以关注，要从不同的内容与对象出发，考虑采用自评、互评等评价方式的多元化。

（3）评价手段要多样化，即可以是教师观察，可以是学生量表等，教师从不同学生的学习差异与策略出发，采用恰当的评价手段，选择适合他们自己的评价方式，从而彰显出学生自身的优势，让每一位学生都可以体会到成功的喜悦。

（四）实效性原则

英语教学评价强调实效性，即主要是从教育的现实意义与评价行为等层面考量的，其要求在具体的评价实践中，能够将评价的实用价值体现出来。

英语教学评价的实效性原则体现在评价方式上是非常方便的，即不要使用烦琐的程序，但是要保证评价的时机与质量，因此在设计评价内容与方式时，不能与英语教学的目标相脱离，要非常关注评价之后产生的实际效果。

（五）发展性原则

英语教学评价应该为学生的发展服务，注重学生信心的树立，发现学生发展过程中所出现的问题，通过反馈对这些问题进行解决，促进他们更好地向前发展。对于发展性原则，一般包含如下几点。

（1）发展性原则要求英语教学评价应该从学生主体出发，将学生的需求作为出发点与落脚点。

（2）发展性原则要求英语教学评价的目的是促进学生的发展，即只要是对学生发展有利的层面，任何手段与技术都可以运用其中。

（3）发展性原则要求英语教学评价对每一位学生的个性特点与原有基础有所把握与关注，从而为每一位学生获得最佳的发展而做出努力。

通过评价，教师才能更好地引导学生对学生的原有基础、认知水平等进行鉴定，认识自己在发展过程中的不足，从而有针对性地进行改进与调整，对自己的学习过程进行优化，使学生获得最佳的发展。除此之外，发展性原则还要求教师对学生的态度、情感等进行关注，以帮助学生形成正确的价值观。

三、英语教学评价体系的构建

（一）网络评价系统设置

在网络影响下，英语教学评价体系也得到了进一步完善与发展。当前，基于互联网技术构建的英语评价系统有如下几个方面。

1. 网络实时评价系统

网络实时评价系统以网络通信手段为依托，通过利用文字、图像、音频、视频等方式进行相互交流，在沟通过程中实现具体的评价。利用这一评价系统，学生可以不再受时间、空间方面的限制，及时获取教师的有效反馈。这一系统可以帮助教师有效监控、管理学生的学习，可以大大提升学习效率。

2. 网络考试系统

网络考试系统通常涉及针对学生的考试系统、题库系统、自动批阅系统等。学生可以随时随地登录这一系统，通过从题库中抽取试题进行回答，在完成之后就会给出结果，系统会对学生的题目回答情况进行评判。教师可以利用这种系统进行阶段性测试或者综合性测试，学生也可以自由控制题型、时间、难度等。网络考试系统通常可以自动生成答案，并且给出评估报告，对学生的学习风格、学习效果、学习倾向等进行汇报。

3.网络答疑系统

网络答疑系统一般包括在线讨论、互动交流两种形式。当前,很多外语教学网站中都设置了在线互动讨论区,学生在这个讨论区中可以自由发帖发表自己的学习看法与成果,并通过回帖与其他学生进行沟通与互动。网络答疑系统可以对学生提出的知识难点进行记录,教师可以通过系统记录的难点分析学生的学习情况,进而发现自己教学中存在的问题,及时调整与改变教学策略。通过网络答疑系统的搜索功能,学生可以通过关键字搜索等技术快速得到问题的答案。

4.网络多媒体考试系统

网络多媒体考试系统是针对网络在线考试系统的进一步改进之后所形成的。相对于传统文本考试的试卷,网络多媒体考试系统增加了一些多媒体数据,如音频、视频、图像、漫画等,利用虚拟现实技术组建虚拟的考试环境,非常适合运用到英语网络教学评价中。网络多媒体考试系统使得全面、多元的评价成为可能。

(二)互联网技术评价法

互联网技术评价法的评价过程可以划分为制定评价标准、应用评价标准进行测量、划分测量结果等级、给出评价结论四个步骤。

1.制定标准

制定评价标准的过程就是把评价目标的主要属性细化为一系列具体、可测量的指标的过程。划分好的指标构成一个相对完整的评价指标体系,它能反映评价目标的主要特性。在构建评价指标体系时,应该注意列举能够反映目标的那些主要特性,对于重叠、交叉的指标需要进行一定的合并。下面来看一则多媒体作品质量评价案例。

因为多媒体作品的质量难以直接观察到,因此首先需要列举能够反映多媒体作品质量的主要指标,比如,内容、界面、技术等。可以看出,这些指标仍然不够具体、难以测量,因此需要把这些指标进一步划分,比如,反映多媒体作品质量的内容特性,可以从主题是否明确、内容是否科学、文字是否通顺、有无错别字来判断。通过这样的方式直到划分出的每一个指标都能够代表评价目标的主要特性,并且每一个评价指标都是明确、可测量的。经过划分后可以得到多媒体作品质量评价的一个指标体系。

每一个指标对于反映评价目标来说，它们的重要性程度是不一样的，重要性程度用权重来表示。可以给每一个指标赋予一定的分值，这个分值反映了这个指标在整个指标体系中的权重。确定指标权重有专门的方法，比如，专家评定法、层次分析法等。在教学过程中，教师也可以依据自己的经验来划分，但是这样划分的结果其可信度往往会受到怀疑。教师可以给多媒体作品质量指标体系赋予分值。

2. 进行测量

测量是依据评价指标体系，用数值来描述评价对象的属性的过程。测量是一个事实判断的过程，即测量是反映评价对象的客观状态，不对这种状况进行主观评判。凡是测量都需要有测量的标准或法则，这是测量的工具。教学中的测量工具不像测量身高用的皮尺、测量体重用的秤一样直观，需要评价者按照评价标准中的每一个指标对评价对象做出实事求是的判断。

3. 划分等级

教师需要对评价对象实施测量以后的测量结果进行界定，界定这个结果达到了什么程度。对测量结果的界定通常采用划分等级的方法，比如，在以百分制计分的测量里，一般把90分以上称为优秀，80—90分称为良好，70—80分称为中等，60—70分称为合格，60分以下称为不合格。在划分测量等级时，采用了定量评价与定性评价相结合的方式，这样能充分发挥定量评价和定性评价的优势。

4. 给出结论

评价的最后一步是根据测量结果对评价对象进行价值判断，给出评价结论。评价结论包含了被评价内容能否通过评价的判定，有时候也会对评价对象达到什么水平进行界定，并且对评价对象的优势与不足做出判断。根据以上的过程来看信息技术教学评价，可以发现教学中通常采用的纸笔考试并不是评价的全部。考试是评价中的测量环节，考试成绩（即测量的结果）并不是评价要得到的唯一和最终结果，如何使用学生的考试成绩分数是每一位教师都应该关注的问题。

（三）网络测试法

在互联网教育背景下，测试是最基本的方式。一般来说，测试分为网络随堂测试、网络期中测试、网络期末测试三种。

网络随堂测试是在一节课中对当次课堂教学的知识和技能进行评价的方式。这种评价应该围绕教学目标，对当次课的教学重点和难点进行测验，以检测学生的学习效果。在开始上课时教师还可以组织诊断性评价，对以往学习的知识和技能进行测验，了解学生对原有知识和技能的掌握情况，为本次课的教学提供支持。课堂测验属于形成性评价，为改进教学提供了依据。

网络期中测试通常是在一个学习单元或模块学习结束以后，对整个模块涉及的主要教学目标进行测验。单元测验主要检查学生对整个单元、模块知识和技能的掌握情况。网络期中测验涉及的教学目标比课堂测验多，在进行测验时应该设置对单元、模块知识和技能综合运用的项目，涉及的教学目标类型往往为掌握、分析、综合、评价层次，以检测学生的总体把握情况和对单元知识灵活应用的能力。网络期中测验属于形成性评价，是为改进整个单元、模块的教学服务的。

网络期末测试是对课程的总结性评价，是检查学生学习成绩和教师教学效果的重要方式。网络期末考试应该从课程整体目标中的重点、关键点、难点出发，检查学生对基本概念、基本技能、核心知识、主要方法等的掌握情况。网络期末考试可以采用上机测验、作品制作等相结合的方式进行。在评价时可以兼顾学习过程中学生的表现，最后对学生做出总体评价。

（四）学习档案评价法

学习档案评价法是当前应用较为广泛的评价方法。所谓学习档案评价法，是指对学生个体的各种信息进行收集。一般来说，其收集的内容具有多样性与动态性。

学习档案积累的材料代表的不仅仅是结果，而是学习过程与学习活动，其包含选择学习内容、比较学习过程、进行目标设置等。学习档案评价可以有效提高学生的自主学习能力。

在档案建立之前，教师可以组织家长与学生阅读学习大纲，理解档案构建的必要性，并对如何构建、使用进行指导，为以后有效地使用档案袋做准备。

（五）自我评价表

自我评价表的设计可以采用量规方式，也可以采用问卷调查表的形式。

1. 量规

量规是一种结构化的定量评价标准，往往是从与评价目标相关的多个方面详细规定评级指标，具有操作性好、准确性高的特点。

在评价学生的学习时，运用量规可以有效降低评价的主观随意性，可以教师评，也可以让学生自评或同伴互评。如果事先公布量规，还可以对学生学习起到导向作用。

2.问卷调查

问卷调查是通过提问题，让学生通过自己的实际情况进行判断，并做出回答。问卷调查表可以帮助学生通过回答预先设计好的问题来产生某种感悟，从而促使他们对自己的学习过程和学习结果进行重新审视和修改，提高他们的自主学习能力。

第八章 大数据时代高校英语课程教学个性化实践

第一节 智慧测试与大学英语个性化教学

人类的科学追求和技术进步都是为了人类在物质和精神上实现个性化的最大满足。人类文明薪火的传递和进步依赖教育,如何满足个性化需求、挖掘个体的潜能为社会服务是教育的终极目标,个性化教育教学是未来教育的基本路径。"所谓个性化教学,就是要充分考虑师生,尤其是学生的个体差异和个性特征,以学习者为主体,以个性化、差异化的教学方法和手段,促进学习者个性化地建构知识、发展能力和锻造品格,帮助他们最终获得自我实现"。就英语学科而言,有效实施个性化教学,尊重学生差异,进行个性化的学、个性化的教、个性化的评价,是英语教学自身完善的内在要求。

一、个性化教学是时代的需要

(一)网络时代的要求

传统的英语教学资源有限,主要是手中的课本,再加上非常有限的图书资料。而在互联网大数据时代,教和学的资源已经是泛在式地存在于我们指尖上,通过网络自助,学生从互联网和学习平台上获得的知识和信息在广度和深度上都大大超过了传统课堂所能传授的信息量,也大大超过了教师个人能力所能传授的知识深度和广度,因此传统教学面临挑战,教师作为知识的传授者的权威性受到了公开的质疑。网络时代给教学对象带来根本性的变化,具体主要表现为:

(1)学生的知识来源不再仅限于课本,知识源的结构呈多元化;

(2)由于个体差异,学生原有知识结构呈多样化;

（3）学生对知识的需求结构呈个性化。

在这种情况下，传统上整齐划一的教学目标、教学内容、教学方法和评价手段等已经越来越不适应新时代的需要，而满足不同的需求，适应学生的个性化发展，成为时代的新需求，同时，网络技术和现代语言教育技术的快速发展也为个性化教学提供强大的技术支撑。

（二）《大学英语教学指南》的要求

针对正在变化的教育现实，教育部高等学校大学外语教学指导委员会2016年新制定的《大学英语教学指南》强调了个性化教学的重要性，在《大学英语教学指南》中十二次提到了"个性化"，把大学英语教学目标划分为基础、提高和发展三个阶段，基础阶段是共同要求。基础级别，"重点突出听、说、读、写、译基本技能的培养和语言基本知识的学习"；提高级别，"强调听、说、读、写、译技能的进一步提升，兼顾语法、词汇、篇章、语用等语言知识的进一步巩固、提高和相关知识的进一步扩充"；发展级别，"注重学生较高层次语言应用能力的拓展训练，满足具有拔尖创新潜质的高水平学生参与国际学术交流的需要"。提高和发展阶段将更体现个性化需要，鼓励学生个性化的学习，教师个性化的教学，教学大纲和个性化的课程评价，贯彻分类指导、因材施教的原则。

（三）智慧测试的革命性变革

1.传统考试的弊端

传统的考试可以追溯到科举制度，科举是通过考试来选拔官吏的制度，始于605年的隋朝，成熟于唐朝，延续到清朝末年，于1905年被废除，整个科举制度持续了1300多年。从历史的角度来看，在当时有其合理性。中国古代的科举考试制度有一定程度的公平竞争性，有利于社会各阶层的流动和社会的凝聚与整合，有益于文化的普及与传承，更有利于封建王朝统治的稳定与巩固。科举考试选拔人才确实比分封制、世袭制进步，但其弊端在清末日益凸显，主要是其内容和形式上不能适应社会变化，所考非所用，最突出的表现是八股文。从文化、教育及考试的内容来看，科举制存在着荒废实学、禁锢思想的弊病。通常最为人们所诟病的是考试的内容方面，持批评立场的人们认为科举考试最主要的缺点在于考试内容与实际需要之间存在脱节。其实历朝历代，不论考试内容和形式如何，考试是需要的，而科举制度的终结并不表明考试时代的终结。其实，科举制度的考试内容僵化，是科举终结之根本原因。在我国，由于考试的"指挥棒"作用,各类考试都不同程度地催生了应试教育,以高考为最典型。而应试教育是提升学生应试能力为主要目的教育,通常被视为素质教育对立面,因此,在教学中只要提到"考试",往往就有"应试"教育之嫌,大学英语四、六级作为全国性统考同样受到诟病。

考试无所不在,考试的检测作用是毋庸置疑的,素质教育也有考试,考试与教育成为不可调和的原因不在考试本身,而在于考试的内容效度。以清末的科举为例,所考非所用,脱离实际,考试的"指挥棒"出现偏差,最后无法实现"学以致用"。从辩证的角度来看,考试都无法绝对地反映所设定的知识和能力所构成的总体的全部,因为考试的命题具有抽样性,对于知识和能力作为总体而言,毕竟样本不等于总体。从严格的意义上来说,考试产生"高分低能"的概率客观存在,问题不是取消考试,也不应"谈试色变",而是要加强考试的科学化,降低"高分低能"出现的概率,即提高内容效度。既然命题具有抽样性,考试的设计者就应该在样本上下功夫。外语测试中,提升样本的代表性和样本的量是提高英语测试质量、发挥测试正面反拨作用的重要突破口。

2. 智慧测试的"智慧性"

根据百度百科,智慧是指生物所具有的基于神经器官(物质基础)一种高级的综合能力,包含有:感知、知识、记忆、理解、联想、情感、逻辑、辨别、计算、分析、判断、文化、中庸、包容、决定等多种能力。在以"互联网+"为主要特征的现代信息技术时代,智慧的内涵得到扩展,常见以"智慧"为修饰语的概念有:智慧城市、智慧旅游、智慧教育平台、智慧社区、智慧农业等。本节所提到的"智慧测试平台"中的"智慧"非上述概念中的"智慧",是指以人为本(具有人类工程学特征)、依托现代信息技术、智能化的网络管理平台。大学英语智慧测试平台的智慧性首先体现在以下几个方面:

(1)测试样本量大,更能反映知识和能力总体题库是智慧测试平台的一个重要概念。《大学英语教学指南》倡导"在测试形式上,应建设大学英语试题库,并推广基于计算机和网络的测试"。其目的也是要扩展样本的量,避免"一锤定音"。

(2)测试形式多样化,更贴近教学实际。在形式上,有语言知识和技能的综合测试和单项测试,也有以时间划段的每周测试、每月测试、每学期测试、每学年测试,有年级或班级的统一测试,也有学生自测,形式多样,满足不同班级、不同时间段对教与学的检测,便于建立学生学习档案、"对症下药",

解决具体问题。

（3）多次测试叠加，融"测练"为一体，为形成性评估提供依据。《大学英语教学指南》要求加强形成性评估和反馈，明确指出，大学生英语能力测试应包括形成性测试与终结性测试，应加强形成性反馈，处理好共同基础测试与校内测试、综合语言能力测试与单项语言技能测试、基础英语测试与专门用途英语测试等各方面的关系，实现"对学习结果的终结性测试"与"促进学生学习的形成性测试"的有机结合。智慧测试平台可随时提供组题考试，把"测"和"练"有机地结合起来，既能使学生得到语言知识和技能的训练，同时为学生英语学习和英语能力的形成性评估提供依据。

（4）网络自动评改，及时提供反馈。传统的英语考试，从命题、组织考试、评改到提供反馈，成本高，周期长，这是测试次数少、测试样本不足的主要原因之一，有些学校甚至没有段考。随着英语作文和翻译自动评改功能的实现，网络机考自动评改成为现实，自动评改为学生提供实时反馈，有利于学生对"问题"的了解和改正。

（5）及时提供诊断，为教师提供学生"问题"清单和教学的盲点。传统的课堂教学内容是基于课程本身对学生的已知和未知所做的宏观假设。由于互联网和网络丰富的学习资源，学生获取知识和能力的渠道是多方面的，传统的宏观假设受到极大的挑战，有些学生甚至感到教师的课堂"没有内容"，因此，教师如果没有捕捉到"问题"，而是照本宣科，没有"问题"针对性，自然让学生觉得"没有内容"。智慧测试能及时为教师提供学生个性化的"问题"清单，教师的课堂就能"有的放矢"，不流于空泛。

（6）智慧测试与智慧学习相结合，完成从"问题"到"解题"即时一条龙服务。从"学"的角度而言，学生通过自测，发现"问题"，以"问题"为线索，转至学习平台所提供的"解题"资源，提高自主学习效率。此外，智慧学习部分还提供教师连线，为教师和学生提供互动网络空间，增强问题解决的时效性。

四、以智慧测试为导向的大学英语个性化教学模式

专为个性化教学而研发的智慧测试与学习平台，为以智慧测试为导向的个性化教学提供了技术和工具保障，构建以学习为中心，以智慧测试为诊断和检测手段的"智慧测试—学与教—智慧测试"环闭式个性化教学模式。下面我们

将根据平台的技术和工具功能，分别从个性化空间、智慧测试为导向的个性化课堂、激励、个性化监控和管理、个性化评估等几个方面，阐述以智慧测试为导向的个性化教学模式。

（一）个性化中的统一空间和统一中的个性化空间

1. 两个空间，打造既合作又竞争的格局

公共资源平台和个人中心两个空间。公共资源平台以公共智慧测试为主体，兼顾教师们提供的各种教学资源，人文科普资料，写作翻译讨论和外语视频，等等。另一个空间是个人中心，对于教师来说这是个自主教学和管理的班级空间，对于学生来说这是个自主测试和学习的私人空间，每个教师都有自己任课的班级，教师在这个空间里独立经营自己的班级，其他班级学生是进不来的，在同一个教师名下的每一个学生都有自己的个人中心，里面的内容分成三个部分：①教师提供的信息资料，包括在线测试，教案，作业，等等；②个人成绩，相当于个人档案，包括个人注册的信息，记录个人的测试、作业和提问情况；③信息安全，管理和修改用户信息或密码。

公共平台和个人中心互为依托，相辅相成，体现智慧测试与学习平台的双轨思路，公共平台代表的是统一：统一测试，统一辅导，是统一背景下的自主测试和学习的主场，全校大学英语课程使用的教材基本上是统一的，同年级集体备课，也推出了统一的教案、PPT 和测试题，但这并不意味着这一切必须统一执行，相反，我们鼓励在统一的基础上发挥个性，教师可以根据自己班级的实际需要决定自己的教学内容、教学方式和教学规模等，这就利用到了个人中心空间，个人中心代表的是独立和个性化空间。

每个教师都会把自己的班级作为教学的重点对象，所以班级空间自然而然成为他们的主要工作区，而外部的公共资源平台是班级工作区所依存的大环境，教师在经营自己班级的同时，也要大家共同建设大家庭，教师发布教学信息（测试、教案、作业等）时，也需要优秀的资源跟大家分享，把信息发布到公共空间平台上。两个空间的划分造就了一个既合作又竞争、既互相依赖又互相独立的格局，合作和相互依赖是教学个性化中的统一，竞争和独立是统一教学中的个性化。

2. 教师之间的信息分享和个性化的合作

教师们在工作和交往中自然形成的友谊，使得他们在教学上也自然形成某种信息交流和共享的"小团队",个性化教学尊重这样的需要,设立教师信息分享,通过密码手段与其他教师分享自己编写的测试题、教案和作业,有利于经验分享,既注意个性又关注整体,有利于教师职业发展以及个人知识和技能的不断提高,这样又形成了一种个性化的合作。

3. 动态的、教师共同参与的题库建设

教师后台还建立一个动态的题库,作为智慧测试的主要资源依托。题库有两个端口,一个是输入端口,另一个是输出端口,前者用于添加题库资料,后者用于提取题库资料,进行组卷测试。题库资料来源有两个渠道,一个是购买的资料,另一个是教师自己编写或整理的资料,每个教师都可以通过输入端口添加资料,供大家共享,系统会给资料进行编号、分类,避免重复,随着资料的不断动态输入,题库会越来越丰富,越来越庞大,在另一个端口,教师可以提取资料进行组卷。动态的、教师共同参与的题库建设,给题库带来无限的生命力。

其他的功能包括难度排行,以班级为单位计算,测试结果丢分最多的题目位于排行之首,教师从这了解到课程的难点和重点,此外教师还可以在班内或校内进行各种问卷调查。

(二)以智慧测试为导向的个性化课堂教学

1. 以智慧测试驱动课堂

测试、教案和作业是以智慧测试为导向的大学英语个性化教学的主线,其中测试是主线的驱动力,测试不是传统意义上的考试,传统意义上的考试是对教学效果的评估,智慧测试是教学前的诊断,测试量大,覆盖面广,贴近教学内容,测试形式多样,循环叠加,自动评改、分析。测试规模可以根据需要来选择,有全校统一的测试、班级内部的测试、以小组为单位的测试和针对某个学生的个人测试,测试又分为课外的自由测试、要求测试和课堂内部统一时间的倒计时测试,还可以分为一次性测试和重复性测试,课内统一测试要求做好保密,测试前一分钟发布试题;课外测试可以用电脑、平板电脑和手机进行,课内考试只能用手机或平板。学生根据不同要求进行测试,提交时马上得到结果,提交后的试卷提供讲评,如果想继续充实和巩固某些知识点,学生可以选择强化指导。测试的目的是发现问题,解决问题,为教师改进教学和个性化辅导提供依据,让不同问题不同情况的学生得到个性化关照,教师还可以以此因材施教,把一些指定的教学信息只发布给指定的学生,实现精准的一对一个性化辅导。教师根据测试结果了解学生的问题，编写教案，布置作业加以强化，再发布新的测试，形成循环叠加，步步提升。

2. 智慧测试导致课堂的个性化和多元化

除了一定量的课内测试，更多的测试是课外自由测试，目的是利用好课外大量的碎片时间，这样一来课内就可以避免教学内容的重复和时间的浪费，学生已经掌握的东西就不要再讲，课堂时间主要用来针对性地解决学生的问题，重点难点，处理平台不能处理的问题，包括教师与学生、学生与学生的情感互动、头脑风暴、专题讨论、辩论、思辨、口语训练、知识的拓展和发展、学习策略的探讨等等，学生的难点是有差异的，学生的需要也是多样化的，智慧测试为导向的课堂教学也会变得个性化和多元化。

3. 个性化的师生互动和答疑选择

学生的在线提问可以选择公开和非公开两种形式，选择公开提问，学生的问题和教师的答复都将被公开，大家分享，非公开提问只限于教师和提问学生之间，别人看不到，很多学生更喜欢私下问教师问题，比较普遍的有代表性的问题，教师可以统一解答，甚至在课堂上做重点辅导。

（三）建立具有激励机制的作业展板和外语资讯板

为那些作业和测试做得非常出色的学生提供一个展板，展板上展出不同层级的优秀作业，如班级优秀和校级优秀，这样会收到很好的激励效果。由于本教学模式注重个性化教学，但并不意味着可以忽视人的社会性和人与人之间的互动，通过展板，进行榜样引领，激发一定程度的竞争意识是很有必要的。

平台的测试、教案、作业、人文科技、视频等多个空间由教师提供资料，但我们还是给学生留有机会，外语资讯空间由学生上传外语文章（因为我们还有其他语种专业），与人家分享，并设有读者评论，他们也成为平台资源建设的参与者，有了成就感。

（四）个性化的监控管理

实时监控，追踪每个学生的学习过程。过程监控是个性化教学的一个关键环节，没有监控，教师无法知道学生是否在按计划进行自我测试或学习，教师可以对每个学生进行网上监控，监控指标包括上线时间，在线学习时间，测试的得分或丢分情况，实时监控保证教师布置的任务学生能及时完成，对测试结果进行监控，教师就可以发现学生的难点、弱点，便于下一步实施"基于问题"

的精准辅导。

（五）个性化的评估

个性化教学要求有与之相适应的教学评价制度。个性化评价体系包括对学生学习效果的评价和对教师教学效果的评价。由于智慧测试与学习平台的海量题库和全方位考核，档案管理的人性化，无论是教师还是学生，后台数据都能反映教与学的效果，为教师和学生的评价提供个性化的效果监测数据，有利开展针对性的教学管理。

总之，大学英语的个性化教学是时代发展的必然，网络和大数据时代提供强有力的技术支撑，大学英语教学改革应与时俱进。以外语智慧测试与学习平台为技术手段，以智慧测试为问题诊断和效果的检测方式，加强了评估手段的科学性以及测试对学与教的反拨作用。通过智慧测试平台，使"测—学—教"融为一体，互为依据，体现"学"的中心地位。"测"既是起点也是终点，两点之间循环反复，构成一个完整有机整体。"测试"是找出"症"的关键，只有找出了"问题"，学和教才能对症下药，增强了学和教的"问题导向"和针对性；同时，"测试"也是学和教效果的检测方式。以智慧测试为导向的个性化教学实践对大学英语的教学改革起到了较大的促进作用。

第二节　智慧教学设计的基础理论与教学设计

智慧教学是以斯滕伯格智慧平衡理论为理论基础、以学生智慧发展为目的，以思想交流为本体，以教学发展过程为重点的教学。智慧教学是以学生的智慧发展为目的即学生智慧发展是智慧教学的目的。智慧教学将以为发展学生智慧为目标精心安排编制整个教学过程，如教学目的、教学过程、教学评价都要围绕发展学生智慧这一教学目标来展开。智慧教学以思想交流为本体，我们通常说到教学中的交流只是提到了学生和教师之间的交流，而智慧教学中的交流还应该包括以下几个方面：教师和学生之间的交流，学生和学生之间的交流，学生个体与环境之间的交流以及学生自我的内部的交流。教师和学生之间的交流即是学生和教师之间有关情感和理性的交流；学生和学生之间的交流，这个交流层次被许多教学流派所忽略，学生和学生之间的交流无论是情感的交流还是理性的交流都很大程度地影响着学生思想的发展和形成；学生和环境之间的交流包括学生与自然环境和学生与社会环境之间的交流两个部分。

一、智慧教学设计的理论基础

（一）人本主义理论

人本主义学习观认为，一切教育行为应以人，尤其是人的情感发展为重点，不能够只关注知识和技能的传授。教育的最终目标应该是培养和促进学生的成长，教会学生如何学习以及如何顺应环境变化，即培养会学习的人，这才是一个人格完整的、一个真正有用的人。它的倡导者罗杰斯反对把学生看作动物或机器，更反对把学生看作自私、反社会的动物，他强调要把学生当人来看，相信学生自己的潜能，只有把学生培养成为"会学习"的人才符合以人为本的教育主张，才是"有意义"的学习。如果要想提高教学效果，那么最有效的途径就是对学生进行有意义的学习教育，这样才能达到期望的教学效果。

（二）智慧平衡理论

20世纪美国心理学家罗伯特·斯滕伯格将智慧定义为缄默知识和外显知识的运用，价值观为中介，个人的、人际间的以及人以外的多种利益，长期利益和短期利益的平衡，实现对当下环境的适应、塑造和选择的平衡，从而实现公共利益的目标。智慧是一种特殊的实践智力，实践智力是在人们面对困难时寻求应当"做什么"的答案，而智慧则是当人们面对困难和选择时寻求"如何做才更完美"的实践方式。智慧是要达到平衡各方面的利益关系尽可能地达到各方面利益的最大化，这与满足个人的利益或是一小部分人的利益，而牺牲集体或是更多的利益观念相矛盾。智慧平衡理论的核心为，缄默知识和显性知识的运用，英国著名的思想家波兰尼根据知识的显现方式将知识分为显性知识和缄默知识两大类。

（三）素质教育理论

素质教育是以提高全体学生综合素质为根本，以培养德智体美劳等各方面全面发展的合格公民为培养目标，以促进人与人、人与社会、人与自然和谐发展为价值取向，以人的全面自由发展为教育根本动力的全人发展的教育。从国家社会的发展层面来讲，素质教育的目标是提高全民素质进而为国家的发展提供人力资源支持。从个人的长久发展层面来看，素质教育的目标是为了培养全面发展的人，它立足于人的全面发展，以学生为本。素质教育是关注学生的学识、能力乃至品质的提升的教育，其中学识是指知识、技能等；能力指思维能力、动手能力等；品质是指道德修养、个人境界。相对于单独片面地追求高分数的"应试教育"而言，素质教育的目标更高也更符合个人的全面发展和国家发展的需要，素质教育更加尊重人的追求和作为社会人的基本要求。这是智慧教学追求学生智慧发展而非单单追求学生知识积累的思想来源。

二、智慧课堂教学设计

（一）课前阶段——教学目标预设

传统的课前阶段为教师的备课和学生的预习。教师方面主要是写教案、备教材、备教学方式、备学生基础，这一切大多是基于平时对学生的了解和经验来展开；学生方面主要是针对教师给的相关材料和课本，提前了解、学习即将讲授的内容，鲜有机会与教师、同学对预习内容进行交流。可是，智慧课堂理念的出现必然会改变传统的方式，它课前阶段的主要目标是对课堂进行目标的预设。教师层面，可以利用智慧教学平台提供的学生学习情况分析，准确掌握学情信息，进而对教学目标和教学重点进行合理的预设；对于学生而言，可以通过在课前预习环节，完成教师安排的预习测试题或相关讨论并提交到平台上，还可以把预习过程中出现的各种问题记录在平台上，让教师提前有所了解。这样一来，无论是教师还是学生都可以制定出合适的教与学设计方案，为后面的课堂教学提供有力保障。

（二）课中阶段——关注师生互动

非智慧课堂的课中阶段大多是教师的课堂讲授和学生被动听课、记笔记，互动方式大多也仅限于教师的提问和学生对问题的回答。然而，智慧课堂所关注的更多是课堂中的师生互动、生生互动。教师可以通过课前预习反馈，针对预习过程学生的问题进行讨论式教学；也可以通过创设不同的语言情景，类似于 PBL 项目式教学方式让学生展示、讲解他们的课前预习成果；当然还可以通过测试方式，检测学生的预习情况。最后，教师根据课前预设的重、难点和课堂展开情况，对相应知识点进行精讲，辨析难点，加强弱点，突出重点，通过师生有意义的互动和交流，培养学生创新思维和能力，促进学生对知识的重新建构，实现有意义的学习目标。通过一系列的自主活动让学生全程参与课堂教学，真正成为课堂的主人，变被动学习为主动学习。

（三）课后阶段——侧重个性化辅导

传统课堂的课后阶段一般以作业布置—作业完成—作业讲解为范式，这时候无论面对什么水平的学生，教师布置的作业一律是统一的，无难易、深浅之分。但智慧课堂关注的是个性化作业，教师根据课前学生的预习反馈，课上的学习状况，对学生在该章节内容的学习有了充分的了解之后，借助信息化平台和大数据的分析对学生的课后作业做到个性化安排和辅导。基于平台，学生能够及时了解到自己的作业、测试等具体学习情况，也可在平台上发布自己的学习感受或困惑，与教师、同学讨论交流，进行课程反思。教师可以根据学生的课后反馈及时调整下一次课的备课，以利于实施改进和实施针对性的教学，真正实现有意义的教与学。

智慧课堂教学设计的关键是"互动"，师生互动、生生互动。首先是课前预习阶段学生获取信息过程的互动，教师可以在这一阶段具体指导学生如何搜集课程资源，如何制作课程需要的文件或PPT，让学生知道在什么地方查找、如何查找、如何呈现预习材料等，实现课前互动；其次是课上阶段的互动，通过课堂测评、成果展示、问题反馈等过程来实现；最后是课后作业互动，教师及时掌握学生的作业情况，学生及时了解自己作业的批改情况等。

智慧教学是大数据环境下课堂教学不可避免的产物，教师的智慧设计是一切的前提，但要实现真正意义的智慧教学设计和课堂仍然任重而道远。比如，如何真正实现个性化教学和因材施教；如何根据大学英语课程特点构建相适应的智慧教学模式；如何客观、科学地测评智慧教学效果等。这些都需要我们进一步地关注和深入研究。

第三节　泛在生态学习的大学英语智慧学习

互联网中随手获得的知识信息，加之以生态教育思想，创新了智慧生态学习的空间，为大学英语教学改革提供了可操作性，使得英语智慧学习呈现"五化"特征：泛在化、效用化、智能化、互动化和持续化。本节基于不受时空限制的泛在学习视角，以英语学习生态化、融合化、智能化的新观点，探讨英语教学回归生活本真，走向智能生态学习的路径。

一、泛在生态学习观的内涵

关于泛在学习，学术界给予了不同的诠释，泛在学习（U-learning）是数字学习（E-learning）的延伸，移动学习（M-Learning）也逐渐引入泛在学习体系。"互联网+"教育的普及化、泛在化，使得学生可随时随地，濡染熏陶地进行学习活动，学生个体可根据各自的需要把所有的实际空间变为学习的空间，把所有的碎片时间变为学习的时间，实现知识获得、储存、使用、创造等智能化管理。泛在学习的持续性和永久性、直接性、交互性和主动性的特点是生态学习的另一表现形式。生态学习观就是追求人自身的全面发展，重视人与人之间、人与自然之间的和谐，追求精神层面的满足。通过泛在生态化的智能学习，学生的知识能力结构、学习方式都发生了变革，重塑学生的"学"。

二、泛在学习的主要生态问题

第一，英语学习长期缺失真实的生态交际语境，教与学的生态失衡，难以实现人所习惯的、自然交互的语言交际需要；传统的大学英语教学以教师为主导、以教材为根本，教学水平的高低取决于教师水平的高低，加之学生自身学习爱好、认知方式、学习能力的偏差，导致教育的公正公平、学习的个性化没法保证。第二，英语教学中建构的非生态"人工情景"教学、同一大纲、同一标准训练，势必造成真实语境缺失和教学生态位重叠。第三，泛在学习资源所应具备的生成性、共生性不足，学习过程的设计和支持情境的社会认知不明确，学习资源从传统形态向学习共同体形态转变不足。

三、泛在智慧学习的路径

（一）建构智慧学习框架

构建智慧学习个人需求框架，允许学生根据个人的需求情况，感知全方位的学习情境和社会关系，记录学习历史数据。构建智慧教学生态框架，根据教学要求，按学习方式分为：差异化学习、研创型学习、自主性学习、互动性学习。差异化学习强调掌握基础知识与核心技能；研创型学习培养学生综合应用能力；自主性学习则依照个人偏好与发展需要，选择学习资源；互动性学习是通过广泛互动方式,依靠集体智慧掌握综合技能。学习平台将生成实用性学习卡片,跟踪记录学习全过程。

(二)创建多元化交互学习环境

构建互动性强、效果好的微信英语学习平台,将微课教学模式应用到大学英语教学中来。教师微视频课件设计可采用"常规设计"为主、"兴趣设计"为辅策略,提升学习资源的优势互补。在网络技术的支持下,努力寻求相应的学习平台,将知识点讲授、测练、文化背景知识传递、学案设计、解难答疑等工作集体协同完成。

(三)引入先进的智慧学习环境

在 Unipus 智慧课堂里,学生不仅学习知识、训练思维,还可塑造人格。在虚拟环境中参与式和自主式的学习方式使得传统教师被智能机器代替。课前学生利用碎片的时间,通过智能训练,完成那些重复性和标准化程度高的语言磨炼活动;课中集中做有针对性的练习,发挥人本最大思辨能动性,从学习中获取快乐;课后,鉴于人机的互动,学生在宽松的环境里独自探索,实用的工具和丰富学习资源能够让学生充分自由地选择学习方式,体验多元文化,在积极参与互动的同时启迪心智,提升学习效率。

(四)构建智慧的学习服务

在大数据时代的支持下,扬长补短了解掌握学生的学习习惯、喜好等信息,定制更为精准的学习计划。最后,学习伴随即时、多样性的评价,有利于学习者及时调整学习策略。学生借助人工智能,在大数据的智能分析下,以语言为载体、以技术为支撑、培养跨文化思辨教育新思路,同时,教师可以及时发现教学问题、调整教学路径。

(五)构建多元的教学管理方式

智慧教学环境为师生提供了教与学的活动,呈现了教学的任务,为构建在线开放式、混合式、翻转式教学活动创造了条件。教师通过线下自主与集中的学习方式,发挥着组织引导与监控学生的作用,同时鼓励学生在线学习,调动学生的积极性、主动性,提升学习能力。传统性的学习方式,先验性、过程性和总结性评价模式,将会被学习平台的学习跟踪与自动评分系统取代。

探索智慧学习模式要认真吸取国内外先进经验,找到符合学生特点的智慧学习转型升级道路。在信息技术与教育深度融合发展的大趋势下,智慧学习转型升级不能简单停留在模式上。只有实现高质量、高能级的转型升级，智慧学习才能适应创新社会的要求，实现自主学习数字化、网络化、智能化水平的提升。智慧学习构建要突出学生发展的需求牵引，紧密结合经济社会发展和学生自我迫切需求；聚焦教育、放眼世界、着眼未来，提升学生学习获得感；探讨激发学生活力的众创机制，加强智慧学习普遍服务，促进智慧学习管理迈上新台阶。泛在智慧学习是整个学习生态"大系统"的子生态系统，对当前经济社会发展有着极大的推动作用和影响。同时，智慧学习本身就是一个"小系统"，驱动智慧教育内部生态向平衡的、协同的和良性循环发展。

第四节　高校英语智慧教学系统

智慧教学在分析教育大数据的定义内涵、实践范例、发展趋势的基础上，创建学习者、教学者、研究者、管理者、教育资源与服务提供者等多方参与的"智慧"教育生态，使更多外语教学者和学习者能够受益，帮助高校推动教育与信息技术的深度融合。

一、大学英语智慧教学测试系统

智能教学、深度学习、知识搜索和虚拟现实是信息时代高等教育的必然选择和外语人才培养的必要条件。例如在外研社主办的 2016 年"外研社杯"全国英语演讲、写作和阅读大赛中充分运用了人工智能、大数据、移动端等互联网元素，人工智能辅助赛事成为现实。此届大赛将线上学习平台延伸到移动端，提供备赛课程、赛前训练和线上专家指导和备赛交流群，基于云计算、机器学习和大数据分析，通过强大的信息反馈和数据统计功能，提供内容评阅、数据反馈等技术支持，提高选手的答题效率和评阅质量，同时还为学生提供自习方案、为教师教学提供策略依据以及科研数据支持。赛后，选手和学校还可以继续使用 Unipus 账户，体验丰富的英语测试和海量题库，进行阅读和写作训练、检测英语水平，以练促学，以测促教，将英语学习持续进行下去。

智慧教学在给大学英语教学带来新机遇的同时，也带来了新的挑战。面对如何使智慧教学发挥更有效的作用以得到更广泛和全面的实践，一些高校建设了智慧教室、转变教育理念，有机融合教学内容与能力实践。同时引入 iTEST 3.0

大学外语测试与训练系统减轻学校测试压力，通过对教学数据的多维度处理践行"以测促教、以测促学"。例如，中国矿业大学已经连续四年使用 iTEST 3.0 进行校本英语水平考试，系统的自建题库功能、机考客户端的安全稳定防作弊的特点、一键导出考试统计数据的便利，为该考试提供了有力保障，同时还节约了试卷印刷、人工阅卷、人工成绩统计的成本。在该届大赛中，外研在线自主研发的测评系统提供了稳定可靠的技术支持和专业优秀的内容把关。iTEST 3.0 大学测试与训练系统，为选手和参赛学校提供赛事支持、成绩评阅、数据分析功能，使赛事体验更加流畅。

二、外语智慧教学训练系统

在信息化时代，面对高等教育在国家需求、国际竞争环境、教育资源等方面的重要变化，高校外语教育智慧教学顺应了国家发展大势，外语智慧教学需要利用设备智慧、发挥教师智慧、增进学生智慧。"U 校园"正是以此为基础，全面升级、全新起航的"智慧教学云平台"，提供教学决策所需要的引导与帮助，满足高校混合式教学模式的需求，以实现学习分析技术在教学实践领域的实用功能。"U 校园"横跨教、学、测、评、研、服务等方方面面，用 iLearning 等全方位自主学习体系加强学生综合语言运用能力，U 讲堂、iResearch 等丰富深入的教研支持服务教师终身发展，将技术完全融入教育过程，构建良性循环的和谐教育信息生态。教师通过"U 校园"移动端，收集学生学习数据，根据不同学生的学习差异选择适当的评价方式，并制定出不同层次的评价目标，采用定性评价和定量评价相结合的方法，科学地反馈教学成果，最终让学生得到不同程度的提高和进步。

在外语学习的大数据背景下，实现"智慧教学"的有效途径之一是 iWrite 2.0 大学英语写作教学与评阅系统平台的开发，iWrite 2.0 采用链语法和有监督的机器学习相结合的方法，从语言、内容、篇章结构及技术规范四个维度对选手的文章进行机评，同时结合人评，提供全面分析，有效提升写作能力。在 iWrite 2.0 中设计了阅读、写作和分析三个模块，其中阅读模块正是基于对语言理解能力的考量。iWrite 2.0 系统提供的阅读库支持教师根据材料难度、题材等进行筛选，进而选择最符合教学需求的文本语篇。此系统对作文语言和内容的评估也充分考虑了"读后续写"的独特性，对文章内容切题性和连贯性的考察，可以视为针对这一题型的个性化评阅方案。iWrite 2.0对英语写作教学的辅助作用以及在该过程中产生的大量动态、真实的数据资源，能够为高校英语写作教学及研究提供新的方向与方案。此外，iWrite Corpus秉持"库学同源、库研同步、库教同理"的理念，通过对高校、专业、使用场景、作文题型等多类元信息进行动态追踪及监测，为中国英语教学提供基于智慧教学的形成性评价和真实语言用例及数据支持。iWrite 2.0和iWrite Corpus不仅能为研究者所用，也能帮助英语教学者进行有据可依的教学实践。

智慧胜于知识，大学英语智慧教学为外语教学带来了机遇与挑战，课堂在重构，智慧教学的教育新格局逐渐形成。然而无论时代如何发展，智慧教学的本质是培养人才，智慧教学与智能学习实质探讨的是新技术如何促教、促研、促学，智慧教育新生态将推进我国高等外语教育的深刻变革。

第五节 大学专门用途英语智慧课堂及教学

自从2009年起，国家教育部门提出了在大学课堂开展专业英语领域的创新教学以后，大学专门用途英语教学真正经历了理论论证和实践试点两个阶段，进入了快速发展的轨道。智慧课堂教学是通过信息时代构建技术融合的学习环境，能够有效推动大学专门用途英语实现技术、方法和实践创新化，保证学生在科技英语、商贸英语和社科英语等各个分支英语都能掌握更多技能，实现英语教学的社会化转换以及读写能力的有效提升。

一、大学专门用途英语智慧课堂的教学价值

（一）打造大学专门用途英语智慧型课堂教学框架

在大学专门用途英语课堂，开展智慧课堂这种教学模式需要从智慧教育理论、智慧教学环境、智慧教学法、智慧人才四个方面构建教学框架，实现多媒体、大数据、云计算和移动互联网等新一代信息技术在大学专门用途课堂教学的应用和发展。在大学专门用途英语智慧课堂教学中，智慧教育理论发挥着宏观统率的作用，它主要用来强调智慧课堂的教学策略和它在课堂教学每个环节的应用原则；智慧教学环境是开展智慧课堂教学的外部因素和实施大学专门用途英

语的教学手段,它涵盖了众多信息技术为代表的"硬"智慧环境和以情景教学法、游戏教学法为代表的"软"智慧环境;智慧教学法主要包含"智能""机智"和"智慧"为一体的教学策略、方法和体系;智慧人才包含了专业的英语知识、良好的价值取向、崇高的思想品德和较强社交能力等诸多智慧要素,是利用智慧教育理论,营造智慧教学环境,实施智慧教学法所达到的最终教学目标。

(二)点燃大学专门用途英语智慧课堂的智慧火花

在大学专门用途英语课堂,智慧课堂的出发点和创新点在于"智慧"这两个字,它需要利用互联网教育开展智慧型大学英语专业课程教学,学会利用大数据、云计算和物联网等信息技术推动智慧理论建设和课堂教学实践,真正实现大学专门用途英语教学的开放性、高效性和引导性。在大学专门用途英语课堂教学中,智慧课堂可以利用点对点或者点对面的开放式教学系统来强化专门用途英语的职业性和学术性,引导学生掌握其特殊的语言特性;利用智能化的移动教学工具和教学 APP 应用支撑平台,大学专门用途英语教学可以真正实现课前、课中和课后的教学活动全面开展,能够在教师与学生、学生与学生、学生与课本之间创立高效互动的教学机制,保证学生能够第一时间访问学习型专业语言资料库,并在师生之间建立畅通无阻的沟通交流渠道;利用智慧课堂教学,大学英语教师能够保证大学专门用途英语教学做到有的放矢,引导学生利用智慧课堂教学工具开展资料查询、情景演练、问题讨论和学习交流等学习活动,教师也能够针对学生学习情况掌握第一手的教学资料。

二、大学专门用途英语智慧课堂的教学设计

(一)利用智慧课堂开展专门用途英语合作教学

智慧课堂是当前大学专门用途英语教学广泛应用的课堂教学模式,它集合了电脑软硬件、教育信息系统、智能终端软硬件的智能化教学方式,真正实现了基于信息时代物联网技术为核心的"智能化"教学要求。通过智慧课堂的智能化教学方式,教师可以创建实施多层次、多手段的合作教学形式。首先,大学英语老师在开展专门用途英语教学时,应该学会利用多媒体教学终端、互动式电子白板等教学设备协助学生开展目标英语教学内容的情景演练以及教学内容的信息搜集,真正实现基于专门用途英语的自主学习和合作交流。其次,大学英语老师应该学会利用教育信息系统、信息交流平台和智能教学终端整理课

堂教学重、难点，为学生搜集课堂练习和课后阅读的作业清单，引导学生开展教学目标的课堂练习和课后复习，积极阅读相关英语专业杂志、文学作品等，实现英语学习能力的拓展和升华。最后，教师应该利用视频采集软硬件、视频编辑软件和网络信息平台录制专门用途英语的微课视频，组织学生开展自主学习和交流分享，推动教学成果的有效转化。

（二）利用智慧课堂建设专门用途英语教学平台

大学专门用途英语不是简单的英语专业教学，它着重强化了英语专业学生的特定细化需求，强调科技英语、商贸英语和社科英语在职业与学术两个层面的专业用途，保证专门用途英语教学内容能够迎合特定的英语专业岗位需要，对于专门用途英语在专门词汇、教学语法和教学语境等方面都提出了细化要求和专业划分。因此，大学英语教师应该学会利用智慧课堂建设专门用途英语教学平台，研发出基于专门用途英语的各行业和学科专业的教学资源，建立教学平台。一方面，大学英语老师应该学会利用云计算技术和网络信息技术搜集开发出专门用途英语的行/专业语言资料库，推动专门用途英语课堂教学、教材编写和评估测试的有效开展，甄选收录各行/专业的特定词汇、行业情境和高频词汇，真正实现本专业领域的英语专业学生能够掌握专业词汇、文献和口语。另一方面，大学英语教师应该学会建立基于电子书包的大学专门用途英语"智慧课堂"系统，学会将大学专门用途英语行业情境、高频词汇、参考文献等知识点制作成"微课"教学视频，上传到英语教学平台，形成大学专门用途英语的慕课平台，供本行业或专业的大学英语教师和学生下载应用和交流共享。

（三）利用智慧课堂设定专门用途英语教学标准

我国大学英语教学遵循的教学纲领性文件主要包括：《大学英语教学大纲》《大学英语教学课程要求》和《大学英语教学指南》等教学标准，它们是教育部根据全国高校英语专业教学要求和学生学习需求统一制定的国家英语专业教学质量标准。目前，统一的全国高校教学质量标准已经不能满足科技英语、商贸英语和社科英语等专门用途英语的教学需求，因为国家、社会和学科专业对于不同英语专业和就业岗位的需求不尽相同，迫切需要利用智慧课堂等教学手段来设立专门用途的大学英语教学质量标准。一方面，大学英语教师应该学会利用智慧课堂等信息技术来划定专门用途英语课堂教学目标，实现如医学、电工、经济、秘书、心理等专门用途英语专业的划分和区别，实现不同专门用途英语行/专业的教学标准设定。另一方面，大学英语教师应该利用智慧课堂创建智慧教学服务体系，寻找专业用途英语在资源管理、课程标准、数字化教材、评价标准、动态数据库等不同层面的教学质量标准，推动学生在智慧课堂实现阅读能力、翻译能力、口语交际能力、书面写作能力、信息搜集能力等英语综合素质的提升。

目前，我国大力推行的智慧课堂是一种以创新型的信息技术为基础，蕴含了大数据、云计算、移动物联网等诸多技术为手段，探寻智能聪慧的课堂教学新模式。在大学专门用途英语课堂教学中，智慧课堂实现了教学对象数据化、交流互动立体化、教学资源智能化、评论反馈及时化，保证大学教师能够全面变革传统大学英语教学的课堂结构，推动课堂教学向着职业化和学术化方向深入开展，真正构建了大数据时代的信息化课堂教学新模式。

第六节 基于需求分析的大学英语智慧课堂及教学

大学英语教育应以满足社会发展需要及学生个人需要为着眼点，本着"因需设课"理念构建"互联网+英语教育"智慧课堂。从教学方法设计到教学活动的组织实施，都应实现高校英语教育和社会英语教育的深度融合，这在目前已是提升英语教学实效的必然选择。

一、需求分析与大学英语智慧课堂

根据笔者对学生现实需要的调查，研究发现，学生在接受英语教育时会遵循职业需求、社会需求，结合自身心理需求进行选择性学习。不少学生希望能在英语课堂学到与社会发展需求、个人心理需求相关的英语知识，切实提高实际应用英语的能力。因此，大学英语理应在需求分析基础上设计大学英语课程教学，尽可能与学生的专业知识学习及职业技能培养相结合，真正适应全球语境下的教育个性化、文化多元化发展趋势，满足社会对英语人才的多样化需求，同时要符合学生的差异性英语水平和多层次英语学习需要。

学生的学习需求并不是千篇一律的，社会对人才的需求也在不断变化，因此，需求分析应该是一个连续的、动态的过程，确定满足需求的最佳方式还有待进一步探索。在笔者看来，大英教师应努力构建"互联网+英语教育"智慧课堂，以使英语教学目标、教学内容、学习要求、考核方式等方面能够适应社会发展需要和学生现实需要。

智慧课堂所装备的视听、计算机、投影、交互白板等声、光、电设备，能够实现课程资源的人性化、形象化与动态化，让教师更快捷方便地利用视听、白板等设备将教学内容展现给学生，使大学英语教育和学生专业知识学习、职业技能的养成相结合，并在专业人士指导下及时了解市场和社会对人才综合素养的最新需求，这样能为调整教学目标、课程设置、教学内容和教学方法等提供依据和支撑。

二、构建大学英语智慧课堂的基本思路

（一）建设大学英语教学资源库并融入学校课程体系

截至目前，我国的大学英语教学大体还停留于应试教育的层面，忽视学生的个体差异性。笔者试图以慕课资源在大学英语课程中的优化整合与协同辅助教学为范例，通过大量引入慕课和微课优化整合大学英语课程教学资源，谋求资源共享和校际联盟，追求卓越的教学效果；借助信息技术重塑大学英语课程，改变学生发展为考试服务的痼疾，让分数的奴隶们真正成为英语学习的主人。

（二）创建基于互联网的英语教育研究共同体

大学英语教师应在真实、开放、灵活、动态发展的网络化教学情境和研究过程中，结合教学实施过程中交际训练的成效，创建基于信息技术应用的英语教育研究共同体，让广大同行以满足学生个人需要及社会发展需要为着眼点，以提升英语教育实效为目的，突破时空限制随时随地能就共同问题进行体验式研讨与合作。

（三）以学定教并使高校英语教育向社会延展

据了解，鱼化龙文苑的大学语文教学、大学英语教学是基于"互联网+自媒体"而构建的智慧学习空间，实现了线上线下一站式、混合型、交际化教学，尤其是以学定教的实践应用，根据学生的现实需要开展教学活动，针对学生实际情况和存在问题以学定教，得到教育界同仁广泛认同。笔者认为大学英语智慧课堂可借鉴鱼化龙文苑模式，立足课内、放眼课外，充分利用人机交互的功能，从学生现实需要出发设计教学活动，同时努力使高校英语教育向社会教育延展。

三、基于需求分析和智慧课堂的大学英语教学设计

（一）注重实践教学环节和英语应用能力养成

英语教学过程应是学生听说读写译的实践活动过程，应以培养表达与交流能力为旨归。而大学生在听说读写的实践活动中，总会有令人意想不到的创造，因此要淡化理论考试成绩，注重实践教学环节，应突出地强调学生听说读写译等应用能力的养成。

（二）以交际化教学活动变现翻转课堂模式

翻转课堂要求学生在课前预览课程大纲提前预习，观看教学视频和相关材料并进行沟通和研讨，到了课堂上由教师解答或是同学之间讨论解决之前学习过程中遇到的问题。智慧课堂因其信息技术设备功能的多样性，教师在大学英语教学过程中的教学方式可以多种多样，为变革学习方式提供了便利，因此，大学英语教师可基于信息技术应用，努力尝试以开放的交际化教学激发学生兴趣，由此落实翻转课堂教学模式。

（三）利用网络平台技术改革教学方法

教师应善于利用网络平台技术，以"教、学、做"一体化为指导思想，根据不同的教学板块、不同的教学情境运用不同的教学方式，引导学生积极思考、乐于实践。笔者在实践中发现，较为行之有效的教学方法是以工作任务为导向的职场场景教学法、工作情境教学法，以及模拟社会交往以解决问题的角色扮演法等。

通过创造设置特定工作任务的教学情境，营造逼真的职场场景，可使学生身临其境从而激发学习兴趣；把教师主导教学和学生自主学习相结合，分组教学和集中教学相结合，让学生进行自主探究、操作、讨论，引导学生对实践过程进行思考，将学到的理论知识学以致用。而工作情境教学法是根据专业学习要求对现实工作情境的模拟，要考虑到职场中会议讨论、商务谈判、客户服务这样的场景较多，教学中要注重模拟操练才能达到理想效果。

由于社会交往和掌握处理问题的方法几乎与所有职业人士相关，角色扮演在大学英语教学中有着不可忽视的重要作用。角色扮演有两个方面，一是学习和把握自己所要扮演的角色，第二了解并尊重合作方所扮演的角色，做到知己

知彼。学生通过角色扮演可以了解现实生活中各种角色的社会作用，并对自身生涯规划做出适当判断、评估和必要的调整，在适应社会需求的同时满足个人需求，从而赢取个人的社会价值和快乐人生。

第九章　大数据时代高校英语教师教学能力优化路径

面对全球信息化的浪潮，世界各国高度重视社会信息化建设。加快教育信息化的建设与发展，提高公民的信息化能力与素质，培养适应信息化社会发展的人才，以增强本国的科技竞争力，整体提升综合国力，是各国追求的目标。社会信息化离不开教育信息化，教育信息化不能没有教师的积极参与。世界各国在教育信息化进程中，都对教师教育信息化发展给予了高度重视。没有教师教育信息化，就不会有教育信息化的改革与发展，教师信息化教学能力的培养是教育信息化的关键环节。

信息化教学能力，是以促进学生发展为目的，利用信息资源，从事教学活动、完成教学任务的综合能力。教师的信息化教学能力发展的目的是促进学生的发展，所利用的信息资源是介入教学中所有技术作用下的信息化教学资源，教师信息化教学能力是一种综合能力，它由若干信息化教学子能力构成，是信息化社会中教师专业发展的核心能力。

第一节　教师信息化教学能力概述

一、信息化社会与教师专业发展

（一）基础教育改革对教师的要求

我国新一轮基础教育课程改革对教师的教学观念、知识结构、教学方式、教学能力等提出了新要求。新一轮基础教育课程改革，改变注重知识传授的倾向，强调形成学生积极主动的学习态度，从而要求教师由单一的知识传授者成为满足不同学生学习要求的帮助者、指导者、促进者，要求教师能够培养学生的创新精神与实践能力，培养学生终身学习的意识与能力，培养学生良好的信息素养。新一轮基础教育课程改革，使课程结构从单一走向多样、从分科走向综合。在信息化社会里，教师已不再是教学中唯一的知识来源，教学信息资源来源已多元化，教师的课堂教学权威已经被解构，从而要求教师具有新的课程观、教学信息资源观，要求教师从权威的课程执行者成为学习环境的创建者及教学信息资源的收集者、开发者和设计者。

新一轮基础教育课程改革，改变了学生的学习方式，体现了学生学习的主体性、参与性、探索性，要求全面发展不同学生的学习能力。要求教师转变教学方式，加强与学生的教学交往，培养学生搜集和处理信息的能力、获得新知识的能力、分析和解决问题的能力以及交流与合作的能力。新一轮基础教育课程改革，要求改变教学评价方式，改变传统评价过于强调的甄别与选拔，评价要促进学生的全面发展，倡导多元化的评价方式。课程改革对教师提出了各种要求，需要教师具有新的课程观，对教师的知识结构和能力素质提出了更高要求，需要教师转变传统教学方式，加强教学交往能力，教师教学能力的提升要促进不同学生的发展等。

（二）教师专业发展对教师的期待

教师专业发展是目前教育领域普遍关注的话题之一，教学能力发展是教师专业发展的核心。教师专业发展期待教师具有终身学习的意识与能力，动态地实现自身知识的更新以及教学能力的提升。要培养学生的创新精神与实践能力，首先需要发展教师的创新意识与应用实践能力，只有创新型的教师，才能培养出创新型的学生。教师专业发展需要教师具有一定的教学交往能力，既包括教师之间的教学对话、合作，以形成教师教学的集体智慧，也包括教师与学生之间的交流合作，以更好地完成教学，促进学生的全面发展。教师专业发展期待教师角色转变，由知识的传授者转变为学生学习的帮助者、指导者和促进者。教师专业发展不仅仅要求教师具有一定的教学能力，同时还需要教师有一定的学习资源开发能力和教学研究能力，尤其是教学研究能力。教师只有在教学实践中研究总结，才能有针对性地反思自己的教学，提高自身分析问题与解决问题的能力，从而有效地提升教学能力。在教学中研究，在研究中提高，以更好地促进教师的专业发展。

（三）信息化社会对教师的挑战

教育信息化是社会信息化的重要组成部分，而教师教育的信息化发展，则是教育信息化发展的关键环节，也是促进教育信息化的重要力量。信息化社会中，教育思想、教学内容、教学方法等都发生了变革，对教师的知识体系和能力素质提出了挑战。

信息化社会中，教师的专业发展受到普遍关注和重视，世界各国都相继公布了教师有关教育技术的能力标准，开展了大量教师教学中信息技术应用能力发展的项目，为信息化社会中教师的教育技术能力发展提供了帮助与支持，在一定程度上，也规范了教师教育技术能力的培训与资格认证。如美国针对未来教师的PT3项目、英国教师的ICT培训、新加坡的MP项目、韩国教师的ICT素养培养、英特尔未来教育项目等。同时，联合国教科文组织也颁布了《信息和传播技术教师能力标准》，美国先后四次修订《面向教师的美国国家教育技术标准》，英国政府公布了《ICT应用于学科教学的教师能力标准》，信息化社会中，教师的专业发展受到世界各国的普遍关注，对教师的专业化发展也提出了挑战。

二、教师信息化教学能力的特点

教师的信息化教学能力，是教师在教学过程中，运用信息技术开展教学活动和完成教学任务的一种重要的特殊能力，它是由一组能力组成，包括若干子能力。教师信息化教学能力是建立在教师信息化实践知识基础之上的，要在一定的信息化情境中形成和发展。教师信息化教学能力主要的特点有：

（一）信息化教学能力的复合性

信息化社会对教师教学能力的要求，已不再局限于单一的传授知识和技能。教师的信息化教学能力既有传授知识、技能方面的能力，也有教学技术、技术化的知识内容、技术化的教学方法、技术化的协作教学等方面的能力要求；既有促进教师教学能力发展方面的能力，还包括促进不同学生信息化学习能力发展的要求；既有初级的信息化教学能力要求，又要具备更高层次的信息化教学能力素质。传统社会中教师的教学能力同样具有复合性的特点，但信息化社会中，由于信息技术要素的动态介入，使得教师的信息化教学能力更为复杂多样。尤其是现代社会教学信息来源多元化、学习资源环境数字化，使得教师的权威地位以及在教学中应发挥的作用发生了很大的转变。在信息化的学习环境中，对教师驾驭教学的能力提出了更高要求，期待教师的教学能力素质趋向于更加全面化的发展。教师不仅要有信息化教学知识内容的传授能力，更要具备促进不同学习风格和不同学习策略的学生实现信息化学习的能力，使因材施教在信息化社会中得以真正实现。因此，信息化社会中，教师信息化教学能力呈现出综合化、多层次化的特点，具有明显的复合性特点。

（二）信息化教学能力的关联性

教师信息化教学能力是由一系列子能力构成的，但各个子能力又是相互联系、相互影响、相互作用、彼此关联的。首先，基本的教学能力具有能力发展的基础性。教师的信息化教学能力是建立在一定的教学能力基础之上的，如驾驭学科教学内容的能力、一般教学法的相关能力、基本的教学技术能力等，都是教师信息化教学能力发展的基础能力。其次，信息化教学的相关学科内容能力、信息化学科教学法相关能力等的形成与发展，也是教师将教学技术、学科教学内容以及学科教学法融合的过程，体现出能力形成与发展的融合性特征。第三，信息化教学能力发展中不同阶段的能力素质具有一定的递进性。教师的信息化教学能力素质，在不同的信息化教学能力发展阶段有不同的侧重。信息化社会中教师的各种教学子能力，只有通过在动态的发展中寻求新的平衡与协调，才能良性动态地形成与发展。

（三）信息化教学能力的发展性

首先，为了适应不同的、复杂的信息化教学情景与信息化教学实践，以满足不同的学习对象的不同学习发展与能力要求，需要教师信息化教学能力动态地形成与发展，以适应动态发展变化的要求。其次，信息化社会中，信息技术更替周期逐步缩短，由此而形成的信息化学科教学与相关的教学方法，也同样需要不断发展变化，以满足相关教师教学能力变化发展的需求，适应新技术、新工具、新方法带来的变革。正是由于信息技术的时代发展引起信息化教学能力的动态更新与发展，所以需要教师主动适应这种动态变化的发展。再次，课程教学的改革与发展也需要信息化社会中教师能力的调整与改变，以适应教学改革与发展对教师能力结构提出的新要求，需要教师动态调整与发展完善自身的教学能力结构。最后，信息化社会中，教师自身的专业发展本身也是动态的、终身的。教师的专业化成长，需要教师在不同的职业发展阶段，不断完善和发展自身的教学能力结构。教师信息化教学能力的发展是有指向的，指向教师信息化教学智慧的创造，这种发展是终身的。

（四）信息化教学能力的情境性

教师信息化教学能力的形成与发展需要一定的信息化教学情境实践，是在一定信息化教学情境实践中呈现出来的一种特殊的能力形式，具有明显的情境性特点。同一教学对象、同一教学内容，在不同的信息化教学情境实践中开展的学习活动，需要教师有不同的信息化教学能力去适应，以达到开展相应教学活动的目的。教师信息化教学能力不能脱离一定的信息化教学情境中主体实践的体验而单独存在，教师信息化教学能力的体现与发展，必须是在一定的信息化教学情境体验中完成的，没有信息化教学情境的实践性体验，就不会有教师信息化教学能力的发展。教师不仅要具有适应不同信息化情境中主体实践体验的能力要求，更重要的是，教师需要将不同信息化情境中教学的知识能力素质迁移到其他相关的信息教学情境中，从而促进教师信息化教学实践能力的发展。

第二节　教师信息化教学能力构成

一、教师信息化教学能力的知识体系

信息化社会中教师教学能力的知识结构具有明显的层次性。依据教学中对教师教学能力的不同要求，我们将教师信息化教学能力的知识分为三个层次。第一层次包括学科知识、一般教学法知识、学科教学法知识和教学技术知识。这四类知识是教师信息化教学能力的知识基础。第二层次包括信息化学科知识和信息化教学法知识。这两类知识是教师信息化教学能力的知识主体。第三层次包括信息化学科教学法知识，是教师信息化教学能力的最高知识要求。

第一层次的知识是教师信息化教学能力的知识基础，具体知识内容包括：学科知识，主要指教师所从事学科专业的知识、概念、理论、方法以及相关联的学科理论内容等，是教师从事学科教学的专业知识准备。一般教学法知识，主要指教学的一般性原理、策略和方法等，可以完成教学的准备、教学的实施、教学的管理、教学的评价以及对教学目标和教学过程的认识等，以促进教师教学和学生学习的一般性的教育教学知识。学科教学法知识，主要是学科知识和一般教学法的综合，这也是舒尔曼提出并得到广泛认可的知识，涉及对学科知

识的表达、传输以及呈现等，以方便教与学的过程。教学技术知识，主要指广义上教学媒体和教学手段的应用知识，既包括教科书、粉笔、黑板、模型、教具等使用的技能，当然也包括投影、广播、电视、计算机、互联网等应用的硬件知识与技能。

　　第二层次的知识是教师信息化教学能力的知识主体，具体知识内容包括：信息化学科知识，主要指教学技术与学科知识相互融合后的知识，教学技术使学科知识以信息化的方式更方便、更灵活地表达、呈现与扩展。当然，也可以根据具体的学科内容选择合适恰当的教学技术。信息化教学法知识，主要指教学技术与一般教学法融合后产生的新知识。教学技术介入教学过程后，教学中的要素发生了变化，在教学技术的作用下，既会巩固拓展原有的教学法，也会因此产生一些新的教学方法，如网络环境下的探究式教学、协作教学以及基于信息技术环境的情景教学等。

　　第三层次的知识是教师信息化教学能力的最高知识要求，具体内容包括：信息化学科教学法，主要指教学技术与学科知识、一般教学法融合后产生的一类特殊的知识，是教师信息化教学能力的最高知识要求，也是教师信息化教学能力发展中，教师获得知识的最高境界与追求。这类知识已经超越了学科知识、教学法知识、教学技术知识的各自内涵，是三类知识的融合与动态平衡，可以在具体的学科教学中，运用合理恰当的教学技术，设置适合学生学习的信息化教学情境，拓展教师的信息化教学，以更好地促进教师信息化教学能力的发展，促进学生信息化学习能力的发展。

　　教师信息化教学能力的知识核心则包括教学技术知识、信息化学科知识、信息化教学法知识以及信息化学科教学法知识四个方面。

二、教师信息化教学能力的结构

　　知识是能力的基础，知识需要转化为能力。能力是知识的目的，是运用知识解决问题的能力。能力的体现既要综合运用知识，又要分析解决具体问题。教师的信息化教学能力，是信息化教学能力知识体系与信息化教学实践的有机统一。教师的信息化教学能力可以划分为六种子能力：信息化教学迁移能力、信息化教学融合能力、信息化教学交往能力、信息化教学评价能力、信息化协作教学能力，核心是促进学生信息化学习能力。

（一）信息化教学迁移能力

教师信息化教学迁移能力的实质主要有两个方面：一是不同信息化教学情境中的教学适应能力迁移，即横向迁移。二是信息化教学知识技能的转化迁移，即纵向迁移。教师信息化教学迁移能力是教师信息化教学能力的基础能力，也是教师信息化教学能力可持续发展的重要条件。

1. 信息化教学纵向迁移能力（转化迁移）。主要指教师将学习获得的知识技能应用于解决信息化教学中的实际问题，应用于现实的信息化教学活动中的能力。教师通过学习所获得的信息化教学知识与技能，需要将其应用于实际的信息化教学情境中，解决现实中的各种信息化教学问题。对于信息化问题的有效解决，就需要通过迁移，从这个意义上看，迁移也是信息化教学知识技能向信息化教学能力转化的关键。通俗地说，就是学以致用。

2. 信息化教学横向迁移能力（适应迁移）。一种信息化情境下的教学活动，在另外一种新的信息化教学情境中未必适用。信息化教学横向迁移能力主要指教师将一种信息化教学情境中的教学经验创造性地应用于其他新的信息化教学情境中的能力，是教师对原有信息化教学能力结构的拓展与延伸。在信息化教学情境中，教师对教学情境的把握、教学活动和教学方式的策略选择、教学媒体的应用、教学活动的程序等，都要依据自身的相关教学经验和借鉴他人的成功做法。通俗地说，就是举一反三、触类旁通。

（二）信息化教学融合能力

信息化教学融合能力具体包括三个方面的子能力：

1. 信息化学科知识能力，即信息技术与学科知识的融合能力。信息技术与学科知识相互融合，会形成学科知识的新形态。原有学科知识形式的新呈现、内容的新拓展，是需要教师将学科知识信息化的一种能力要求。

2. 信息化教学法能力，即信息技术与一般教学法的融合能力。是信息技术与一般教学法相互融合后，形成的一类新的知识类型，需要教师具备将信息技术与一般教学法融合，同时还需要教师能够驾驭信息化情景中的一些基本的教学原理、方法与策略等。

3. 信息化学科教学法能力，即信息技术与学科教学法的融合能力。信息技术与学科知识、一般教学法相互作用形成的一种特殊知识形态，需要教师具备教学技术知识、学科教学法知识，当然更需要教师将教学技术与学科教学法融合的能力。只有将信息技术与学科内容知识、教学法相互融合，发挥各类知识内容与各种方法策略的优势，才能使教师在新的学科知识形态和新的学科教学方法与策略的基础上，实现教学效率和效果的有效提高，才能使教师的信息化教学能力得以有效提升，从而促进不同学生学习能力的全面发展。

（三）信息化教学交往能力

信息化教学交往能力，是指教师和学生在信息化教学情境中，彼此交换思想与感情，促进师生间的交流与沟通，以实现学生能力发展为重要目标的一种教学能力形式。信息化教学交往能力是教学活动中师生的信息化互动，是信息化的教学交往实践，体现了教学中教师与学生之间的关系。信息化社会中的教学既是知识、技能的传授，更是学生学习能力发展的促进，因此需要教师与学生间有效地交往。信息化教学中的教学方式体现出选择化和互动化的特点，相应的，学生的学习方式也走向了合作、对话、交流、探究与实践等。教师的信息化教学交往能力包括课堂信息化教学交往能力和虚拟信息化教学交往能力。

1.课堂信息化教学交往能力，是指在课堂信息化教学情境中，教师与学生的教学交往能力。在课堂信息化教学情境中，需要实现师生之间的多元化教学交往，需要定位师生之间新的教学交往关系与角色。教师是信息化情境中学习过程的设计者、学习资源的开发者、学习活动的组织者、引导者和管理者，学生是积极主动的学习者。在课堂信息化教学情境中，教师要与学生实现信息化的交流与沟通，实现与学生的平等对话。教师也要对学生的信息化学习过程进行指导，让学生在信息化环境中学会学习。教师还要对课堂的信息化教学活动合理协调，保证课堂信息化教学活动的有序顺利开展，既有对学生学习的协调，也有对教学活动序列的协调。教学协调能力，是教师课堂信息化教学交往得以有效进行的保障。教师的课堂信息化教学交往能力，是促进教师有效教学和学生有效学习的重要能力指标。

2.虚拟信息化教学交往能力，是指在虚拟的信息化教学情境中，教师与学生的教学交往能力。信息化教学交往能力，在更多意义上指的是虚拟信息化教学交往能力，在虚拟的学习环境中，师生之间的有效教学交往是保障学生学习顺利开展的前提条件。

在内容上，虚拟信息化教学交往能力，主要包括教师为学生提供虚拟学习环境中的学习支持，监控学生在虚拟学习环境中的学习行为，对学生学习中遇到的各种问题，能够通过虚拟的学习环境提供尽可能的帮助。在形式上，虚拟信息化教学交往能力，主要包括教师与学生个体之间的虚拟信息化教学交往，教师与学生群体之间的虚拟信息化教学交往，学生与学生之间的虚拟对话交流与合作交往等，实现多元化的信息化教学交往。

（四）信息化教学评价能力

教师的信息化教学评价能力，主要是指教师对信息化教学和学生的信息化学习做出合理的价值判断，调适信息化情境中的教学行为，规范指导学生的学习行为，以实现教学过程的优化。信息化教学评价，既关注对教师的教学评价，更强调针对学生的发展和学生整体素质提高的评价；既关注结果的评价，更强调过程的动态评价。信息化教学评价体现出发展的、全面的、多元的、动态的特点。教师的信息化教学评价能力可以分为两类：学生信息化学习的评价能力和教师信息化教学的评价能力。

1. 学生信息化学习的评价能力。信息化社会中的教学评价，既要关注学生个体的发展和个体的差异，同时也要关注信息化情境中学生创造性的学习能力和综合素质的提高；既要关注对学生信息化学习中知识技能的评价，也要关注对学生信息化学习中实践能力发展和情感培养的评价；实现从单一的评价方式向促进学生全面发展的评价方式的转变。学生信息化学习的评价具有很强的导向性，强调以促进学生信息化学习能力的发展、创造性实践能力的提高为评价的主要价值取向。

2. 教师信息化教学的评价能力。关于教师信息化教学能力的评价，关注以促进教师有效教学为目的的教师信息化教学质量评价，是相对注重结果的评价，更加强调以促进教师专业发展为出发点的发展性评价，以帮助教师不断提高自身的教学能力和相关业务水平，实现针对教师信息化教学的过程性动态评价。

（五）信息化协作教学能力

传统意义上的教师协作教学，一般是指教师在备课、教学观摩、教学活动、科学研究等方面的有效协作。信息化社会为教师协作教学提供了可能，拓展和延伸了教师协作教学的能力。

联合国教科文组织《信息和传播技术教师能力标准》在"知识深化办法"模块中，提出"教师应能够运用网络资源来帮助学生开展协作、获取信息和与外部专家进行沟通，以分析和解决特定问题"。就教师的职业发展方面，强调"教师必须具备技能和知识，以创设和管理复杂的项目，并与其他利用网络来获取资料的教师、同事和外部专家合作，促进自身的职业发展"。同时，联合国教科文组织《信息和传播技术教师能力标准》在"知识创造办法"模块中，进一步强调"教师必须能够打造基于信息和传播技术的知识团体，并运用信息和传播技术来支持培养学生的知识创造技能及其持续不断的反思型学习"。对于教师的职业发展，进一步提出了"教师应能够发挥领导作用，训练同事，并建立和执行一个关于其学校的远景：一个以创新和持续学习为基础并因信息和传播技术而更加丰富多彩的社区"。

美国《面向教师的美国国家教育技术标准》（2008版）中也明确提出，教师应能够"与学生、同事、家长及社区成员合作使用数字化工具和资源，支持学生有效学习和创新能力发展"。应能够"使用各种数字化时代的媒介和方式与学生、家长及同侪就一些信息和想法进行有效沟通"。

信息化社会中，教师需要发展信息化教学协作能力与信息化教学集体智慧，需要利用数字化网络资源与同事、专家合作，打造基于信息和传播技术的集体教学知识和多元化的集体教学能力，以支持学生的有效学习和创新能力的发展，同时促进教师自身的职业发展。有关教师信息化教学协作能力的相关研究，各个国家目前已开始广泛关注，也是当前教师信息化教学能力发展研究的新领域，是各国对教师相关教育技术能力的新要求。

（六）促进学生信息化学习能力

信息化社会对教师的教学能力提出了新要求，学生相应的学习能力也发生了变化。以往的相关研究注重信息化环境中，教师有效教学能力的提升和对于教师专业发展的促进。目前，人们更多地把研究的问题聚焦于学生的能力发展方面。也就是说，教师教学能力的发展是为了促进学生学习能力的发展，从各个国家的有关教师教育技术能力标准的要求中，能看到这种变化趋势。我们也认为，教师信息化教学能力的发展，是为了促进不同学习风格和策略的学生信息化学习能力的发展。换句话说，虽然关注的是教师的信息化教学能力的发展，但发展这种能力的目的是促进学生信息化学习能力的发展。因此，我们在关于教师信息化教学能力的结构图中，将"促进学生信息化学习能力"放在了其他教师信息化教学系列子能力中间，其他子能力的发展是为了促进学生信息化学习能力的发展，是为了促进具有生命活力的人的全面和谐发展。

第三节 大数据时代高校英语教师教学能力发展策略

一、信息技术作用下的教学走向

人类从工业社会进入信息社会后,机械化、工业化、规模化的教育信息批量生产受到了莫大的冲击,信息技术使教学时空、教学内容、教学资源、教学方式等都发生了巨大变革。

1. 教学时空走向开放

信息化社会中,教学的物理时空得到了拓展和延伸,使教学早已超出了校园的围墙。信息时代的学习,将不仅仅是在课堂与教师面对面的教学中完成,也可以在不同的学校、不同的地区、不同的国家,或是在地球的任何角落,满足不同的学习者不同的学习需求。学习者可以是"在场式"的学习,也可以是"在线式"的学习,还可以是"在场式"学习与"在线式"学习的有机结合。信息技术作用下的教学时空,已经从封闭走向了开放。

在教学的物理空间延伸的同时,师生的情感空间和心理空间也得到了扩展。传统社会中教师的权威早已被解构,单一课堂教学中的师生关系已经演变为网络虚拟空间中带有各种不同学习需求、来自不同国家与民族的各类学习者之间的情感与心理交融,师生关系也已经包括网络虚拟空间中并未谋面的教师与学生之间的教学交往与交流。同时,教学中的教师,也并非是唯一的教学信息来源。信息化社会的教师协作教学也将变得更为可能与现实,教师教学中的各种协作与交流将更为广泛有效。

2. 教学内容走向仿象

传统课堂中的教学,教学内容呈现的多是文字和语言,虽然也有一些直观生动的教学手段和教学工具,但教学内容的抽象化程度依然较高。而信息技术作用下的教学内容,更具仿象性。教学中大量的图片、声音、动画、视频等多媒体表达元素,使抽象的知识内容变得更加直观具体。事实上,自从出现了专业教师,其教育教学的抽象能力一直在逐步增强。然而,这种抽象事物的能力,要通过更多的形象和直观具体地去表达,从而实现对抽象知识或事物现象的更好理解与认识。从这个角度看，教师的专业发展既是其抽象事物能力逐步增强的过程，更是其利用多媒体表达手段，形象直观地表达抽象知识和事物现象能力逐步发展与成长的过程。因此，信息技术作用下的教学内容，通过更多的直观形象表达方式，使教学内容从抽象走向了仿象。

3.教学资源走向统整

信息技术使优质的教学信息资源实现有效共享，教学资源从分散走向了统整。信息的最大特性莫过于其共享性，而信息化社会中，教学信息资源实现了真正意义上的有效共享，体现了学习者获取教育信息资源的便利性和平等性。信息技术作用下统整的教学信息资源，既可以满足不同学习者的学习需求，也有助于改善教师的教学，丰富教师教学信息资源的选择。统整的教育信息资源，使教学信息来源多元化的同时，也促进了教师的信息化教学能力发展，学生的信息化学习能力也得以增强，从而加速了教育教学的信息化发展，推动了整个教育信息化的进程，乃至深化了整个社会的信息化发展。

4.教学方式走向个性

信息技术作用下的教学方式，使不同学习者的不同学习需求得以真正实现，教学方式从统一走向了个性。传统教学中的共性与个性问题，虽被人们广泛关注，但始终似乎是教学中的"死结"，在传统教学中难以得到有效解决。信息化使教学方式中的共性与个性问题找到了解决的有效途径，使真正的因材施教成为可能。不同的学习者，既可以根据批量化的教育信息资源，实现统一进度的学习，更重要的是，也完全可以根据个性化的学习需求，实现量身定做的"自助式""订单式"学习，使学习更具个人色彩，真正体现学习者的主体地位。学习者可以按照不同的学习兴趣，自由地选择学习时空、学习内容、学习方式等，以满足在信息时代个性化的学习需求。

二、教师信息化教学能力的发展策略

为适应教师专业发展及教师信息化教学能力发展的要求，针对信息化教学能力职前培养和在职培训机构各自为政、内容体系不协调、不衔接，甚至相互重叠、信息化教学能力价值取向严重偏颇、资源配置缺乏合理等一系列问题，推行职前教师信息化教学能力培养与职后信息化教学能力培训一体化，通盘考虑教师的职前培养和在职培训，形成并完善教师信息化教学能力终身发展体系。

（一）教师信息化教学能力发展的特点

教师信息化教学能力的发展，符合能力发展的一般规律，但也有其自身发展的特殊性，教师信息化教学能力的发展是动态的、系统的、有指向的。

1. 教师信息化教学能力发展是动态的

教育的发展和教学的改革，需要教师的不断成长，教师的专业发展也需要教师能力素质的不断提高。作为介入教师信息化教学能力中的教学技术，更是具有发展的时代性。因此，教师信息化教学能力并非是固定不变的，而是处于一种动态变化的状态。在不同的历史时期、社会背景、教育背景下，教师信息化教学能力的要求是动态的、变化的、不确定的，但也是有指向的，教师必须适应这种动态变化的不确定性要求。同时教师信息化教学能力的发展也是动态的，这种动态性是教师信息化教学能力不断发展、不断完善、不断提升的过程，也是适应社会的变化，不断更新知识和能力素质、追求新知的过程。动态发展的动力既来自学习、教学实践和协作教学等，更直接来自于教师信息化教学能力发展的情意和发展的自主性，需要教师具有自主学习、终身学习的意识与能力。

2. 教师信息化教学能力发展是系统的

教师信息化教学能力的发展，绝非是"哪儿有病医哪儿"，也绝非是简单的"查缺补漏"，应该是"源头活水"。

首先，教师信息化教学能力的发展不能仅仅依靠职前的知识技能学习，也不能单一地依靠在职参与的一些能力发展项目。教师信息化教学能力的发展，既有知识技能方面的结构要求，也有其自身能力方面的素质要求，是知识技能与能力素质的一体化发展。

其次，教师信息化教学能力在不同的发展阶段有不同的发展侧重。职前教师的能力发展，更加侧重知识的积累和技能的模仿体验，在职教师的能力发展，更加侧重不同信息化教学情景的能力迁移、融合和具体的信息化教学实践。职前能力发展和在职能力发展既有不同的侧重点，又有发展的一体化紧密衔接。

最后，教师信息化教学能力的发展不仅仅是教师个体的专业化成长，更是关乎学生的成长、教育的发展和社会的发展。教师的信息化是教育信息化的关键环节，教育信息化也是社会信息化的重要组成部分。教师信息化教学能力的发展已经不再是单一的个体内部成长，而是关乎个体外部的诸多关联要素。从教师个体成长到促进学生、教育和社会的发展，体现出了发展的系统性。

3. 教师信息化教学能力发展是有指向的

教师信息化教学能力发展是一个有目的、有指向的过程。从教师信息化教学能力发展的知识结构看，寻求教师的信息化学科教学法知识是其归宿，而教师整体知识体系的发展指向了教师信息化教学智慧的创造。从教师信息化教学能力发展的能力结构看，教师自身信息化教学能力的提高、实现教师的专业发展是其归宿，而教师自身能力素质的发展指向了学生信息化学习能力的发展和学生的成长。教师信息化教学能力的知识结构和能力素质发展，都有明确的指向性。

（二）教师信息化教学能力发展的策略选择

教师信息化教学能力发展的促进策略，可以从宏观策略、中观策略、微观策略三方面分析。其中，宏观策略是促进其发展的外部环境条件，中观策略是促进其发展的方法论，微观策略是促进其发展的内部系统和直接条件。

1. 宏观发展策略

宏观层面的教师信息化教学能力发展策略，主要是促进其发展的外部环境条件策略，主要包括：社会发展的需求、国家政策的保障、教育改革的引导、学校组织的支持以及教师成长的动力。

（1）社会发展的需求

人类已经从工业时代步入信息时代，信息技术影响和改变着人们的工作、学习和生活方式。现代社会已经是一个高度信息化的社会，信息社会的一个重要特征，就是信息量激增，知识更新周期缩短。教育的信息化是社会信息化的一部分，教师又是教育信息化的重要关键环节。信息技术融入教育领域后，教学的方式、学习的方式、教育信息资源、教学环境以及人们的思维方式等发生了巨大变化。教师要适应信息化社会的发展与变化要求，就必须主动实现其自身角色转型、提升自身的能力素质。也就是说，信息化社会中的教师，既要具有一定的信息素养，还要实现自身角色的转变，更要发展教师的信息化教学能力。

信息化社会需要培养出具有创新精神和实践能力的信息化人才，这就首先需要教师实现自身的信息化发展。应该说，信息化社会呼唤教师的信息化发展，信息化社会中教师的能力，尤其是教师的信息化教学能力，是时代赋予教师的责任与使命。因此,教师信息化教学能力的发展,是信息时代对教师的能力要求,也是信息技术深入渗透教育的发展需要。

信息化社会对教师能力发展的期待,要求教师在学习学科专业知识、懂得一般教学法和学科教学法的同时,还要熟练掌握教学技术的知识与能力。在此基础上,要求发展成为教师的信息化学科知识、信息化教学法知识和信息化学科教学法知识。在信息化教学实践中,逐步生成为教师的信息化教学智慧。从这个意义上看,教师的教学技术能力是教师信息化教学能力发展的技术基础,教师的信息化教学知识和信息化教学实践是主体,信息化教学智慧是归宿。

(2)国家政策的保障

教育信息化是当今教育发展的潮流与趋势,世界各国都十分重视教育信息化的发展。从专门针对信息化社会中的教育规划、教育改革方案,到教育信息化基础设施、教育信息资源、教师信息技术与能力培训等,从国家政策层面给予教师的信息化发展以支持与保障。相关的研究,前文已经做了具体论述。从教师信息化教学能力发展的策略看,各国的政策支持与保障,集中体现在相关通用教师教育技术能力标准的颁布与实施、教师相关信息技术能力的国家层面的培训项目支持等。

应该说,随着时代的变化发展,各国都在加强开展教师相关信息技术能力培训的同时,不断地调整对教师的相关能力要求。如美国公布的《面向教师的美国国家教育技术标准》(2008版)已历经四次修订,新加坡的 Master Plan(简称MP项目)规划也是经历三次修订,并于2009年年初公布了最新的MP计划。各个国家都随着时代的发展,相继调整自己的教师教育技术能力标准与能力发展项目,这是适应了时代变化的要求。我们所主张的教师信息化教学能力动态发展的观点,也正是基于此。动态变化并非是难以确定,而是顺应了时代变化的需要。通用的相关教师教育技术能力的标准,既是对教师相应能力的规范,也是对教师相关能力发展项目的引导。

从国家政策保障的层面看教师信息化教学能力的发展,既要重视教师教育技术能力中相关教师信息化教学能力的明确要求,动态调整教师相关能力标准的规范,又要重视对教师相关能力的培训、考核与认证。但仅仅这些是远远不够的,国家政策层面应该更加重视教师信息化教学能力发展的经费投入。教师信息化教学能力的发展绝非是依靠单一的相关能力培训就能解决的,培训仅仅是其能力发展阶段的重要促进环节而已。我们一直强调教师信息化教学能力发展的多层面和终身化,尤其是教师的自主学习和教学应用实践的策略,显得更为重要。因此,国家也应该从相关政策上鼓励、支持,并有效保障教师信息化教学应用实践。从世界范围来看,我国无论是在政策保障、政策激励方面,还是在经费投入方面,都存在一些差距。

(3)教育改革的引导

为了适应信息化对教育以及教师能力提出的挑战,培养信息化社会所需的、适应时代要求的高素质人才,各国相继推行了教育教学领域的改革,以适应信息化社会对人才培养的挑战与要求。应该说,教育教学改革在课程体系、实践教学、教学方法策略等方面,已经有了很大的改革与引导。我国在基础教育的相关改革也获得了很大发展,这也直接引导了对教育教学评价的价值取向。

在我国,存在教师教育的改革落后于基础教育课程改革步伐的现象。在教师相关信息技术能力培训中,这种现象尤为突出。从教师信息化教学能力发展的角度分析,美国和新加坡教师信息技术能力培训标准的这种价值取向变化,强调了教师信息化教学能力发展的目的是要促进学生信息化学习能力的发展。从这种价值取向的变化看,教师有关信息技术能力的培训,相应的教学评价就不能仅仅局限于教师信息化教学能力的提升,而更应该把相关教师能力标准、教师的相关教学评价以及相关科学研究的目光,及时转向信息化社会中学生的发展。

(4)学校组织的支持

学校是教师教育教学活动的场所,也是教师教学能力发挥的平台。促进教师信息化教学能力发展的所有外部条件中,学校是最直接的促进因素。下面主要从校长的支持、资源的准备、培训的参与、教学的交流等几个方面分析。校长对于学校的发展有一定的驾驭和引导责任,与教师存在着领导与被领导的关系。校长对于教师的信息化教学能力发展的促进策略,集中体现在两个方面:一是校长对教师信息化教学能力的认识。二是校长对教师信息化教学能力的认可。教师信息化教学能力的发展需要来自学校层面的理解、支持、引导、帮助,既包括校长给予教师的精神鼓励,还包括必要时的物质激励手段。校长对教师信息化教学能力的认可,要在学校形成一种能力发展的氛围,这样才会有利于促进教师信息化教学能力的发展。

教师信息化教学能力的发展,需要在一定的信息化教学情景中完成。因此,学校相应的信息化教学基础设施建设和教育信息化资源的设计、开发与准备是必不可少的。学校既要完善基本的教学设施建设，也要加大对信息化教学基础设施的配备力度。

在职教师的相关信息技术应用培训，是教师信息化教学能力发展阶段性促进的重要环节。学校可以鼓励，甚至是有计划地安排教师参与相关的信息技术能力发展项目培训，或专门针对本校学科教师的实际情况，组织教师参与校本培训。在职教师的培训，是促进教师信息化教学能力发展的重要方式和渠道，学校应给予足够的重视与支持。

学校有责任引导、组织学科教师开展信息化教学的研讨、观摩，开展教师间的信息化协作教学，包括信息化教学集体备课、集体讨论、集体教学研究等。学校既可以组织面向本校教师的信息化协作教学交流，也可以利用网络等方式，促进不同学校、不同地区，甚至是不同国家的相关学科教师，开展教学交流与对话。既可以是教师间的协作交流，也可以是教师与学生、教师与专家的交流对话。充分的教学协作与交流，有利于教师信息化教学能力发展的经验共享。

（5）教师成长的动力

教师信息化教学能力的发展，外因是条件，内因是根本，发展的最终内驱力，来自教师本身。因此，教师对信息化教学能力的自信心、正确的态度、时间保证、知识的准备等，都是教师信息化能力发展的直接内部促进力量。同时，信息化社会教师的专业成长需要，也直接促进了教师信息化教学能力的发展。

教师信息化教学知识体系和能力素质的发展，是基于教师信息化教学情意的，这种情意是教师态度和自信心生成的直接促进因素。只有教师本人愿意，并在信息化教学能力发展方面有信心，其能力才有可能得以发展。

信息化社会中教师的专业发展，也要求教师信息化教学能力的理性提升。信息技术与教师专业发展的关联，从外部看，信息技术不同程度地促进了教师的专业发展。从内部看，信息技术已不仅仅是教师专业发展中智能结构的一部分，它已经渗透于教师专业发展中智能结构的各方面。

信息化教学能力发展过程中，教师的自主学习贯穿始终。在这个意义上，教师的信息化教学能力发展既是自主的，也是终身的。只有教师对自身信息化教学能力发展有信心，也有兴趣，并愿意为此做出努力，这种能力才会有更大的发展。

2. 中观发展策略

教师信息化教学能力的发展，也需要一定的方式、方法和策略，也就是要有促进其发展的方法论，即教师信息化教学能力发展促进策略的中观层面。在这一层面中，促进教师这一能力发展的关键环节是职前培养、教学实践、在职培训、协作交流、自主学习。教师信息化教学能力发展中观层面的促进策略，主要表现在职前培养与在职培训相结合、传统方式与网络在线相结合、技术知识与实践应用相结合、自主学习与协作交流相结合等方面。

（1）职前培养与在职培训相结合

教师信息化教学能力发展是一个系统的过程，发展的过程从静态走向了动态，从封闭走向了开放，从单一走向了多元，从传授走向了协作，实现了从阶段性教师培训到终身能力发展的观念转变。应该说，职前培养与在职培训都是教师信息化教学能力发展的重要促进环节，是不同能力发展阶段的台阶或锚点，不应将其割裂开来，要将职前培养与在职培训紧密衔接。

世界各国对职前教师，也就是对未来教师的培养都很重视，是从教师能力源头上入手的。如美国等一些西方国家，相关教师教育技术能力标准主要针对的是未来教师，而我国则主要针对的是中小学在职教师。职前教师和在职教师在能力发展方面的侧重点不一样。职前教师主要以技术知识、技能的学习和模仿为主，虽然也有一些教学实践环节，如教学实习等，但总体上要以教师信息化教学知识和技能的获得为主。在职教师主要以知识、技能在新情景中的动态应用实践为主，当然也包括一些技术知识、技能的学习。教师信息化教学能力的知识体系，是教师信息化教学能力的基础，而后者又是前者的目的。

（2）传统方式与网络在线相结合

世界各国教师相关信息技术能力发展项目的经验是，在开展面对面的培训方式的同时，相继开展了网络培训的方式，实现了传统方式与网络在线的有机结合。信息化社会中，获取学习信息资源的渠道已经多元化，教师信息化教学能力发展的知识获取、教学经验分享、教学研讨、协作教学等，都可以通过网络在线的方式来实现，实现与传统方式的有机结合。

（3）技术知识与实践应用相结合

教师信息化教学能力的技术知识，职前教师主要通过系统学习的方式获得，在职教师则主要通过自主学习、参与培训等方式获得。教学技术知识要转变为教学应用能力，就需要重视教师的实践教学环节。职前教师可以在学习中体验模仿，通过积极参与教学实习，强化对技术知识的实践应用转化。在职教师的教学实践，是将所学教学技术知识转化为应用能力的重要环节和有效方式。

（4）自主学习与协作交流相结合

在信息化社会，需要教师既具有自主学习的意识，也具有自主学习的能力，以适应社会发展变化和教师专业成长的需要。自主学习是教师成长的重要动力，教师可以自由选择、自主控制，自主学习贯穿于教师专业发展的始终。教师信息化教学能力发展的开放性、动态性、终身性，都需要教师具有自主学习的能力。

信息化社会的教师协作交流，既包括教师同行间的教学交流、教学观摩、教学研讨等，也包括教师与学生、教师与专家的交流对话。信息化社会中，教师既要能够实现面对面的协作交流，也要发展虚拟的、远距离的、跨时空的协作交流的能力。教师的信息化协作教学，能有效共享集体的知识、经验与智慧，形成教师信息化教学的共同体。

3. 微观发展策略

微观策略是促进教师信息化教学能力发展的内部系统和直接条件。自主学习、教学实践、协作交流，是教师个体促进能力形成与发展的集中体现。微观层面的促进策略，集中体现在教师以自主学习为主的知识积累、以教学实践为主的应用迁移、以协作教学为主的对话交流等方面。

（1）以自主学习为主的知识积累

教师的自主学习是职业发展生涯中必不可少的，是促进教师信息化教学能力可持续发展的基础条件和动力源泉，是教师专业发展的内驱力。教师自主学习的目的就是要实现技术知识积累，促进教学，促进学生的发展。在职前教师学历教育的系统化学习中，需要学习理论知识；在职教师的阶段性培训中，也需要学习理论知识并能够实践应用，以实现教学能力的提升；在教师的协作化教学中，同样需要交流对话、相互学习，共同提高。信息化社会中教师的自主学习，是一种过程，也是一种方式，更是一种能力。自主学习，使得教师在信息化教学能力不同发展阶段获得的离散知识更具系统化，使得信息化社会中教师的专业发展更具动态化、可持续、终身化。因此，教师的信息化教学能力的可持续发展，需要教师实现以自主学习为主的知识积累。

（2）以教学实践为主的应用迁移

教师的信息化教学实践，绝非是简单的技术性教学实践，而是实践中有反思，反思中有智慧。在形式上，教师信息化教学实践似乎仅仅是"躯体的"，但它显然是教师教学技术知识、技能在具体情景中迁移应用的体现，是一种"理论化的实践"。因此，教师要以教学实践为主，在不同的信息化教学情景中，实现信息化教学融合与信息化教学交往，在实践中反思，在反思中成长，最终实现教师信息化教学智慧的生成与创造。

（3）以协作教学为主的对话交流

教师的信息化协作教学能力，是其信息化教学能力的重要子能力。协作化教学能力，集中体现在教学观摩、教学研讨、协作交流、协作科研等方面，有利于促进教师信息化教学能力的整体提升与发展。帕尔默指出，"任何行业的成长都依赖于它的参与者分享经验和进行诚实的对话，同事的共同体中有着丰富的教师成长所需要的资源。"

教师的信息化协作教学，实现教师间的相互交流、相互促进、相互提高，有助于教学经验交流、教学资源共享，有利于促进教师信息化教学能力的发展。教师的信息化协作教学能力，既包括了教师同行间的协作交流，也包括了教师与专家、教师与学生的交流对话等；不仅仅是指面对面的交流对话，更突出信息化环境中的协作教学与对话交流。信息化社会中，强调教师以协作教学为主的对话交流的发展策略，则更具发展的时代性。

第四节　信息技术与英语教学整合中的教师能力提升

目前信息技术与英语教学整合受到越来越多的关注，但在整合实践中，也出现了各种各样的问题。正如庄智象等指出的：①思想上、组织上、管理上面临挑战；②软、硬件建设发展不协调；③培养英语教师的母体——高校英语专业在多媒体教学实践中发展缓慢；④理念、手段、方法之间还存在不匹配、不协调、不成体系等问题（庄智象，2004）。"教师自身的信息化教学技术能力低下而成为英语信息化教学的瓶颈问题"，在第二届中国英语教学法国际研讨会上，"多媒体教学模式中的教师角色定位"等问题引起了大家的关注（蔡基刚，2006）。顾佩娅在访谈中指出在计算机辅助教学环境中，教师角色、教学互动等问题尚需解决。本节拟对信息技术与英语教学整合中的教师角色定位及出现问题等情况进行探讨分析。

一、信息技术与英语教学整合过程中的教师技能分析

（一）信息技术与英语课程整合过程中的教师角色定位

目前信息技术与英语课程整合正处于探索、研究阶段，是在传统课堂基础上"以课堂教学与在校园网上运行的英语教学软件相结合的教学模式为主要发展方向"（祝智庭，2002）进行的。北京师范大学现代教育技术研究所的何克抗教授（2000）指出，"整合"的实质是变革传统的教学结构，改变"以教师为中心"的教学结构，创建新型的、既能发挥教师主导作用又能充分体现学生主体地位的"教师主导—学生主体相结合"教学结构。可见，在信息技术与课程整合中，教师不再是传统教学课堂上的核心和控制者，而是以学生为中心的意义建构协助者、合作者、导引者，学生良好情操的培育者。

Barnes（1976）和Wright（1987）认为，教师应是促进者、施助者、合作者、咨询者、顾问、提出建议者、无所不知者和提供资源者。Volley（1997）将教师角色归纳定位为促进者、咨询者和提供资源者。Volley从专业和社会心理方面详细描述了教师的作用和特性。从专业方面看，教师主要特点是：通过分析需求（语言和学习的需求）、目标（短期和长期的）、学习计划、选材和组织互动，帮助学习者计划并实施他们独立的语言学习；帮助学习者学会自我评价；帮助学习者为完成上述任务获得所需的技能和知识。从社会心理角度看教师应具备的特点是：促进者的特点（关心、帮助、耐心、宽容、同情、开放）；激发学习者的能力（鼓励赞扬、消疑解惑、帮助学习者克服困难、随时可以和学习者对话、避免操纵干预控制学习者）；帮助学习者提高自主学习意识的能力。

从国内和国外的对教师角色的研究看出，教师的角色与作用同以往的传统意义上的教师角色与作用不同，信息技术与课程整合对教师提出了更高的要求，整合中的教师从单一职责的知识传授者转变为一个集学习导引者、学习促进者、学习协作者、提供资源者和课堂管理者等多元角色于一身的教育者。

（二）整合过程中教师角色定位出现的问题

1.教师作为引导者、促进者出现的问题

在以学生为主体的教学结构中，一些对新型教学结构掌握不好的教师片面

理解为以学生为主体的自主性学习活动，而忽略教师的导引、协作角色作用，弱化了教师的作用，出现了学习主体绝对化倾向；教学管理弱化，重活动形式、轻活动效果等问题。

在整合的课堂上，学生是知识的主动建构者和运用者，教师则是引导者和帮助者，而自主性学习活动恰恰能体现以学生为主体的教学理念。但在实施这一教学活动时，教师作为导引者、促进者角色定位存在一些问题，过分强调师生分离，把所有的教学活动都交由学生自己完成，既没有师生间的互动，也没有教师的导引、监控，更谈不上帮助学生解决学习内容、学习策略方面遇到的困难和问题。教师把学生自主学习看作了学生自学，在学生学习过程中，教师没有指导、监测学生学习；在学生学习结束后，教师也不对学生学习效果进行检查，可以说教师的作用已经用计算机来代替了（徐明成，2008）。

其实自主学习不等同于学生的自学，自主不等同于自由，否则自主就成为无序的代名词了。课堂上对学生放任自流学习的现象恰恰说明了Thavenius所指出的问题，发展学生自主学习需要教师发挥更大的作用，而这是许多教师没有意识到的；教师的作用是计算机无法替代的，认为计算机可替代教师的说法也早已受到了批评，并且"计算机辅助英语教学资源与富有经验的教师相比是绝对有限的"（Morrison，2005）。

课堂上的自主学习要在教师指导下进行，教师应在课堂上担负起指导、监控学生自主学习的责任，确切地说，学生进行的是指导性自主学习。Littler指出："自主不是自我指导的同义词；在教室环境下，自主并不是摒弃教师的责任。" White Wright认为学生在自主性学习或进行讨论、协作学习时，教师对学生活动不负责任是"专业性的不负责任"。"不负责任"并不意味着对学生放任不管，教师实际上是放松了对学生的控制程度。如果教师对学生的学习一味放松，那么学习程度不一、具备不同自主学习能力的学生对参与这类学习活动的认识和参与程度会出现较大差异，也会给学习活动形式，甚至学习内容带来不利影响，从而导致不同学习者学习效果的严重差异。课堂上，自主学习能力强、学习程度较好的学生会进行有效的学习甚至垄断交际活动；而自主学习能力差的学生因失去教师的有效的、适当的控制，只是形式上进行了学习或自我放纵不学习。可见，课堂上"学生学习过程得到严密监控和细致指导是成功教学的标志之一"。

Littlewood认为在教师指导介入下的自主学习对东方学生可能更有效果，

这说明了学生学习英语依赖教师指导的客观事实。众所周知，学生学习在一定程度上是有意识的控制行为，有意识的控制行为最终来源于学生的自觉意识，而学生学习的自觉意识要靠教师有意识地引导和培养，学生学习的盲目性、随意性要靠教师来帮助克服，学习中的困难也应由教师来帮助解决。因此，在整合中学生在学习方面被赋予自主性并不意味着教师变得多余了；相反，由于学生的学习自主性是一个需培养、完善的动态发展过程，在不同学习阶段学生离不开教师对他们进步的肯定和不足的帮助，离不开教师的导引、促进和强化。

2. 教师作为意义建构协助者、学习资源提供者出现的问题

在过去的以教师为主体的教学结构中，教师是知识的传授者，是主动的施教者，是教学的绝对主导者。而在整合后的教学结构中，教师要对学生及其学习过程中的教学内容及教学媒体进行指导和把握；教师要根据学生的特点选择、设计特定的教学内容、教学媒体和交流方式呈现、提供给学生，因此，教师是学生意义建构的协作者、学习资源的提供者。

在张海森等进行的实证研究中，揭示了学生们期待教师能够为他们创造一种良好的学习环境，这种环境包括为学生制订适当的学习目标、提供丰富的学习资源及能够使得自主学习在课后延伸下去的后续支援学习材料及学习活动等。

在实际的整合课堂上，作为意义建构协助者、提供资源者的教师在设计课堂教学任务时，对学生的实际水平估计过高或估计过低，所提供的学习内容难易度与学生实际水平不符，没有很好地控制学习任务的有效性。教师没有给予完成任务有困难的学生个体特别的指导，没有注意到学习个体的不同造成的学习差异，具体体现在练习和试题的设计没有层次和梯度的变化。

根据"最近发展区理论"，知道最近发展区是指比儿童现有知识技能略高出一个层次、经他人协助后可达到的水平。依据这一理论，教师在设计学习任务时应考虑到学生的实际水平和具体情况，设定合理的学习目标，不能太难也不可过易，过难容易使学生产生畏难情绪，放弃学习；过易则使学生学习没有动力，挫伤学生的学习积极性，同样不利于学生学习。学生依据自己的实际情况选择适合自己的学习任务，通过完成难度略高于自己实际水平的学习任务，达到学习目的，获得成就感，增强自信心，保持继续学习的热情，提高语言学习效果。

教师通过筛选后提供的资料应达到能控制课堂信息量、控制课程难度，体现如元认知策略、社交策略、情感策略、认知策略、记忆等策略的培养。

教师作为意义建构协助者、学习资源提供者的角色不仅体现在整合课堂上，还应体现在整合课堂后的学生自主学习的后续活动中。在这方面也出现了一些问题，如教师提供教育资源时仅仅停留在以教师展示型为主，较少考虑研究性学习专题资源；课件或专题网页学习任务仅仅围绕课堂教学内容，没有提供拓展性的学习内容，没有提供适量的开放性文本资料，没有考虑学生的可持续性学习需求，不具备课外延伸性，没有为学生学习个性化发展所需语言技能提供充分生长空间，没有做到如Knowles所建议的"计算机应做教师不能做的事以丰富学生的学习经验"。

信息技术与英语课程整合还处于探索研究阶段，教师角色与作用已发生了很大改变，如何使教师在整合中准确定位自己的角色、发挥自己应有的作用是每个教师在教学实践中要考虑的问题。只有在实践中不断探索、逐步完善信息技术与英语课程整合模式，才能使信息技术与英语学科教学整合得越来越科学、越来越有效，从而推动英语教学的良性发展。

二、英语信息化教学中的教师信息素养

以现代信息技术为支撑的大学英语教学模式已成为必然趋势。"硬件"的大量投资和"软件"的优化建设为英语信息化教学提供了丰富的物质资源，可是使这些软硬件资源充分发挥效能、促使英语课程和现代化网络技术有机整合的关键因素是教师，而大学英语教学教师的信息素养更是关键中的关键，是英语信息化教学"人件"建设的核心。

（一）教师在英语信息化教学改革中的关键作用

近年来，中国已经成为"英语教学的超级大国"。面对庞大的学习群体，几十人的英语课堂仅靠一个教师教的局面已经不能满足需要，传统的英语教学模式已经力不从心。大学英语教学模式已经到了非改不可的关头。对于此，教育部提出要利用现代信息化手段与技术来改变人才培养模式，开展自主性学习、研究性学习，《大学英语课程教学要求》也提出要建立基于计算机和网络技术的大学英语教学新模式，大力改革大学公共英语教学。经过初步实践，众多的院校不仅已就深化计算机网络环境下英语教学的改革达成了共识，而且已经

基本构建起了英语信息化教学所必备的硬件设施和软件资源。这些硬件和软件的投资确实在支持学习和教学方面发挥了很大的作用。可是，任何一个改革都不可能一蹴而就，大学英语网络教学的改革在新旧模式交替过程中也会出现一些问题。单从教师这个角度出发，突出的问题就表现在教师一方面受大学英语四六级考试压力的影响。对这种新的教学模式既无时间也无精力去深入探索，从而淡化英语信息化教学意识；另一方面受繁重的教学任务的制约，缺乏必要的多媒体网络技术知识，自然也就缺乏驾驭网络教学的能力，致使英语信息化教学收效甚微。

技术是教育中的工具性要素，技术只有为人所用才能转化为现实的教育"生产力"。脱离了人这一决定性要素谈改革，改革就是无本之木、无源之水。所以，"人件"建设的步伐不应滞后于硬件的投资和软件的开发。"人件"建设的重要性不亚于硬件和软件。"道路"（硬件）修好了，"车辆"（软件）也配置了，而要把"货物"（教学资源）运送到"客户"（学生）手中的"司机"（教师）是该过程中的决定性因素。"司机"的驾驶技术和货物装配组织能力是关键，另外，司机的清醒意识也不可忽视。英语教师就是信息通信技术和英语学科有机整合之路的"司机"。司机必须具备根据货物的质和量，结合自己所拥有的车辆的性能、道路的特点、客户的要求，成功、有效地完成货物运输过程。同样，教师也必须根据本学科、本课程的性质，结合自己学校实际能提供的硬件设施和软件资源，分析本校学生的学习需求，成功、有效地完成教学过程。而"人件"建设的核心不仅是技术管理员队伍建设，更重要的是网络英语教师队伍建设。因为大学英语教学改革是由英语教师进行的教学改革，不是计算机教师的教学改革。英语教师不可能置身事外。所以，英语教师必须把计算机网络技术和课程有机整合，才能使资源物尽其用（张文兰，2005）。

另外，教师在现行大学英语教学改革中的关键作用是由教师在改革中的地位和角色所决定的。"在新教学模式中（即教师、学生、教材及教学方法在现代信息技术环境下新的有效组合），教师仍起着一个主导作用"（陈坚林，2004）。这种主导作用体现在教师作为学习的引导者、设计者、促进者和管理者的角色中，即教师首先需要体验如何利用计算机网络的优势去获取新知识，从而引导学生利用这个过程构建自己的知识体系（引导者）；教师有了计算机和课程整合的教学体验后，就能利用计算机网络的优势，结合学生的学习特点设计和创造整合课程的学习环境（设计者）；同时根据自己的体验提供给学生一个资源丰富的学习环境,指导其下一步的学习活动,同时以问题激发学生思维,并为学生的学习活动过程提供示范或描述解决问题的步骤(促进者)。此外,教师还要协调解决在网络学习过程中出现的突发问题,完善教学过程(管理者)(陈坚林,2000)。由此看出,英语教师的这种主导作用要求教师首先必须更新教学理念、具备一定的信息能力,同时还要将这些新的教学理念和信息能力融入课程教学原则和教学艺术中。也就是说,在英语信息化教学模式的取向中,英语教师应具备较高的信息素养,培养英语网络教学的驾驭能力,才能满足新教学模式的需要。教师的信息素养是英语信息化教学中"人件"建设关键的核心,是课程与技术整合的关键,是为时下进行的改革提供强有力的人力资源保障的关键,是大学英语教学改革成功与否的关键,也是学科长远发展的关键(束定芳,2004)。

鉴于网络英语教师的信息素养如此重要,那么大学网络英语教师的信息素养的内涵及其现状又如何呢?

(二)大学英语教师的信息素养内涵及现状

1. 大学英语教师的信息素养

"信息素养"这个名词是美国信息产业协会(ILA)主席 Paul. Zurkowski 于 1974 年提出来的。他认为信息素养是利用大量的信息及主要信息源使问题得到解答的技术和技能。1979 年美国信息产业协会将信息素养解释为:人们知道在解决问题时利用信息的技术和技能。美国信息专家 Patrieia Breivik 认为:信息素养是一种了解信息系统并能鉴别信息的价值、选择获取信息的最佳渠道,掌握获取和存储信息的基本技能。美国图书馆协会把信息素养解释为:"具有信息素养的人,能够认识到何时需要信息,并拥有寻找、评价和有效利用所需信息的能力,从根本意义上说,具有信息素养的人是那些知道如何进行学习的人。他们知道如何学习,是因为他们知道知识是如何组织的,如何去寻找信息,并如何去利用信息,以至其他人可以向他们学习,他们已经为终身学习做好了准备"。(王守仁,2008)目前国内外有关信息素养这一概念尚无统一的、标准的定义。较为成熟科学的释义为:在各种信息交叉渗透、技术高度发展的社会中,人们所应具备的信息处理所需的实际技能和对信息进行筛选、鉴别和使用的能力。

综上所述,大学英语教师的信息素养应该包括信息意识、信息知识、信息能力、信息和课程整合能力及信息伦理(即信息安全和信息道德)5 个方面。

（1）信息意识

教师的信息意识是教师信息素养的一个重要内容，是人们在信息活动中产生的认识、观念和需求的总和。指的是教师对信息的敏感度，这要求教师具有敏锐的感受力和持久的注意力，能够意识到信息的作用，对信息有积极的内在需求。教师在进行信息技术与课程整合时，只有敏感于信息，具备强烈的信息意识，才会积极主动地挖掘信息，搜集、利用信息，丰富自身的知识。它是教师丰富信息知识、提高信息能力、形成信息意向、完善信息素养的前提条件，同时更是教师进行信息技术与课程整合的前提条件。

（2）信息知识

信息知识是指与信息有关的理论知识和方法。信息知识是信息素养的重要组成部分。在信息时代，信息知识包括关于信息的基本知识。例如，信息的理论知识，对信息和信息化的性质、信息化社会及其对人类影响的认识和理解，信息的方法和原则等；还包括现代信息技术知识，如信息技术的原理、软硬件的知识、信息技术的作用及信息技术的发展和未来等。所有这些基本的信息知识，作为教师，都需要有一定程度的了解并且不断地学习（钟志贤，2006）。

（3）信息能力

信息能力是整个信息素养的核心，指的是教师对信息系统的使用以及获取、分析、加工、评价信息并创造新信息、传递信息的能力。教师应具备：①基本信息素养，即计算机基本技能，教师必须掌握 Word 文字处理、Excel 电子表格及一些常用应用软件的安装和使用方法，并能熟练应用计算机处理学生考试成绩、编写测验试题等；②多媒体素养，信息时代为教学提供了丰富的媒体，为提高教育教学质量，教师应根据不同的学科特点和教育对象，围绕教学目标、授课内容选择和使用不同的媒体，进而制作多媒体教学课件；③网络素养，网络时代的教师应具有网络基本知识和素养，教师应当掌握计算机网络的一般原理，学会利用网络搜索数据、传输文件和网络交互式教学，能利用电子邮件与同行或学生进行交流，利用电子公告牌或自己制作的网站（页）发布自己的认识和观点（徐明成，2008）。

（4）信息和课程整合能力

信息和课程整合能力是信息素养的目的，指的是教师根据课程特点，依据一定的教学原则，因地制宜、根据需要地利用必要的媒体来设计符合教学实际的教学活动，完成教学任务，提高教学效果的能力。把信息技术和不同媒体优化组合，将信息技术有机融入学科教学过程，才能真正发挥信息技术的作用，从而提高教育教学质量。

（5）信息伦理

信息伦理指信息安全和信息道德两方面的内容。信息伦理把握教师信息素养的方向，指的是教师在获取、利用、加工和传播信息的过程中必须遵守一定的伦理规范，不得危害社会或侵犯他人的合法权益。同时，还要了解信息安全、防范计算机病毒和抵制计算机犯罪的常识。信息技术与课程整合背景下教师的信息道德特别指教师在信息技术与课程整合中要保证教学内容的科学性和对他人劳动成果的尊重及知识产权的保护。这是当前教师的信息道德中的重要内容（赵建华，2006）。

以上5个方面既相互独立又相互关联，一般来说，信息技能的提升是信息意识增强的结果，同时它又促进信息意识的增强，信息技能的提升通常有助于信息安全的发展，而信息安全意识的提高又必然促进信息技能的发展。

2. 大学英语教师信息素养存在的问题

目前大学英语教师信息素养存在以下问题：

（1）意识层面。通过调查发现，仍有半数以上教师对计算机网络技术应用于大学英语教学的重要性认识不足，认为这种教学模式的效果一般、可有可无或效果不好不应该大面积推广。本课题组还通过和同行朋友网络聊天进一步了解到，这些教师有的持忧虑、怀疑甚至排斥的态度，担心大学英语网络教学全面铺开以后，机器会代替教师而面临失业，因而担心教师的作用会被削弱。抑或担心实施信息化教学模式稍有不慎就会影响四、六级考试通过率，责任重大。还有一些教师因自身的计算机能力较低而对信息技术与课程教学的整合缺乏信心，有的甚至生"计算机恐惧症"。他们害怕由于自己的误操作而中断教学，或由于无法处理设备的软件故障而使其在学生面前尴尬难堪，所以常常对信息技术产生逆反心理。另外，将信息技术整合于课程教学所需的大量的时间和精力使不少教师对此不感兴趣。

（2）技术层面。目前大学英语教师中只有少部分人的计算机网络知识能完全满足英语信息化教学的需要，而大部分教师的计算机网络技术需要提高，所以英语信息化教学人才的缺乏制约了英语信息化教学的普及和多层次、多形式、多规格的发展。

（3）英语信息化教学法理论知识层面。只有极少数教师在英语信息化教学中能根据课程的需要，就已获取的信息进行整合分析后合理地设计教学方案和任务，而能有效地管理学生学习过程、对学生的网上学习行为进行合理评价和分析。也就是说，大部分的教师对教学过程中如何有效利用信息技术来进行课堂教学整体设计的能力还是很欠缺的。由此看出，大部分教师的英语信息化教学法知识很欠缺，需要系统地学习技术和课程有效整合的理论知识。通过网络聊天还进一步了解到，虽说许多教师参加过学校组织的计算机技术培训，但也只局限于计算机基本操作能力，对计算机用于教学方面的知识却少有涉及。另外，许多教师反映，在新的教学模式下，原有的课程教学原则、教学方案设计理论等都需要做一些调整和变化，可是如何调整才能使信息技术为课程服务确实是摆在许多英语教师面前的难题。

目前大学英语教师的信息素养仍然是大学英语信息化教学有效开展的瓶颈。在信息技术日益与教学融合的今天，教师个人必须注重自身信息素养的提高，才能提高自身的专业能力。教育行政管理部门在推行大学英语信息化教学的过程中，也应该采取各种各样的措施来加强教师的师资队伍建设。

（三）大学英语教师信息素养的培养

1. 顺应新环境、更新观念、增强教师信息意识

要突破高校英语信息化教学，观念更新比教学设备更新更重要。改变传统的思想观念是培养教师信息素养的基础和关键。所以，提高大学英语教师的信息化教学技术能力，首先要使广大教师从思想上认识到提高自身信息素质的重要性、紧迫性和责任感，能自觉、主动地加强学习与实践，不断提高自己认识、掌握并创新地将信息技术运用于语言教学的能力（庄智象，2004）。

2. 积极进行师资培训、帮助教师提高信息能力

人才缺乏制约了网络英语教学的普及和多层次、多形式、多规格的发展。目前网络英语信息化教学的人才大致有两类：一是技术专家；二是语言专家。懂技术的语言不过关，懂语言的技术不过关。一个真正的英语信息化教学专家应当是网络技术专家和语言专家，而且首先应当是语言专家。所以，大学英语信息化教学首先要解决的是英语人才的技术问题，而不是计算机人才的英语问题。因此要通过有效的培训提高英语教师的信息能力。

（1）要加强在职教师信息素养的继续教育。学校要通过有效的师资培训

方案的实施，帮助现有的高校英语教师掌握信息技术的应用技能，使他们成为运用现代教育信息技术辅助英语教学的主力军，使高校英语课堂教学成为网络教学的主战场，使广大学生成为网络教学的最大受益者。由于教师本身要从事教育教学工作，不可能有太多的专门时间来培训信息素质，因此在对教师进行信息素质的培养时应坚持以在岗学习、业余学习为主。与此同时，学校还应组织专门的在职培训，组织骨干教师到有条件的高等学校进行短期培训，借助学校的计算机中心组织教师进行校内的信息素养培训活动，包括学校利用寒暑假或双休日组织的信息技术培训、信息技术与课程整合的教学观摩或教学研究等。教师也可以通过网络、阅读等途径进行信息技术相关知识的学习，自我提高信息素养。

（2）做好新教师现代信息技术教育的培训。随着学校规模的扩大和学生人数的增加，对新教师的需求量也相应增大。师范院校及英语院校也可调整目前的课程设置和教学内容，开设相关课程，使这部分人走向教师岗位后能以点带面，带动整个教师队伍的信息能力。

（3）建立相应的评价和管理模式。学校可以建立相应的信息化教学的评价和激励机制，提高教师在教学中使用新技术的积极性。对在教学中积极采用现代信息技术的教师给予奖励。同时，把信息能力作为教师考核的一项内容，或者举行课程信息化技术比赛、课件制作比赛，采用优秀课堂评奖等形式，增加教师的参与意识，从而提高教师的信息能力（钟丞贤，1999）。

3.加强英语信息化教学的理论与实践探索、提高教师技术和课程整合能力

教师要积极地探索信息化背景下的英语教学设计、教学模式、教学管理模式、教学评估体系、学习模式与评价等。应当看到，技术本身并不是解决一切英语教学问题的万能药。

信息技术只能成为解决问题的部分答案，它无法替代教学艺术，要使它们发挥最大潜力，关键还在于教师是否能够根据教育原则做出正确的决策。教师要遵从语言学习理论和教育学原则，恰如其分地运用技术，方可优化课堂教学，提高学生学习效率。

在信息技术与课程教学整合方面，教师应明确信息技术在语言教学中的优越性和局限性，不能"唯网至上"。要合理地设计教学活动,有效地实施教学方案，将信息技术灵活多样地整合于教学活动，促进学生的研究性、创造性和自主性

学习活动，并且有效管理基于信息技术环境下的学习活动，还能利用信息技术，通过多种测评系统收集、分析、解释和管理数据，对信息技术环境下的教学过程和学习活动进行有效、合理的评价（赵建华，2006）。

目前许多学校对教师进行的现代教育技术培训主要侧重于计算机技术本身，认为教师只要掌握了计算机技术，便能自然而然将其运用于语言教学中。而实践证明，这是一种错误的假设。真正科学的培训强调信息技术与教学实际相结合，突出信息技术的教育应用，培训重点是技术在课程和教学中的整合，而不是技术本身（钟启泉，1999）。所以师资培训机构或语言教育研究机构也可开展一些网络英语教学法的研讨，侧重培训教师应用计算机进行课堂教学的能力，而不单单培训教师的计算机技能。

随着信息化时代的到来，网络技术、多媒体技术为高教领域带来一场新的革命，使获取信息、处理信息、传播信息能力成为21世纪高校教师必备能力。高校教师正面临着深层次的改革：更新教育观念，提高教育技术，探索新的教学模式，提高教学效率和效益。这就要求高校教师尽快从传统教学模式中走出来，而大学英语教学改革实际上是对教师的教学意识和素质的改革。只有具备了一支高素质的教师队伍，才谈得上建立教学模式，去实验、去交流、去推广，才能把教学改革推向纵深发展，使学生成为最大的受益者。"人件"建设的步伐应该先于硬件和软件建设，有"路"无"车"、有"车"无"货"、有"车"有"路"无"司机"都会造成资源的大量浪费。英语教师队伍是网络教学改革中"人件"建设的核心内容，教师的信息素养是将信息技术充分有效地融入课程教学原则、推动教学改革纵深发展的关键。教师主观意识的转变和客观培训条件的创造都是至关重要的。作为教师只有在教育观念上跟上时代的发展、在教学过程中明确自己的职责、在教育发展中加强自身信息素养的提高和发展，才能成为具备较高信息素养的现代化学者型教师。

参考文献

[1] 张楚丽.5E 教学方法在体育教育专业课程中的实验研究 [D]. 广州体育学院,2023.

[2] 武雪松."五点教学法"在高校羽毛球选修课教学中的实验研究 [D]. 中央民族大学,2023.

[3] 穆拙夫.TGFU 教学法在高校公共体育排球教学中的应用研究 [D]. 长春师范大学,2023.

[4] 魏晓晗.莫斯顿互惠式教学法在高中健美操教学中的实验研究 [D]. 淮北师范大学,2023.

[5] 翟士豪.问题导向法（PBL）在高中排球教学中应用的实验研究 [D]. 吉林大学,2023.

[6] 李哲,亓圣华,韩淑瑶.终身体育视域下新时代普通高校足球教学提升策略探究 [J]. 山东师范大学学报(自然科学版),2023,38(01):91-96.

[7] 裴梦冉.花样跳绳技能学习层次与练习方法的研究 [D]. 哈尔滨师范大学,2022.

[8] 方雪梨.互惠式教学法在初中体育课中的应用研究 [D]. 上海体育学院,2022.

[9] 陈利艳.高职体育教育专业高素质实用技能型人才培养中教学方法的创新应用 [J]. 大学：教育与教学,2021(39):101-103.

[10] 朱宇波.高校体育俱乐部课程教学模式研究 [J]. 当代体育科技,2021,11(18):93-95.

[11] 李永强.农村中学体育优化排球训练的方式方法 [J]. 文体用品与科技,2021(07):177-178.

[12] 任雅琴,陆作生.体育教学技能构成要素的质性研究 [J]. 体育与科

学,2021,42(01):114-120.

[13] 丁政,王立丽.新冠肺炎疫情期间体育网课教学初探[J].职业,2020(24):99-100.

[14] 张柏铭.微课在体育中的实践研究：以24式简化太极拳为例[J].文体用品与科技,2020(16):187-188.

[15] 刘少华.基于创新教育理念下体育教学方法的实践研究[J].文体用品与科技,2018(08):120-121.

[16] 侯宽.轮滑选项课教学中的安全管理问题探究[J].管理观察,2017(34):155-156.

[17] 邓桥利.开放式运动技能学习原理对体育学院羽毛球专项班技术教学效果的研究[D].扬州大学,2014.

[18] 曾鸣."领会教学法"在普通高校篮球选项课中的实验研究[D].武汉体育学院,2009.

[19] 孔庆英.关于体育教学方法选择的探讨[J].体育世界(学术版),2019(10):127+126.

[20] 陆煜.核心素养视角下提升学校体育教学的有效方法探究[J].当代体育科技,2019,9(30):105-106.

[21] 郭佳男.游戏教学法在小学足球教学中的应用研究[D].山西师范大学,2019.

[22] 王俊.微格教学在高校跨栏普修课技能教学中的应用研究[D].青海师范大学,2019.

[23] 何贝娜.论警察体育教学教法的应用[J].湖北体育科技,2019,38(03):258-260.

[24] 马瑞亭.体育师范生教学技能微格训练方法的实验研究[D].四川师范大学,2011.

[25] 邓学俊.扩招后技工学校体育教学存在的问题和改革[J].青少年体育,2018(11):84-85.

[26] 张亚平,王晓珑,何健,严慧琳,陈素珍.自我控制反馈教学法在高职体育课堂中的运用研究：以乒乓球为例[J].浙江体育科学,2018,40(06):71-74+93.

[27] 崔宏超.高职体育教学改革与培养技能型人才融合路径解析[J].智库时代,2018(38):214+217.

[28] 易礼舟,戴彬.大学生体育与健康[M].重庆大学出版社:2018.

[29] 杨华灵.高校体育教师教学技能的测评标准与评价方法[J].吉首大学学报(自然科学版),2018,39(04):87-90.

[30] 贾晓婷.新疆初中室内体育田径技能课教学内容的选择和方法的研究[D].新疆师范大学,2018.